개정판

HELLO! 키넥트

- 예제 중심 프로그래밍 -

이혁수 저

홍릉과학출판사

머리글

동작 인식 센서인 키넥트(Kinect)는 컨트롤러 없이 이용자의 신체를 이용하여 게임과 엔터테인먼트를 경험할 수 있는 XBOX 360과 연결해서 사용하는 주변기기이며 컨트롤러를 사용하지 않는 혁신적인 방식으로 게임과 엔터테인먼트 서비스를 제공한다. 현재 모션 컨트롤러 엔터테인먼트 시스템에 많은 첨단 제어 장치들이 이용되고 있지만 키넥트는 사용자가 가장 불편하게 생각하는 사용자와 사용자가 즐기는 환경 사이에 존재하는 마지막 장벽인 컨트롤러를 없애준다. 즉, 맨손으로 센서 앞에 다가서기만 해도 키넥트가 사용자를 인식하고 동작에 반응한다. 또한 키넥트는 기존 XBOX 360 유저들뿐 아니라 컨트롤러나 액세서리 없이, 온몸으로 즐길 수 있는 동작 인식 기기로써 사용자의 움직임이 스크린 속으로 그대로 반영 된다. 또한 음성 인식도 지원 된다. 사용자 자체가 최고의 컨트롤러가 되어 엔터테인먼트의 중심에 다가서게 함으로 XBOX 360의 새로운 다양한 팬을 형성할 것으로 기대되는 마이크로소프트의 야심작이다.

한국에는 2010년 11월 19일 출시되었으며 XBOX 360 없이 PC에 연결하여 사용할 수 있는 키넥트는 2012년 5월에 출시되었다. 현재 국내에는 키넥트 관련 서적이 거의 없고 동호회 중심으로 개발자들이 의견을 나누는 것이 주류를 이루고 있다.

이 책의 구성은 키넥트의 중요한 기능들을 중점적으로 빠르고 쉽게 접근할 수 있도록 예제 중심으로 기능들을 이해하는데 도움이 되도록 만들어졌다. 가급적 프로그램에 대한 설명은 책 본문 내용 보다는 예제에 주석을 많이 달아 이해가 빠르도록 하였다. 아무쪼록 이 책이 동작인식 센서의 대표 격인 키넥트 세계에 입문하는 공학도들에게 조그마한 도움이라도 되었으면 한다.

차례

Chapter 01 기기 소개와 개발 환경

1 키넥트(KINECT)란?

키넥트는 마이크로소프트에서 발매되고 있는 XBOX용의 컨트롤러이다. 2010년 11월 4일 미국에서 발매되고, 같은 달 11월 20일에 일본에서도 발매가 개시되었다. 키넥트의 특징은 뭐라 해도 "게임의 조작에 컨트롤러를 따로 필요로 하지 않는다"이다. 기존의 게임기는 어떠한 입력 디바이스가 필요하지만, 키넥트는 인간의 움직임, 거리, 골격을 인식하는 것이 가능하다. 이 인식결과로부터 게임의 조작을 하는 것이 가능하다. 이러한 키넥트는 XBOX용 게임 컨트롤러 뿐 아니라, USB 인터페이스를 가지고 있는 PC와의 접속으로 사용할 수도 있다. 발매 시에는 마이크로소프트로부터 공식적인 디바이스 드라이버나 SDK의 제공 예정이 없었기 때문에, Adafruit Industries사가 2,000달러의 상금을 걸어서 키넥트 드라이버를 해킹하도록 하는 이벤트를 벌이기도 했는데 이 결과 Hector Martin씨가 공개한 libfreenect라고 불리는 드라이버가 채택이 되었고, 총 3,000달러를 차지하게 되는 일도 있었다. 마이크로소프트의 입장에서는, 이런 해킹 이벤트가 나왔을 때에는 좋은 인상을 가지고 있지 않았지만, 추후에 내부 방침을 바꾸어 키넥트 내부 알고리즘에 액세스하지 않는 것과, XBOX 게임의 부정조작을 하지 않는다는 조건에 드라이버를 오픈하게 되었다. 그리고 마이크로소프트 자체에서 Window 운영체제가 설치된 PC에서 이용할 수 있는 동작인식센서인 "KINECT for Windows"와 상업적으로 이용할 수 있는 라이선스를 포함한 소프트웨어 개발 도구인 Kinect™ for Windows Software Development Kit를 5월 23일 국내 정식 출시했다.

〈그림 1-1〉 Window OS 기반 PC에서 사용 가능한 'Window용 키넥트' [사진=한국 마이크로소프트]

2012년 7월 마이크로소프트의 공식 SDK는 1.5버전까지 출시했고, 몇 개의 드라이버와 API가 출시되어있고, 여러 가지의 운영체제 환경, 언어 환경에서 키넥트를 사용한 애플리케이션을 작성 가능하도록 하고 있다.

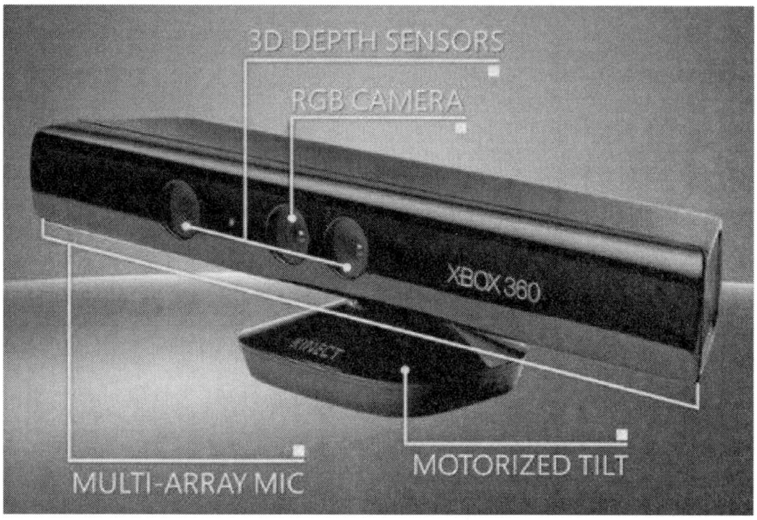

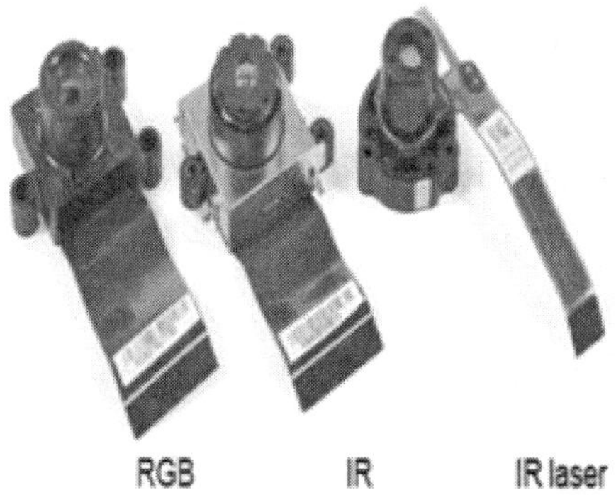

〈그림 1-2〉 키넥트 센서의 구조 [사진=한국 마이크로소프트]

〈그림 1-2〉는 키넥트 구조 사진이다. Window용 키넥트 또한 로고의 변화와 내부 기능에 있어 약간의 차이만 있을 뿐 XBOX 360에서 사용하는 키넥트와 전체적인 골격 구조는 같다. RGB camera는 빛의 세기만을 감지하는 광다이오드에 빛의 삼원색인 RGB 각각의 필터를 장치해서 색깔 정보를 파악하고 기록하며, 3D DEPTH SENSORS는 IR(Infrared Ray-적외선) camera와 IR laser projector로 구성되어 있다.

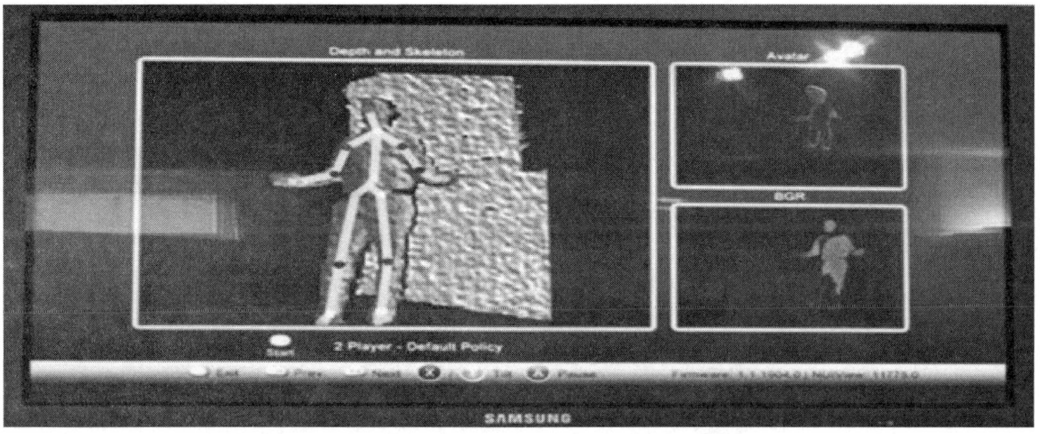

〈그림 1-3〉 키넥트 동작 [사진=한국 마이크로소프트]

키넥트 동작에 대해서 알아보면 〈그림 1-3〉에 잘 나타나 있다. 그림에서 보면 왼쪽 부분과 같이 물체에 의해서 반사된 적외선을 입력 받고 반사된 픽셀들을 분석해서, 이미지 소프트웨어가 플레이어를 인식한다. 또한 〈그림 1-4〉와 같이 소프트웨어가 거리 정보와 플레이어 정보를 통해 주요 관절 좌표를 인식해낸다. 키넥트는 카메라 센서를 이용해서 인체 48개 관절을 읽어 낼 수 있다.

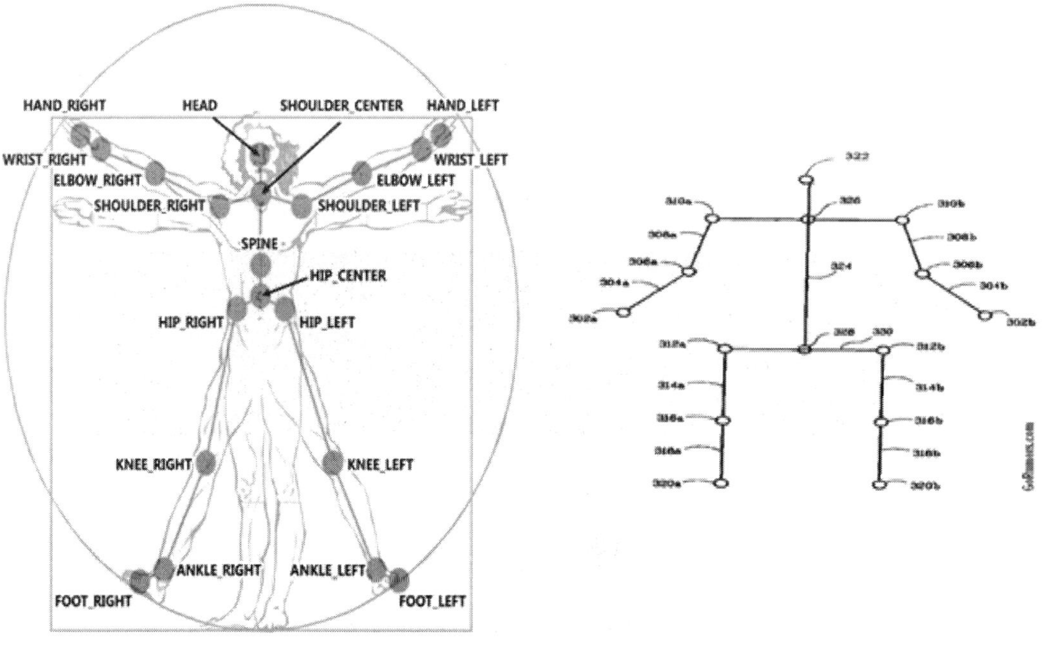

〈그림 1-4〉 키넥트 센서가 인식하는 인체골격 [사진=한국 마이크로소프트]

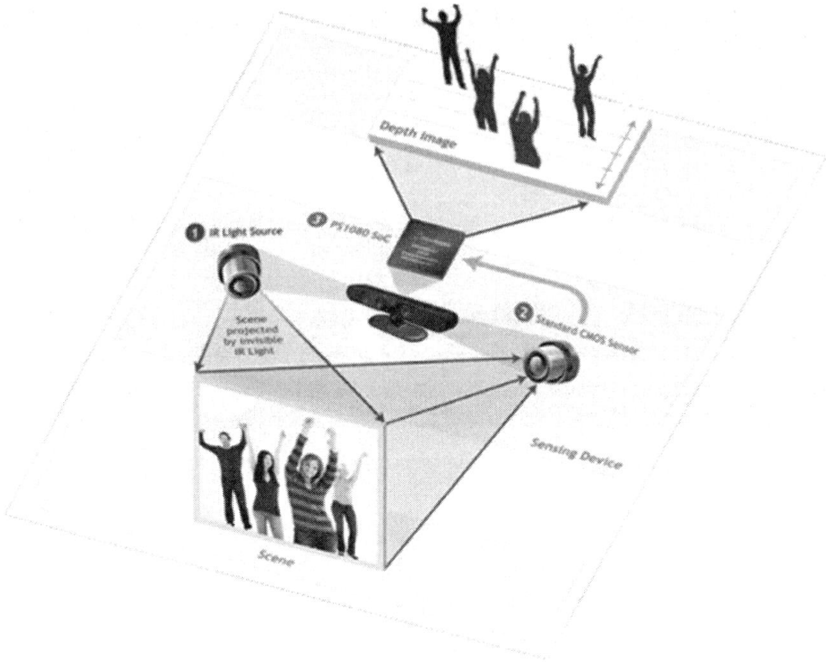

〈그림 1-5〉 Depth Sensors의 작동 원리

특히 Window용 키넥트 센서는 XBOX-360용 키넥트 센서와 다르게 근거리(Near Range)모드를 지원하고 Skeletal tracking과 음성 인식 기능을 개선하기 위해 업그레이드되었다. 〈그림 1-6〉은 XBOX-360 키넥트 센서의 기본 거리 모드와 Window용 키넥트 센서의 근거리 모드의 차이점을 보여 주고 있다.

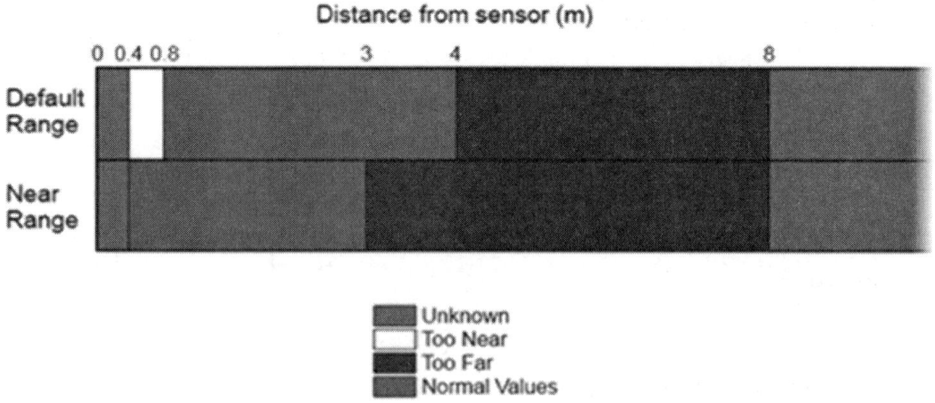

〈그림 1-6〉 키넥트 센서의 인식범위

키넥트 자체의 센서 사양은 다음 〈표 1-1〉과 같다.

〈표 1.1〉 키넥트 센서 사양

키넥트 센서	설 명
Viewing angle	뷰의 필드 수직 43°, 수평 57°
Mechanized Tilt range(vertical)	±27°
Frame rate(depth & color stream)	30 Frames Per Second(FPS)
Default resolution, depth stream	VGA(640×480)
Default resolution, color stream	VGA(640×480)
Audio format	16 kHz, 16 bit Mono PCM
Audio input characteristics	24 bit analog-to-digital converter(ADC)

시스템 환경

지원 운영체제(OS) 및 아키텍처	- Windows 7(x86, 64 bit) 이상 - Windows Em-Windows 7(x86, 64 bit) 이상 - Windows Embedded Standard 7 - Windows Embedded Enterprise (Win 7 Pro/Ultimate for Embedded)
하드웨어	- 32 bit(x86) 또는 64 bit(x64) 프로세서 - 듀얼 코어, 2.66GHz 이상 - 키넥트에 감지된 USB 2.0 버스 - 2 GB의 RAM - 다이렉트 X 9.0c 이상 지원하는 그래픽 환경 - Kinect for Windows
개발 소프트웨어	- Microsoft Visual Studio 2010 Pro 이상 (Visual Studio 2010 express 가능) - .NET 프레임 워크 4.0

2 개발 환경 구축

공식 SDK를 이용한 환경 아니면 오픈소스 라이브러리인 OpenNI나 ZigFu 또는 Point Cloud를 이용한 환경을 구축할 수 있는데 사실 공식 SDK와 오픈소스 개발 툴은 서로 상극이나 다름없다. 즉, 서로의 드라이버가 충돌이 일어나는 현상이 있다. 각각의 개발 환경은 나름대로의 장점과 단점들이 존재하지만 대표적인 개발 환경이라면 역시나 마이크로소프트에서 공식

지원하는 KINECT for Windows SDK와 OpenNI가 있다. 여기서는 둘의 장점을 모두 가져가 보도록 하겠다. 우선 KINECT SDK는 운영체제가 Window 7에서만 사용이 가능하다. Window XP, VISTA에서는 설치되지 않는다. 둘째 VMware로 Window 7을 돌려서도 안 된다. MS에서 제공하는 프로그래밍가이드에서는 가상머신으로 돌린 운영체제에서는 디버그할 때 문제가 발생한다고 명시하고 있다. Window 7인 상태라면 이제 키넥트를 개발함에 있어서 개발 환경을 구축해야 한다.

	장점	단점
OpenNI	소스코드의 흐름이 알기가 쉽고 예제소스가 많다. 본(Bone)을 추출해서 쓸 수도 있고 손만 따로 추출해서 쓸 수도 있다. 또 본(Bone)의 회전 값이 자체적으로 계산되어 나온다(단 제한된 값이라서 어색함은 있다). 인식되는 사람이 최대 8명까지다(단 모두 인식시키는 것은 추천하지 않는다). 본의 추출 값은 적은 대신에 손 좌표의 떨림이 덜하다. 상용으로도 쓸 수 있다(배포 쉬움).	본(Bone)의 개수가 kinect SDK보다 작다. 15개 추출(Kinect SDK에 있는 손목×2, 발목×2, 허리가 없다) 모터를 제어할 수 없다. 음성을 제어할 수 없다.
Kinect SDK	음성인식, 모터 제어를 지원한다. 본의 추출 개수가 20개이다.	생각보다 예제가 많지 않다. 소스코드가 이벤트 콜 방식이라서 직접 제어하기가 까다롭다. 본(Bone)이 세분화된 대신에 조금만 움직여도 영향을 받아서 손 떨림이 심하다. 재배포를 방지하기 위하여 Window 7, VS2010 환경에서만 동작한다.

〈표 1-2〉 SDK와 OpenNI의 차이

항목	SDK	OpenNI
대응 OS	Window 7만 가능	Window Xp, Vista 7, Mac OS X, Linux
언어	C++, C#	C, C++, C#, JAVA
라이선스	비상용만 이용 가능	상용으로 이용 가능(LGPL)
대응 디바이스	Kinect만 가능	Kinect, Xtion Pro
거리 화상의 취득	있다	있다
거리 화상의 최대 화소수	640×480 픽셀	640×480 픽셀
취득 가능 최소거리	80센티	50센티
취득 가능 최대거리	4미터	9미터
비디오카메라 화상취득	있다	있다
거리 화상에 위치를 합친 RGB 화상의 취득	없다	있다
유저 검출	있다	있다
동시 유저 인식의 수	최대 6명	최대 10명까지 인식
동시 골격 트랙킹 인수	2명	6명 정도
오디오 기능	있다	없다
틸트 모터의 제어	있다	있다
제스처 인식	없다	있다
손만의 트랙킹	없다	있다
레코딩 재생 기능	없다	있다
OpenCV 통합	없다	있다

최근에 Tomoto라는 일본인이 이 OpenNI용 드라이버와 키넥트 드라이버를 공용으로 쓸 수 있는 이른바 브리지 드라이버를 만들었다. 그래서 이 브리지 드라이버를 이용해서 SDK와 OpenNI의 장점을 모두 활용할 수 있는 작업 환경을 만들어 보겠다.

우선 준비는 다음과 같이 필요하다.

① Kinect for Windows or Kinect for Xbox(XBOX용 키넥트는 당연하지만 Near mode를 쓸 수 없다. 참고로 OpenNI에서도 Near Mode를 사용할 수 있는 라이브러리가 존재한다)

② Kinect for Windows SDK v1.5
(http://www.microsoft.com/en-us/kinectforwindows/develop/developer-downloads.aspx)

③ Kinect for windows Developer Toolkit
(http://www.microsoft.com/en-us/kinectforwindows/develop/developer-downloads.aspx)
④ OpenNI v1.5.4.0(32 bit)
(http://www.openni.org/Downloads/OpenNIModules.aspx OpenNI Binaries에서 Unstable 선택 후 32 bit로 받는다)
⑤ NITE v1.5.2.21(32 bit)
(http://www.openni.org/Downloads/OpenNIModules.aspx Middleware Binaries에서 Unstable 선택 후 32 bit용으로 받는다)
⑥ Kinect Sensor 0.93(https://github.com/avin2/SensorKinect에서 다운로드)
⑦ Bridge Driver
(http://code.google.com/p/kinect-mssdk-openni-bridge/에서 1.5 지원 버전으로 다운로드)

주의할 것은 본인의 컴퓨터가 64 bit라고 할지라도 꼭 32 bit용으로 설치해야 된다는 것이다. 우선 키넥트가 연결된 상태라면 키넥트의 연결을 해제하고 프로그램 설치/관리에서 키넥트와 관련된 프로그램을 모두 지워준다. 이는 초기과정을 만들어주기 위한 과정이다.

a 먼저 기존에 받아놨던 OpenNI와 NITE를 차례대로 설치한다. 최신 버전이 나오면서 시리얼 키를 요구하지 않는다.

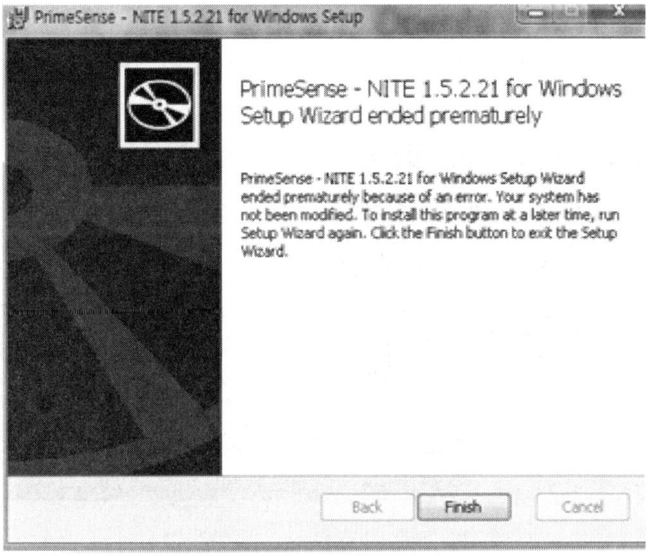

b 그 다음에 Kinect Sensor 0.93을 받아서 설치한다. 우리가 설치해야 하는 건 x86 즉 32 bit용 설치파일이다.

c 1차적으로 OpenNI에 대한 환경설정이 끝났다. 이때 키넥트를 꽂으면 기존에는 장치관리자에 Microsoft Kinect 하단에 장치가 설치되었었는데 이제는 PrimeSense라는 이름으로 장치가 설치된 것을 확인할 수 있다. 이것까지 확인했으면 재부팅 후에 OpenNI 폴더의 Samples – Bin – Release 폴더로 들어가서 간단한 프로그램을 실행한다. 이게

안 되면 다 지우시고 다시 처음으로 돌아가야 한다. 참고로 재부팅 전에 실행을 하면 OpenNI.dll이 없다는 에러가 뜨는데 재부팅하면 없어진다.

〈그림 1-7〉 NiViewer의 실행화면

〈그림 1-7〉은 OpenNI의 샘플 NiViewer이다. 일단 구동을 확인했으면 다시 PC에 연결된 키넥트 USB를 빼서 장치를 해제한다.

d 다음으로 할 것은 Kinect for windows v1.5와 Developer toolkit을 차례대로 설치하는 것이다.

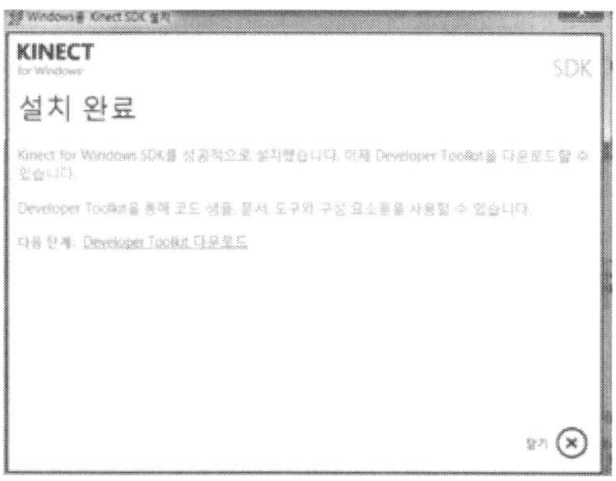

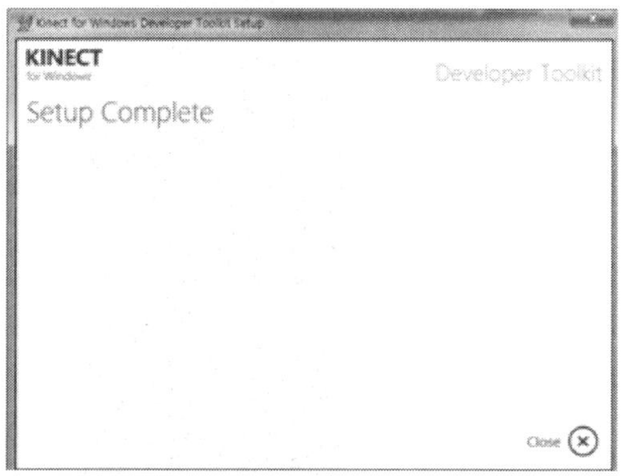

e 설치 후 키넥트를 꽂으면 다음과 같은 장치관리자가 생성된다.

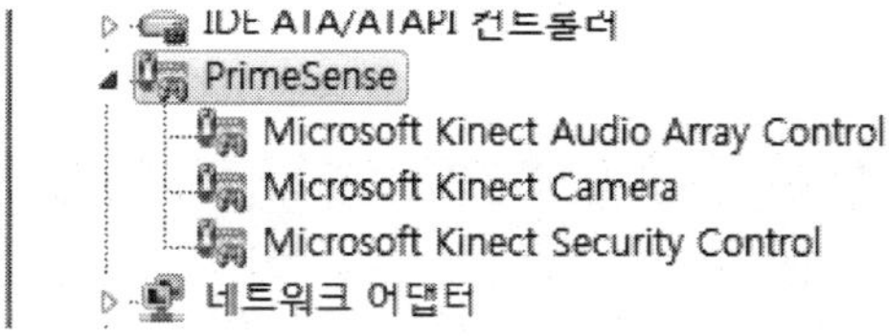

PrimeSense 아래에 Microsoft 제품군이 생성된다. 위와 같이 뜬다면 정상적으로 설치가 된 것이다. 첫 번째 과정 전에 그냥 키넥트를 연결하고 Kinect for windows v1.5와 Developer toolkit을 설치하게 되면 아래와 같다.

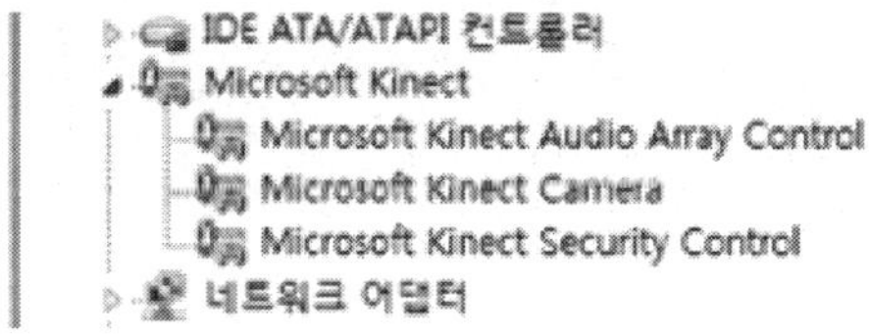

f 여기서 재부팅을 한 번하고 이제 브리지 드라이버를 설치한다. 아까 받았던 파일을 보면 install이라는 파일이 있다. 그걸 반드시 관리자 모드로 실행한다.

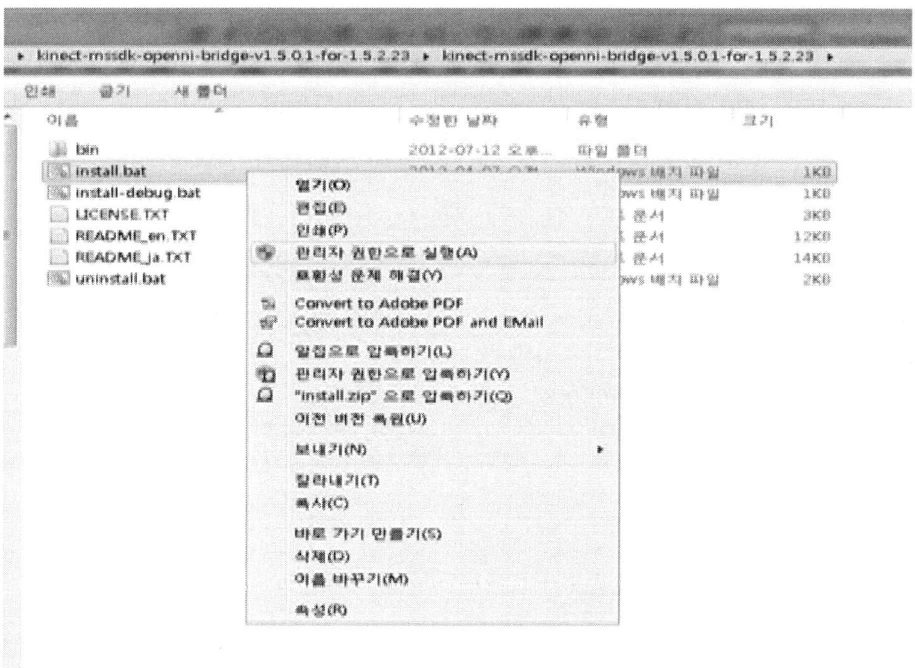

실행하면 아래와 같이 OK라는 문구가 나타난다. 여기까지 했다면 이제 Kinect for Windows SDK 와 OpenNI를 같이 실행할 수 있다.

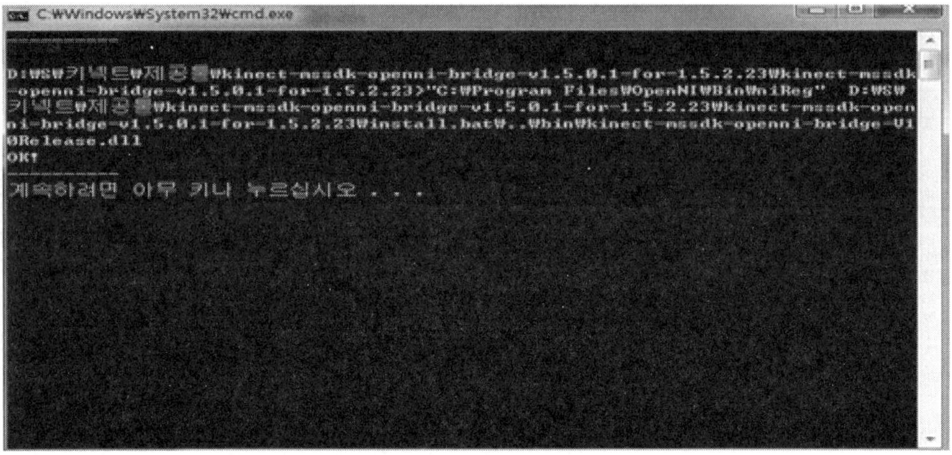

사실 공식적인 Kinect for Windows SDK만을 사용할 수도 있겠지만 아직은 공식적인 Kinect for Windows SDK에서 제공하는 샘플 프로젝트보다는 오픈소스 기반의 OpenNI의 프로젝트가 더 많다. 실례로 OpenNI Arena(http://arena.openni.org/)라는 그룹에서는 개발자들이 자신이 만든 앱을 이곳에 올리고 평가를 받는 파트가 있다. 물론 회원가입을 해야 하지만 가입만 하면 이 앱에 대한 소스코드가 주어진다.

지금까지 공용 개발 환경을 만들어서 Kinect for Windows SDK 와 OpenNI 둘의 장점을 모두 가져오는 방법에 대해 알아보았다. 다음 장에서는 실질적인 프로그래밍 환경과 개발 언어에 대해 알아볼 것이다.

참고 출처

http://blog.naver.com/jay_korea?Redirect=Log&logNo=30135162627
http://talkingaboutme.tistory.com/181
http://arena.openni.org/

Chapter 02 프로그래밍 환경과 개발 언어

이장에서는 Window 프로그래밍 환경과 개발 언어에 대해 알아보겠다.

키넥트는 동작인식 센서를 사용하며, 이 센서는 소프트웨어적인 처리를 통해 쉽게 사용 할 수 있다. 키넥트 프로그래밍에서는 별도의 플랫폼이나 개발 도구가 존재하지 않으며, 기존 개발 도구에 추가적으로 키넥트 관련 작업을 할 수 있도록 참조해서 사용 할 수 있도록 구성되어 있다. 우선 기존 개발 도구를 어떻게 활용하여 키넥트를 사용할 수 있는지 알아보도록 하겠다.

1 WPF(Windows Presentation Foundation)

Window 프레젠테이션 파운데이션, 즉 WPF는 아발론(Avalon)이라는 코드 이름을 사용하였고, .NET 프레임워크 3.0의 그래픽 하부 시스템 기능(WinFX)이며, XAML과 직접 관련이 있나. 마이크로소프트 Window 운영체제의 최신 버전인 Window Vista의 경우 미리 설치가 되어 있다. WPF는 Window XP 서비스팩 2와 Window 서버 2003에서 설치 프로그램을 내려받아 사용할 수 있다. 응용 프로그램을 만들기 위한 일정한 프로그래밍 모델을 제공하며 사용자 인터페이스와 비즈니스 로직을 분명히 구분한다. WPF 응용 프로그램은 바탕화면에 배치하거나 웹 브라우저에 호스팅할 수 있으며, 리치 컨트롤, 설계, Window 프로그램의 시각 항목을 사용할 수 있다. WPF의 목표는 다음과 같은 응용 프로그램의 서비스의 호스트를 통일하는 것이다(사용자 인터페이스, 2D 및 3D 그리기, 고정, 적합 문서, 고급 타이포그래피, 벡터 그래픽스, 레스터 그래픽스, 애니메이션, 데이터 바인딩, 오디오, 비디오).

마이크로소프트 실버라이트는 웹 기반의 WPF 부분 집합이다. 개발하는 동안에는 "Window 프레젠테이션 파운데이션/에브리웨어"(Windows Presentation Foundation/Everywhere)의 준말 WPF/E라는 이름이 붙여졌다. 실버라이트 부분 집합은 플래시와 같은 웹과 휴대 응용 프로그램을 Window .NET 응용 프로그램과 같은 코드를 가지고도 사용할 수 있게 한다. 3차원 기능은 지원하지 않지만 XPS, 벡터 기반의 그리기가 포함되어 있다.

(1) XAML(eXtensible Application Markup Language)

확장 응용 프로그램 마크업 언어(Extensible Application Markup Language), 즉 XAML ([zæ:mɛl])로 발음)은 마이크로소프트사가 구조 값과 객체를 초기화하는 데 사용하려고 만든 선언형 XML 기반 언어이다. 마이크로소프트사의 Open Specification Promise를 통해 사용할 수 있으며, XAML은 원래 Window 프레젠테이션 파운데이션의 코드 이름이기도 했던 Avalon에서 따와서 “eXtension Avalon Markup Language”를 대표하는 말이다. 또한 XAML은 .NET 프레임워크 3.0 기술에, 특히 Window 프레젠테이션 파운데이션(WPF), Window 워크플로 파운데이션(WF)에 널리 쓰인다. WPF에서 XAML은 사용자 인터페이스 마크업 언어로 쓰이면서 사용자 인터페이스의 요소, 데이터 바인딩, 이벤트 등의 기능을 정의하며, Window 워크플로 파운데이션에서 워크플로는 XAML을 사용하여 정의할 수 있다.

XAML 요소는 공통 언어 런타임 객체 인터페이스에 직접 매핑할 수 있지만 XAML은 공통 언어 런타임 속성과 이벤트를 해당 객체로 매핑하는 데 사용한다. XAML 파일은 마이크로소프트 익스프레션 블렌드, 마이크로소프트 비주얼 스튜디오, 호스팅 가능한 Window 워크플로 파운데이션 비주얼 디자이너와 같은 시각 디자인 도구로 만들고 편집할 수 있고, 표준 문서 편집기, XAMLPad와 같은 코드 편집기, Vectropy와 같은 그래픽 편집기로 만들어 편집할 수도 있다.

XAML을 추가하거나 그것으로 만든 어떠한 것이든 C#, 비주얼 베이직 .NET과 같은 기존에 쓰여 왔던 .NET 언어를 사용하여 표현할 수 있다. 그러나 이 기술의 주된 측면은 XML 기반이기에 XAML을 처리하는 도구에 필요한 복잡성을 줄이는 것이다. 그 결과 다양한 제품이 XAML 기반의 응용 프로그램을 만들 수 있는(특히 Window 프레젠테이션 파운데이션) 공간에서 등장하고 있다. XAML은 단순히 XML 기반이므로 개발자들과 디자이너들은 컴파일을 하지 않아도 그들 사이에서 콘텐츠를 자유로이 공유하고 편집할 수 있다.

2 Windows Forms

Windows Forms은 Microsoft Windows 운영체제의 풍부한 사용자 인터페이스 기능을 완벽하게 활용할 수 있는 Windows 기반 응용 프로그램을 개발하는 데 사용되는 새로운 폼 패키지이고, 새로운 Microsoft .NET Framework에 포함되어 있으며 공통 응용 프로그램 프레임워크, 관리되는 실행 환경, 통합된 보안 및 객체 지향 디자인 원리를 비롯한 여러 가지 새로운 기술을 사용한다. 또한 Windows Forms는 빠르고 쉽게 XML Web Services에 연결하고 ADO.NET 데이터 모델을 기반으로 하는 풍부한 데이터인식 응용 프로그램을 개발할 수 있는 완벽한 지원을 제공한다. Visual Studio의 새 공유된 개발 환경을 사용하면 개발자는 Microsoft Visual Basic과 C#을 비롯한 .NET 플랫폼 지원 언어로 Windows Forms 응용 프로그램을 개발할 수 있다.

Windows Forms는 Windows 기반 응용 프로그램을 개발하는 데 유용한 풍부한 기술을 제공하고, 또한 정교한 사용자 인터페이스를 위한 새로운 컨트롤과 기능뿐 아니라 융통성 있는 구축과 통합된 보안도 제공한다. Windows Forms를 사용하면 Windows 기반 응용 프로그램 개발자의 생산성이 한층 더 배가될 것이다.

3 XNA

마이크로소프트 XNA(Microsoft XNA)는 멀티 플랫폼 환경에서 손쉬운 게임 개발을 목표로 하는 게임 개발 환경으로 .NET 환경에서 C# 언어를 주로 사용한다. 2004년 GDC(Game Developers Conference)를 통하여 발표되었으며, 현재 4.0 버전까지 개발되었다. XNA의 주요 지향점은 크로스 플랫폼과 멀티 플랫폼 환경이며, 이는 XNA를 이용하여 개발된 게임 소스를 여러 플랫폼에서 이용할 수 있다는 의미이다. 현재 XNA 개발 환경은 PC와 엑스박스 360, Zune, Window 폰까지도 지원한다. 마이크로소프트 XNA(이하 'XNA')는 DirectX를 호출화하여 좀 더 간편하게 프로그래밍을 할 수 있도록 해주고, 속도가 다이렉트 X보다 미세하게 느리다.

4 콘솔(Console)

일반적인 의미로는 각종 시스템에서 주요 본체가 되는 기기를 지칭하는 것이다. 예를 들면 컴퓨터에서는 본체, 게임기에서는 게임 조정바와 모니터, 음향 기기에서는 여러 음원들을 섞는 믹서, 오디오시스템에서는 앰프, 비행기에서는 계기판 등이 콘솔에 해당한다.

컴퓨터의 경우 콘솔은 오퍼레이터와 컴퓨터 사이에 대화할 수 있는 입출력장치로, 오퍼레이터는 콘솔을 통해 모든 프로그램을 총괄하며, 컴퓨터의 작동 및 정지, 프로그램 입력, 오류 발생 시 컴퓨터의 상태를 정상화하는 작업 등이 콘솔을 통해 이루어진다. 콘솔은 오퍼레이터가 명령을 입력하는 콘솔판(console panel)과 컴퓨터 내의 정보가 표시되는 콘솔탁자(console device)로 구성된다. 개인용 PC에서 콘솔판은 키보드(입력장치), 콘솔탁자는 모니터(출력장치)에 해당하고, 콘솔 입력은 키보드로 입력한다는 뜻이며, 콘솔 출력은 모니터로 출력한다는 의미이다. 이 책에서는 향후 사용 중요도를 고려해서 앞으로 Windows 8의 영향을 가장 많이 받는 WPF로 프로그램 제작을 진행하도록 하겠다.

먼저 간단하게 WPF 기반으로 키넥트의 연결 정보를 받아오는 응용프로그램 코딩을 해보겠다.

우선 Visual Studio 2010을 사용해서 아래 그림과 같이 새 프로젝트를 만든다.

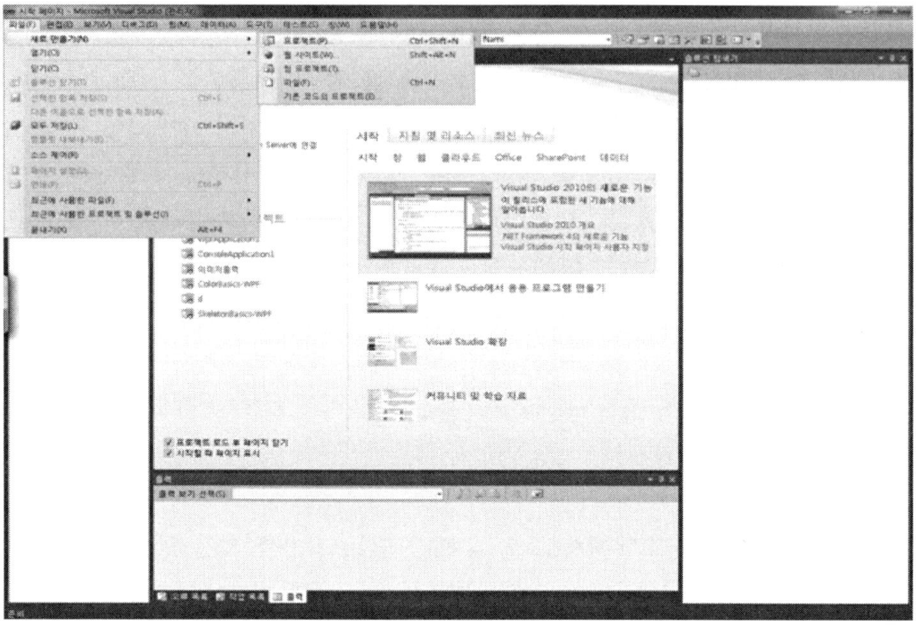

아래 그림과 같은 창이 뜰 것이다. 이 책에서는 C#을 이용해서 코딩을 할 것이기 때문에 Visual C# 목록에서 Windows 목록에서 WPF 응용 프로그램을 선택해서 아래에 이름을 예제(정보 출력)와 같이 알아보기 쉽게 변경한 후에 확인을 눌러서 만든다.

아래와 같이 초기 창이 뜰 것이다. 여기서 왼쪽의 도구 상자가 안 보인다면 메뉴 창 보기에서 도구 상자를 클릭하면 왼쪽과 같이 도구 상자 목록이 뜨게 된다. 초기 생성된 페이지는 XAML로 화면을 구성하고 있다. 이제 여기다가 UI 디자인을 한다.

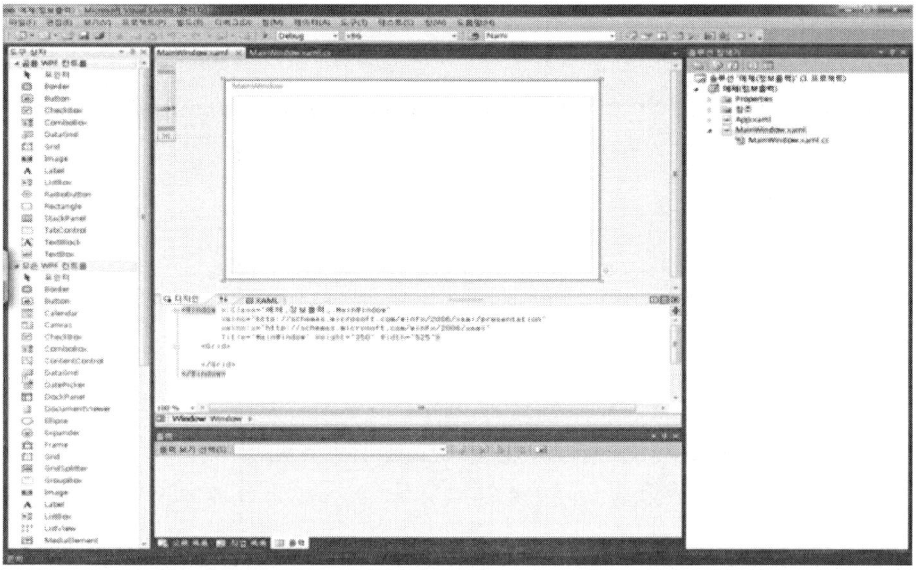

다음 그림과 같이 도구 상자에서 TextBlock 1개와 Button 1개를 만든다. 여기서 XAML 창이나 속성 창에서 TextBlock과 Button의 속성을 적절하게 변경해준다(글씨체라던가 폰트의 크기나 색 등을 직접 지정한다).

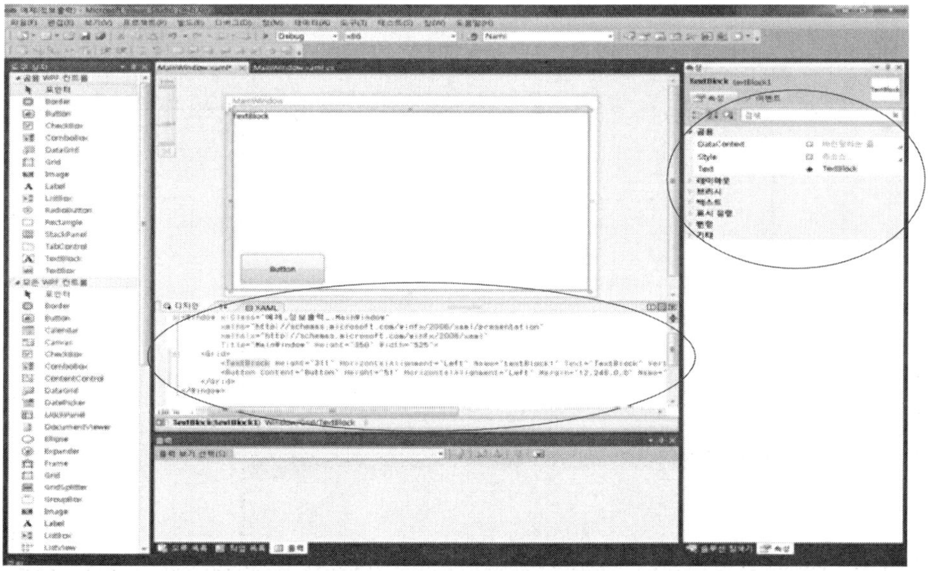

그 다음 속성 창을 닫아주면 다시 솔루션 탐색기가 나오고 MainWindow.xaml이 보일 것이다. 이제 본격적인 코드를 작성해 볼 것이다. 우선 MainWindow.xaml 옆에 보이는 하얀색 삼각형을 눌러주면 MainWindow.xaml.cs라는 파일이 보이고, 그 파일을 더블 클릭한다. 그럼 아래와 같은 화면이 보일 것이다.

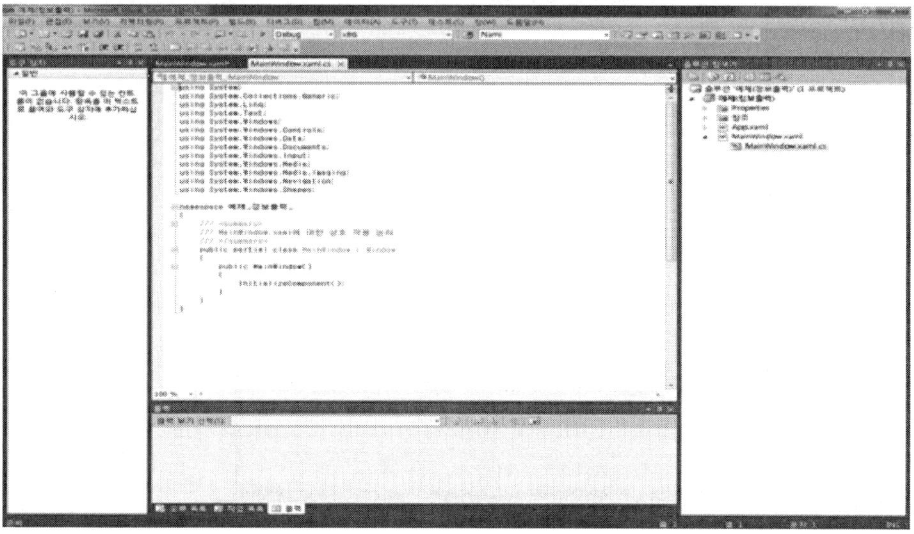

여기서 키넥트에 대한 코드를 작성할 것이다. 그러나 새로 생성한 프로젝트에는 Microsoft.Kinect가 참조되어 있지 않으므로 참조에 추가해 주어야만 사용자가 원하는 키넥트에 관한 코드를 작성할 수 있다. 우측의 솔루션 탐색기에서 참조를 선택해서 오른쪽 클릭을 해주면 아래와 같이 참조 추가가 보일 것이다. 참조 추가를 클릭한다.

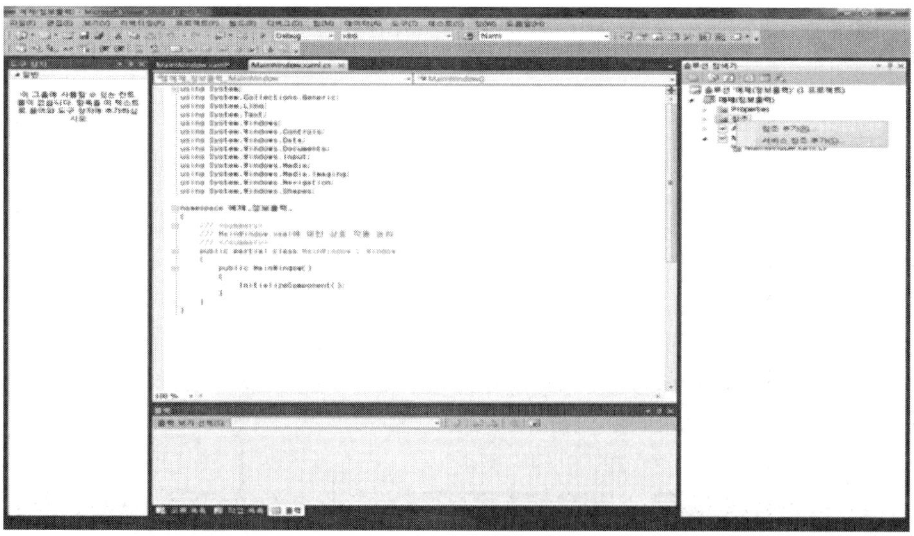

아래 그림과 같은 참조 추가 창에서 .NET 목록에 들어가서 Microsoft.Kinect라는 구성 요소를 찾아주고, 확인을 눌러서 참조한다.

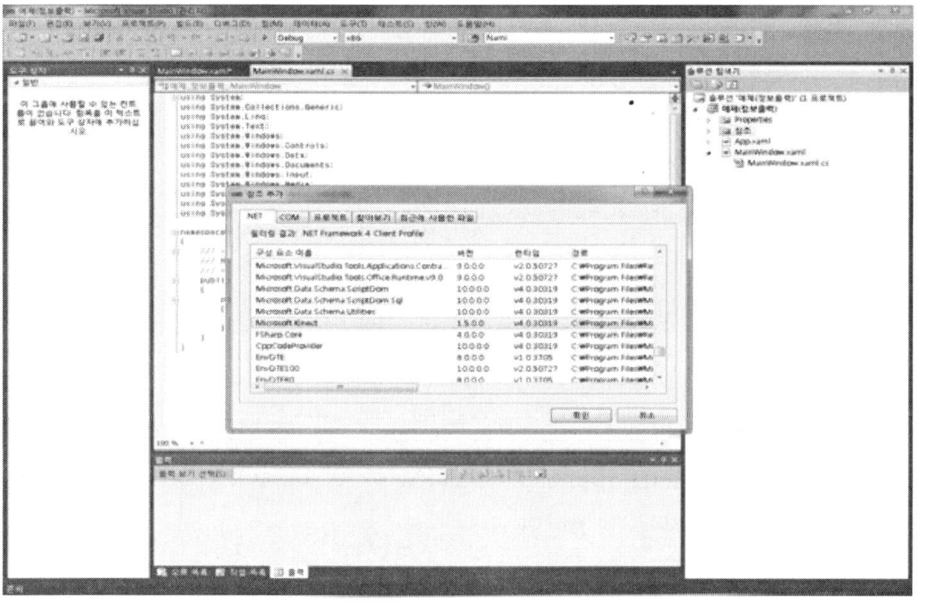

아래 그림과 같이 참조에 추가된 것이 보이면, 여기에 실질적으로 사용해 주어야 하기 때문에 아래 그림과 같은 자리에 using을 사용해서 키넥트를 넣어준다. 그리고 그 밑에 표시해 둔 곳에 키넥트에 관한 코드를 입력한다.

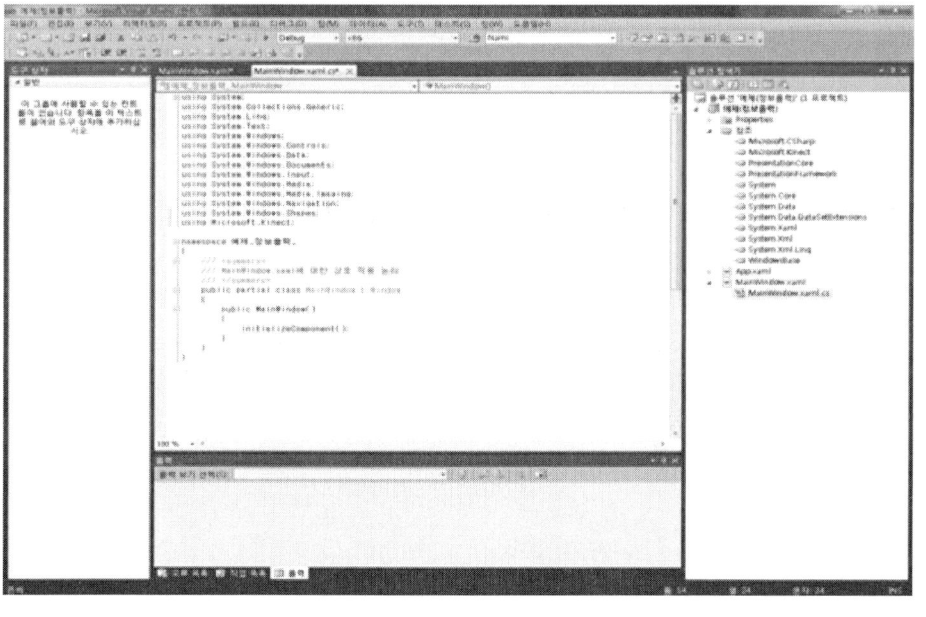

public partial class MainWindow : Window 아래에 public MainWindow에 다음과 같이 입력한다.

```
public partial class MainWindow : Window
{

    KinectSensor nui; /*키넥트를 사용하기 위해 선언한 클래스(nui를 통해 키넥트를 호출해
                       * 사용하게 된다.*/

    public MainWindow()
    {
        InitializeComponent();

        nui = KinectSensor.KinectSensors[0];//키넥트를 가져온다. 여기서 [0]은 키넥트의 순번이다.
        KinectSensor.KinectSensors.StatusChanged += new
                                    EventHandler<StatusChangedEventArgs> /* 연결 상태를
                                                                          * 확인한다.*/
                                                (Kinects_StatusChanged);



    }
```

여기서 KinectSensor.KinectSensors.StatusChanged +=를 입력하고 Tap Button을 한 번 누르면 아래와 같이 new EventHandler를 생성하고 한 번 더 누르면 KinectSensors_StatusChanged에 대한 처리기도 자동 생성한다.

```
public partial class MainWindow : Window
{
    KinectSensor nui; /*키넥트를 사용하기 위해 선언한 클래스(nui를 통해 키넥트를 호출해
                       * 사용하게 된다.*/

    public MainWindow()
    {
        InitializeComponent();

        nui = KinectSensor.KinectSensors[0];//키넥트를 가져온다. 여기서 [0]은 키넥트의 순번이다.
        KinectSensor.KinectSensors.StatusChanged += new
                                    EventHandler<StatusChangedEventArgs>
                                                (KinectSensors_StatusChanged);
    }

    void KinectSensors_StatusChanged(object sender, StatusChangedEventArgs e)
    {
        throw new NotImplementedException();
    }
}
}
```

여기서 throw new 라인을 지우고 아래와 같이 작성한다.

```
    void Kinects_StatusChanged(object sender, StatusChangedEventArgs e)
    {
        textBlock1.Text = nui.Status.ToString(); /*키넥트 상태가 변동되면 발생하는 이벤트로
                                                  * 화면이 TextBlock에 nui.Status의 내용을
                                                  * 출력하도록 했다.*/
    }
```

이제 Button을 사용할 수 있도록 코드를 작성해 보도록 하겠다. 우선 다시 우측에 있는 솔루션 탐색기를 사용해서 MainWindow.xaml를 더블 클릭해서 아래와 같은 그림을 만든다. 그리고 아래에서 Button 그림 위에서 더블 클릭을 한다.

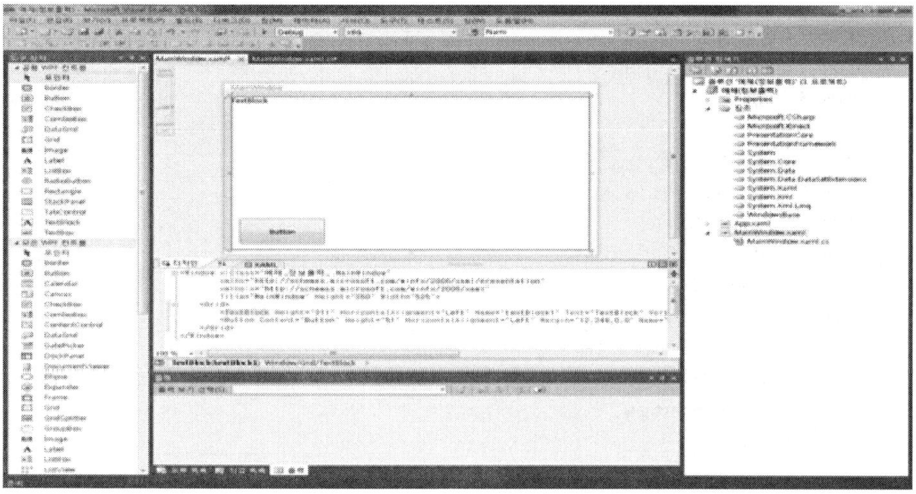

그러고 나면 아래와 같이 자동으로 button1_Click 이벤트 핸들러가 만들어진다.

button1_Click 이벤트 핸들러에는 아래와 같이 작성한다.

```
private void button1_Click(object sender, RoutedEventArgs e)
{
    int ncount = KinectSensor.KinectSensors.Count; //연결된 키넥트의 개수

    if(ncount == 0)
    {
        textBlock1.Text = "연결된 키넥트 없음";
    }

    if(ncount != 0)
    {
    String strTemp = "";
    strTemp += ncount.ToString("키넥트개수 0 개");
    strTemp += "₩n";
    strTemp += nui.UniqueKinectId; //부여된 키넥트 순서
    strTemp += "₩n";
    strTemp += nui.DeviceConnectionId; //해당 키넥트에 할당한 디바이스연결아이디
    strTemp += "₩n";
    strTemp += nui.Status.ToString(); //키넥트의 연결 상태를 알려준다

    textBlock1.Text = strTemp; //이를 textBlock1에 출력하도록 한다.
    }
}
```

이렇게 해서 아래와 같이 다 작성되었다면 이제 Visual Studio 2010에서 메뉴의 [디버그] – [디버깅 시작]을 선택하면 실행이 가능하다. 여기서 [디버깅하지 않고 시작]을 선택하면 해당 실행 파일을 파일탐색기로 이동하여 실행 한 것과 같은 효과가 나타난다.

```
using System;
using System.Collections.Generic;
using System.Linq;
using System.Text;
using System.Windows;
using System.Windows.Controls;
using System.Windows.Data;
using System.Windows.Documents;
using System.Windows.Input;
using System.Windows.Media;
using System.Windows.Media.Imaging;
using System.Windows.Navigation;
using System.Windows.Shapes;
using Microsoft.Kinect;

namespace 예제 정보 출력
{
    /// <summary>
    /// MainWindow.xaml에 대한 상호 작용 논리
    /// </summary>
    public partial class MainWindow : Window
    {

        KinectSensor nui; /*키넥트를 사용하기 위해 선언한 클래스(nui를 통해 키넥트를 호출해
                          * 사용하게 된다.*/

        public MainWindow()
        {
            InitializeComponent();

            nui = KinectSensor.KinectSensors[0];//키넥트를 가져온다. 여기서 [0]은 키넥트의 순
                                                //번이다.
            KinectSensor.KinectSensors.StatusChanged += new
                                EventHandler<StatusChangedEventArgs> /* 연결 상태를
                                                                      * 확인한다.*/
                                            (Kinects_StatusChanged);



        }

        void Kinects_StatusChanged(object sender, StatusChangedEventArgs e)
        {
```

```
        textBlock1.Text = nui.Status.ToString(); /*키넥트 상태가 변동되면 발생하는 이
                                                 * 벤트로화면이 TextBlock에 nui.Status의
                                                 * 내용을 출력하도록 했다.*/
    }

    private void button1_Click(object sender, RoutedEventArgs e)
    {
        int ncount = KinectSensor.KinectSensors.Count; //연결된 키넥트의 개수
         if(ncount == 0)
        {
            textBlock1.Text = "연결된 키넥트 없음";
        }
         if(ncount != 0)
        {
        String strTemp = "";
        strTemp += ncount.ToString("키넥트 개수 0 개");
        strTemp += "\n";
        strTemp += nui.UniqueKinectId; //부여된 키넥트 순서
        strTemp += "\n";
        strTemp += nui.DeviceConnectionId; //해당 키넥트에 할당한 디바이스연결 아이디
        strTemp += "\n";
        strTemp += nui.Status.ToString(); //키넥트의 연결 상태를 알려준다.

        textBlock1.Text = strTemp; //이를 textBlock1에 출력하도록 한다.
        }
    }
  }
}
```

디버깅 시작을 눌러서 실행하면 아래와 같이 실행 창이 뜰 것이다.

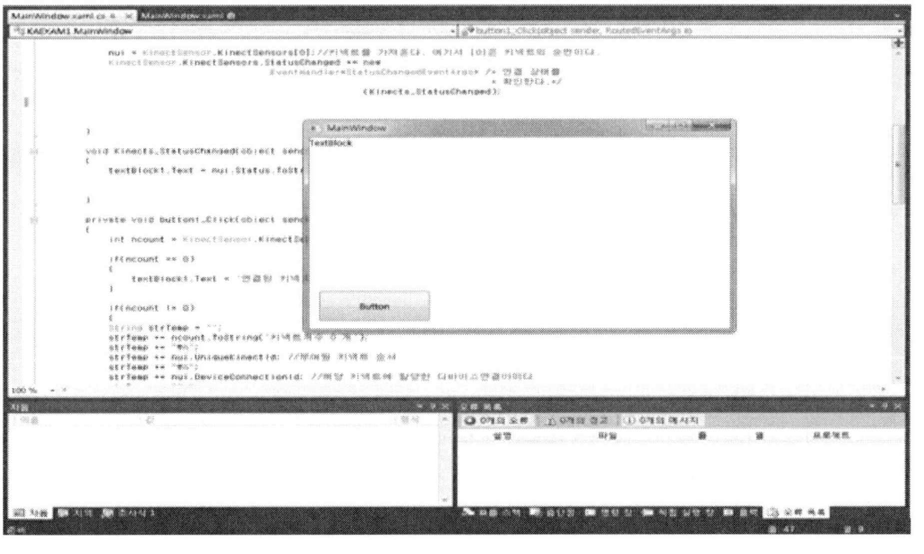

그러고 나서 다음 Button을 누르면 아래와 같이 연결된 키넥트의 개수와 그 키넥트의 정보가 아래 그림과 같이 작성될 것이다.

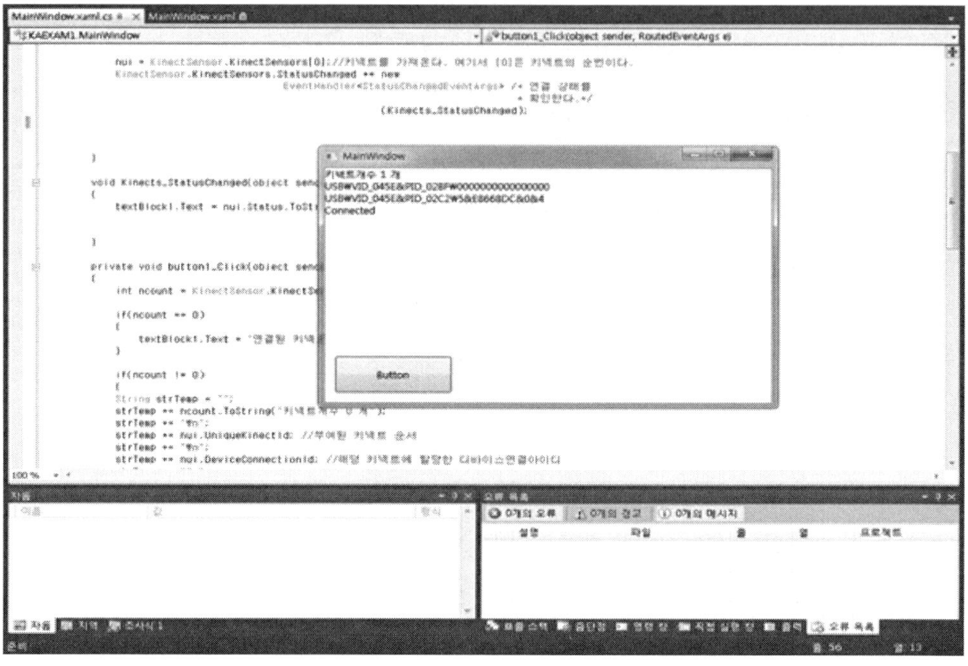

참고로 2개의 키넥트를 연결하면 현재 키넥트가 USB 모듈로 인식을 하지 못한다. 같은 USB 2.0 모듈에 연결되어 있다면 오류가 뜨면서 키넥트를 둘 다 제대로 잡지 못한다. 해결방법은 USB모듈이 2개라면 키넥트 USB를 각 모듈에 하나씩 연결하는 것이고, 만약 자신의 환경이 USB 컨트롤러가 하나뿐인 상태라면 PCMCIA Express 슬롯이 있는 조건에서는 USB 카드를 추가해서 각각 연결하는 방법이 있다. 최악의 경우 PCMCIA Express 같은 확장 슬롯이 없고 모듈이 한 개 뿐이라면 2개 인식은 어렵다. USB 2.0과 3.0 모듈이 따로 있다면 2대 연결 가능하다.

이렇게 해서 키넥트를 연결하고 직접 코딩을 해서 키넥트의 정보를 알아낼 수 있었다. 다음 장에서는 키넥트를 사용해서 이미지를 출력하는 방법에 대해 알아보도록 하겠다.

Chapter

03 RGB 화상 출력

RGB 화상 출력은 키넥트 SDK에서 이미지 파트를 가져와서 WPF의 이미지 객체에 표현하도록 하는 부분이며 대부분의 시판되는 교재에서도 처음 시작으로 많이 쓰고 있는 내용이다. 먼저 몇 가지 용어에 대한 정의를 살펴보겠다.

1 클래스란?

글래스란 새로운 데이터 타입(New Data Type)을 만드는 데이터 타입 생성기이다. 기존의 데이터 타입을 이용해서 새로운 데이터 타입을 만들어내는 것이 바로 클래스의 역할이다. 또한 클래스는 새로운 데이터 타입을 만드는 데이터 타입 생성기이다.

2 데이터 타입, 변수, 상수의 관계

앞장에서 설명한 데이터 타입과 변수와 상수는 서로 밀접한 관련이 있다. 이 관계를 알고 있다면 좀 더 쉽게 클래스의 개념에 접근할 수 있을 것이다. 데이터 타입과 변수 그리고 상수의 관계는 다음과 같다.

제일 상위에 존재하는 것이 바로 클래스이다. 클래스는 데이터 타입의 윗부분에 자리 잡고 있으며, 데이터 타입과 관련이 있다. 구조를 다시 만들어보면 다음과 같다.

✓ 클래스, 데이터 타입, 변수, 상수의 관계

- **클래스**: 데이터 타입을 만드는 데이터 타입 생성기
- **데이터 타입**: 데이터 타입으로 변수를 생성할 수 있다.
- **변수**: 변수의 선언은 메모리의 생성을 의미한다.
- **상수**: 상수를 변수에 할당된다.

3 키사용자 정의 데이터 타입

(1) 대표적인 사용자 정의 데이터 타입

- 구조체: 값 타입의 사용자 정의 데이터 타입
- 클래스: 참조 타입의 사용자 정의 데이터 타입

(2) 값 타입의 변수와 참조타입(클래스) 변수에 대한 특징

- 값 타입은 변수의 이름을 선언함과 동시에 메모리가 할당
- 참조 타입(클래스)은 변수의 선언과 변수에 대한 메모리의 할당이 분리되어 있다.

4 Person sister = new Person()의 분석

- Person: 클래스로 생성한 데이터 타입
- sister: Person 데이터 타입으로 선언한 변수
- new: 메모리를 생성하는 연산자
- Person(): 메모리 생성 후 초기화 작업을 담당하는 생성자

Person sister = new Person()을 두 줄로 나누어 그 의미를 살펴보면 다음과 같다.

5 선언과 메모리 생성의 분리

- Person sister: // 변수의 이름을 선언하는 의미
- sister = new Person(): // 만든 이름에 메모리를 할당하는 의미

이렇게 두 줄의 코드로 나누어 볼 수 있다. 한 줄로 사용하나 두 줄을 사용하나 결과는 같다. 그러나 Person sister는 변수의 이름을 선언한다는 의미를 지니고 있고, sister = new Person()은 만들어진 이름에 메모리를 생성한 후 연결한다는 의미가 있다.

(1) 기본 영상 출력을 하는 프로그램

우선 Visual Studio 2010을 사용해서 아래 그림과 같이 새 프로젝트를 만든다.

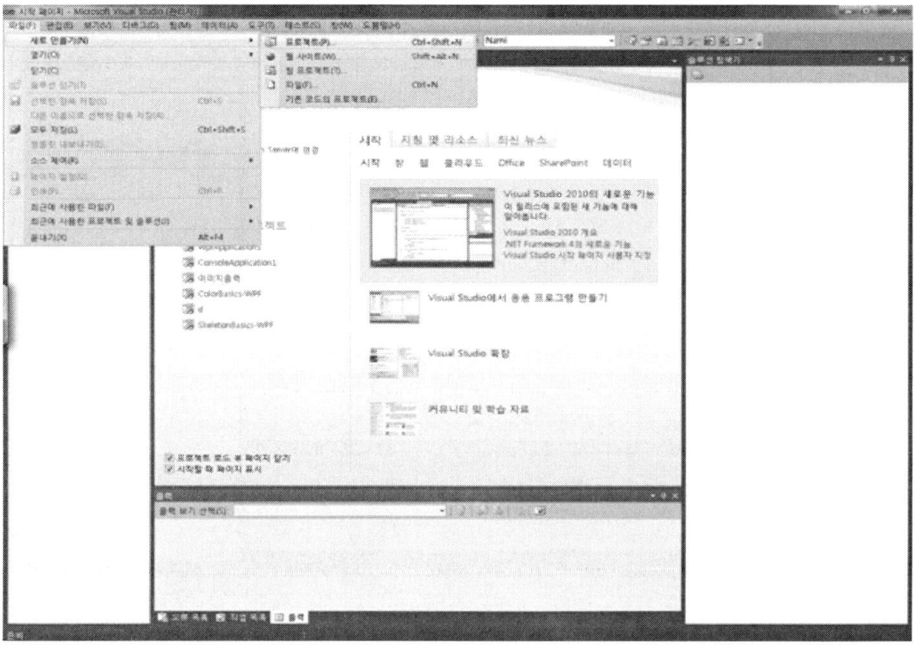

다음 그림과 같은 창이 뜰 것이다. 여기서는 C#을 이용해서 코딩을 할 것이기 때문에 Visual C# 목록에서 Windows 목록에서 WPF 응용 프로그램을 선택해서 아래에 이름을 예제(정보 출력)와 같이 알아보기 쉽게 변경한 후에 확인을 눌러서 만든다.

아래 그림과 같이 초기 창이 뜰 것이다. 여기서 왼쪽의 도구 상자가 안 보인다면 메뉴 창 보기에서 도구 상자를 클릭하면 왼쪽과 같이 도구 상자 목록이 뜬다. 초기 생성된 페이지는 XAML로 화면을 구성하고 있다. 이제 이곳에 UI 디자인한다.

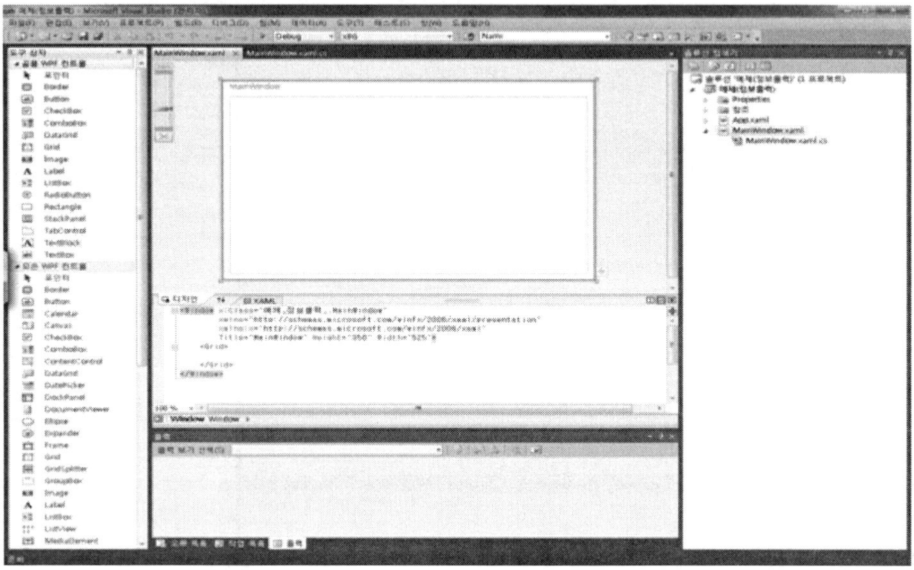

여기서 새로 생성한 프로젝트에는 Microsoft.Kinect가 참조되어 있지 않으므로 앞 장에서 실행했었던 것과 같이 참조에 추가해 주어야만 우리가 원하는 키넥트에 관한 코드를 작성 할 수 있다. 우측의 솔루션 탐색기에서 참조를 선택해서 오른쪽 클릭을 해주면 다음 그림과 같이 참조 추가가 보일 것이다. 참조 추가를 클릭한다.

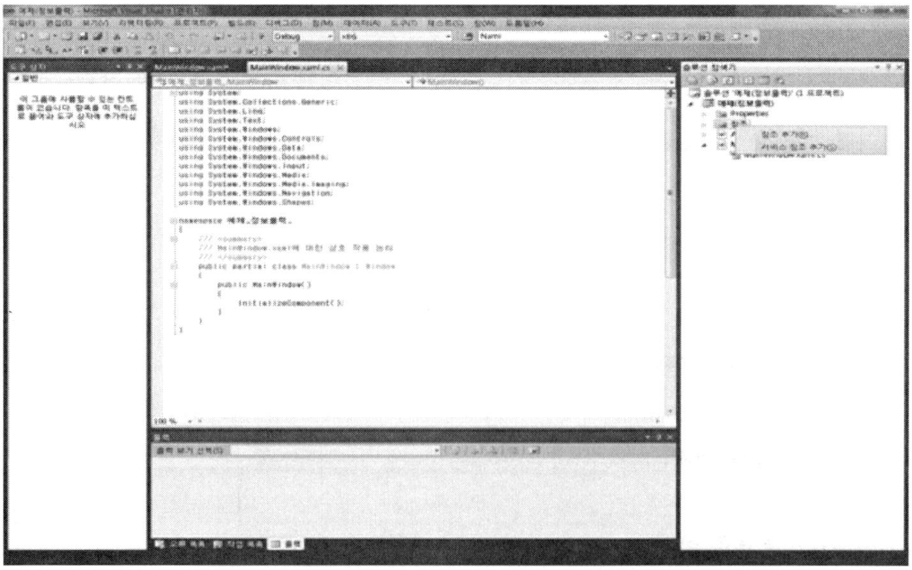

아래와 같은 참조 추가 창에서 .NET 목록에 들어가서 Microsoft.Kinect라는 구성 요소를 찾아준다. 그리고 확인을 눌러서 참조한다.

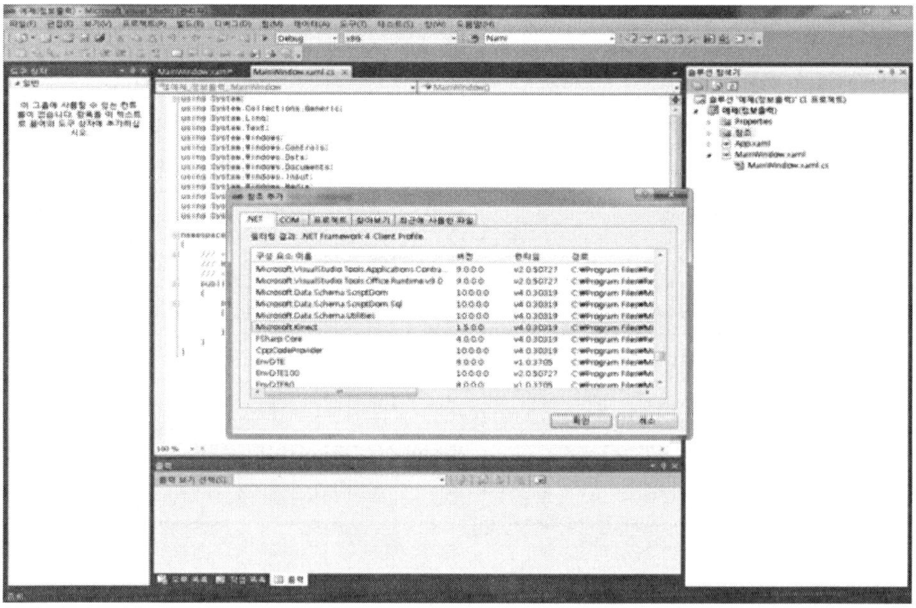

아래 그림과 같이 참조에 추가된 것이 보인다. 이제 여기서 실질적으로 사용해주어야 하기 때문에 아래 그림과 같은 자리에 using을 사용해서 키넥트를 넣어준다. 그리고 그 밑에 표시해 둔 곳에 키넥트에 관한 코드를 입력한다.

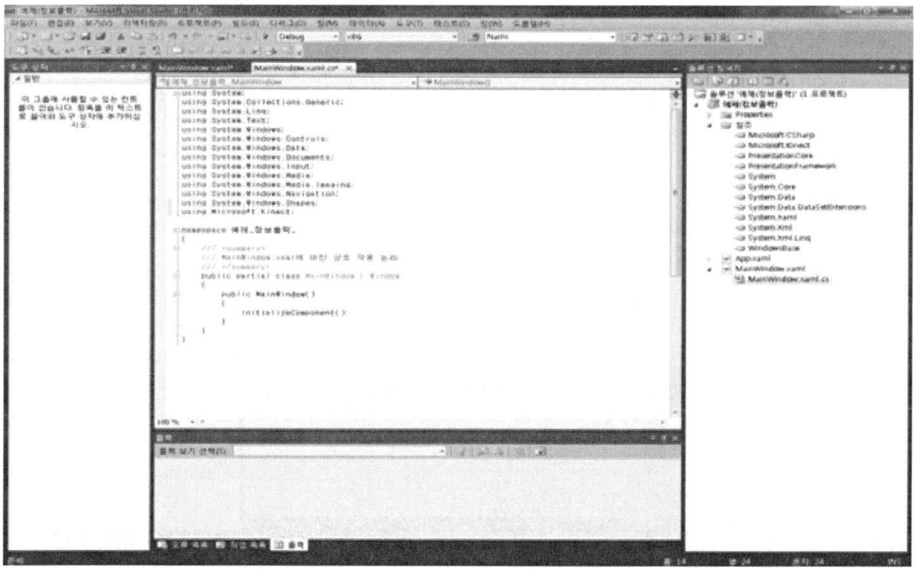

이제 키넥트 프로그래밍의 가장 기본이 되는 기본 영상 출력을 하는 프로그램을 작성해 보도록 하겠다. 우선 컬러영상을 출력하기 위해서는 ColorStream이라는 것을 사용하는데 이것은 ColorImageStream클래스로 지정된 필드이다. 밑에는 ColorImageStream 클래스의 멤버와 그 기능들이다.

멤버	기능
Format	컬러 데이터를 위한 포맷을 가져오거나 설정
NominalDiagonalFieldOfView	컬러 카메라에서 뷰의 명목상 대각선 필드
NominalFocalLengthlnPixels	컬러 카메라의 명목상 초점 길이
NominalHorizontalFieldOfView	컬러 카메라에서 뷰의 수평선 필드
NominalInverseFocalLengthInPixels	컬러 카메라에서 역 초점 길이
NominalVerticalFieldOfView	컬러 카메라에서 뷰의 명목상 수직선 필드
Enable	센서에서 컬러 데이터 사용
OpenNextFrame	컬러 스트림 안에서 다음 프레임

다음과 같이 도구 상자에서 Image 목록을 선택해서 그림과 같이 영상 출력이 가능한 UI를 구성한다.

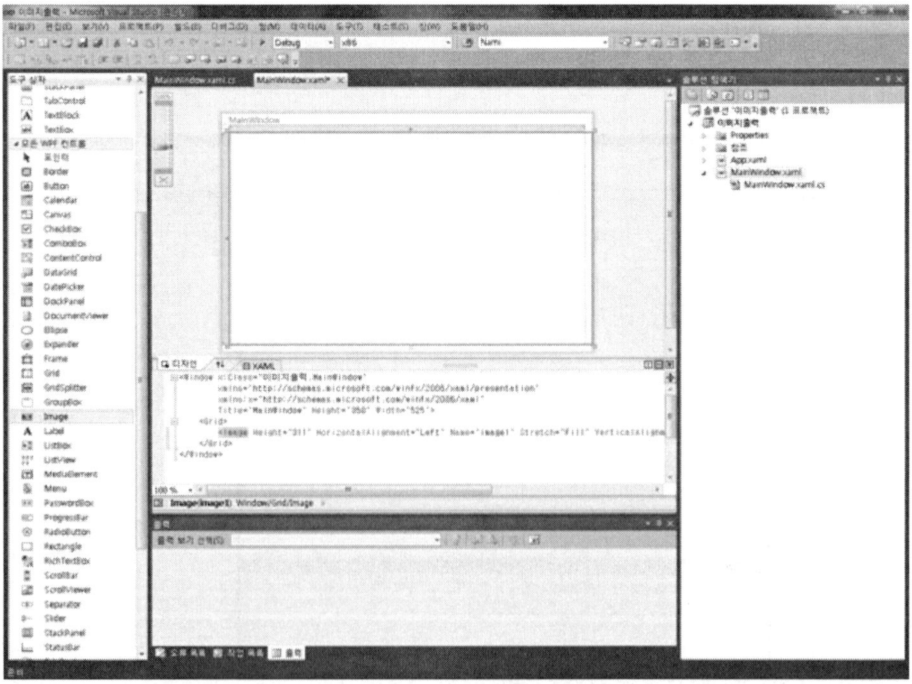

그리고 다시 MainWindow.xaml.cs로 돌아가서 public Mainwindow()에 아래와 같이 작성한다.

```
namespace 이미지 출력
{
    /// <summary>
    /// MainWindow.xaml에 대한 상호 작용 논리
    /// </summary>
    public partial class MainWindow : Window
    {
        public MainWindow()
        {
            InitializeComponent();
            InitializeNui();/* 설정과 작업의 편의를 위해 다음과 같이 InitializeNui라는 메소
                        *드를 호출한다. InitializeNui는 직접 작성해야 하는 코드이다.*/
        }
KinectSensor nui = null; //nui라는 이름으로 키넥트를 사용하기 위한 필드를 하나 생성한다.
    }
}
```

InitializeNui();를 사용했는데 InitializeNui라는 메소드는 정해져 있지 않기 때문에 아래와 같이 직접 코드를 작성해서 만든다.

```
public partial class MainWindow : Window
    {
        public MainWindow()
{생략}
KinectSensor nui = null;

void InitializeNui() //InitializeNui라는 메소드를 작성한다.
        {
            nui = KinectSensor.KinectSensors[0]; /*사용할 첫 번째 키넥트를 사져온다. 별도의
                                                   * 초기화 작업은 하지 않는다.*/
            nui.ColorStream.Enable(); /*컬러 스트림을 가져오기 위한 작업을 추가한다. 지정한
                                  * Enable 옵션을 통해 컬러 스트림을 사용 가능하게 준비한다.*/

            nui.ColorFrameReady += new EventHandler<ColorImageFrameReadyEventArgs>
                                                          (nui_ColorFrameReady);
            //프레임이 들어올 때 마다 nui_ColorFrameReady메소드를 실행시킨다.

            nui.Start();//키넥트 사용을 시작한다.
        }
    }
```

이제 추가한 이벤트 핸들러인 nui_ColorFrameReady를 구성한다.

```
public partial class MainWindow : Window
    {
        public MainWindow()
{생략}
KinectSensor nui = null;

void InitializeNui()
{생략}

void nui_ColorFrameReady(object sender, ColorImageFrameReadyEventArgs e)
        {

            using (ColorImageFrame ImageParam = e.OpenColorImageFrame())
            {

                //ColorImageFrame는 파라미터로 넘어온 그래픽 데이터를 사용하기 위한 클래스이다.
                //ImageFrame클래스를 기반으로 다음의 내용이 추가되어 있다.
                /* 옵션:Format              기능:컬러 데이터 형식
                 * 옵션:PixelDataLength    기능:픽셀 데이터의 길이
                 * 옵션:copyPixelDataTo    기능:픽셀 데이터를 복사*/

                if (ImageParam == null)
                {
                    return;
                }

                if (ImageParam != null)
                {
                    byte[] ImageBits = new byte[ImageParam.PixelDataLength];
                    ImageParam.CopyPixelDataTo(ImageBits);

                    BitmapSource src = null; /*Bitmapsource 클래스는 비트맵 형태로 이미지를 생
성해 주는 * 역할을 하는 클래스로 Create 메소드를 호출한다.*/



src = BitmapSource.Create(ImageParam.Width,
                                        ImageParam.Height,
                                        96, 96,
                                        PixelFormats.Bgr32,
                                        null,
                                        ImageBits,
                                        ImageParam.Width                          *
ImageParam.BytesPerPixel);
```

```
                /*
                 public static BitmapSource Create(
                 int PixelWidth, //형태:Int32 기능:비트맵의 너비
                 int PixelHeight, //형태:Int32 기능:비트맵의 높이
                 double dpiX, //형태:Double 기능:비트맵의 가로 DPI
                 double dpiY, //형태:Double 기능:비트맵의 세로 DPI
                 PixelFormat pixelFormat, //형태:PixelFormat 기능:비트맵의 픽셀 형식
                 BitmapPalette palette, //형태:BitmapPalette 기능:비트맵의 색상표
                 Array pixels, //형태:Array 기능:비트맵 이미지 내용이 담긴 바이트 배열
                 int stride //형태:Int32 기능:비트맵의 스트라이드

pixelFormat에 사용하는 비트맵의 픽셀 형식은 PixelFormat으로 지정이 되지만 PixelFormats라는 것을
이용하면 간단히 지정이 가능하다. PixelFormats.Bgr32는 Bgra32픽셀 형식을 가져온다. Bgra32는 32BPP
를 사용하는 sRGB 형식이다. 파랑, 녹색, 빨강, 알파에는 8BPP씩 할당된다. BPP는 픽셀당 비트 수이다. IMAGE.
Bits는 실제 영상 데이터가 들어있는 데이터에 해당한다)*/

              image1.Source = src; /*image1은 앞서 MainWindow.xaml에서 작업한 Image컨트
롤이다.
        * 여기에 Source라는 형태로 이미지를 넣으면 화면에 표시된다.
        * nui_ColorFrameReady는 초당 약 30회 가량 실행된다.
        * 그러므로 image1.Source를 통해 출력되는 이미지는 정지영상
        * 이지만 동영상과 같은 효과가 나타나게 된다.*/


            }
        }
    }
}
```

정상 동작

MainWindow.xaml.cs
MainWindow.xaml
void nui_ColorFrameReady(object sender, ColorImageFrameReadyEventArgs e)
using (ColorImageFrame ImageParam = e.OpenColorImageFrame())
if (ImageParam == null)
return;
if (ImageParam != null)
byte[] ImageBits = new byte[ImageParam.PixelDataLength];
ImageParam.CopyPixelDataTo(ImageBits);
src = BitmapSource.Create(ImageParam.Width,
ImageParam.Height,
96, 96,
PixelFormats.Bgr32,
null,
ImageBits,
ImageParam.Width * ImageParam.BytesPerPixel);

오류

MainWindow.xaml.cs
MainWindow.xaml
nui.Start( );
void nui_ColorFrameReady(object sender, ColorImageFrameReadyEventArgs e)
ColorImageFrame ImageParam = e.OpenColorImageFrame( );
byte[] ImageBits = new byte[ImageParam.PixelDataLength];
ImageParam.CopyPixelDataTo(ImageBits);
src = BitmapSource.Create(ImageParam.Width,
ImageParam.Height,
96, 96,
PixelFormats.Bgr32,
null,
ImageBits,
ImageParam.Width * ImageParam.BytesPerPixel);

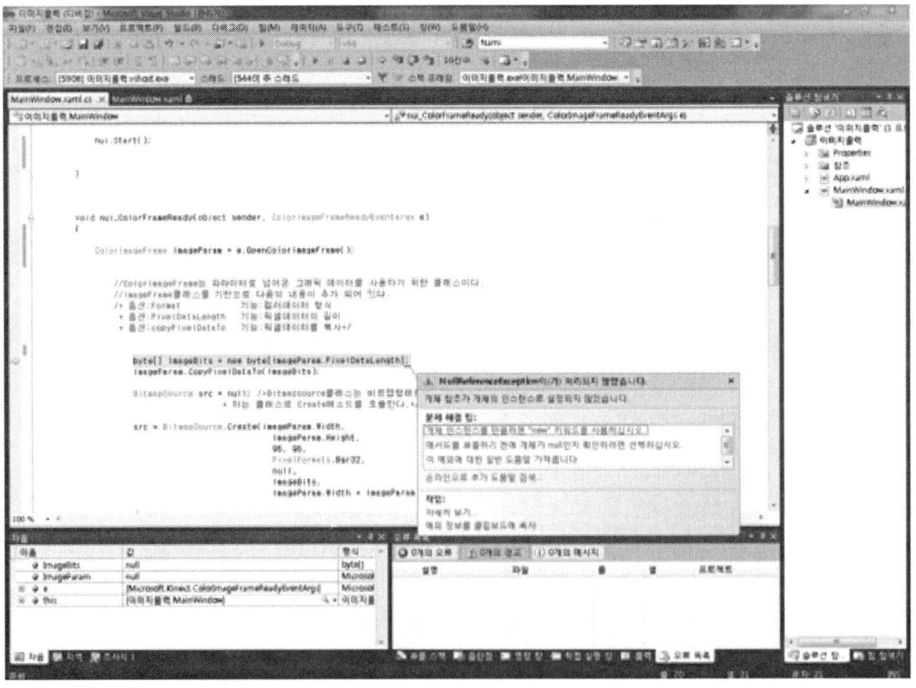

이렇게 코딩을 해서 완성하면 아래와 같이 프로그램이 실행되고 영상 값을 받아와서 출력한다.

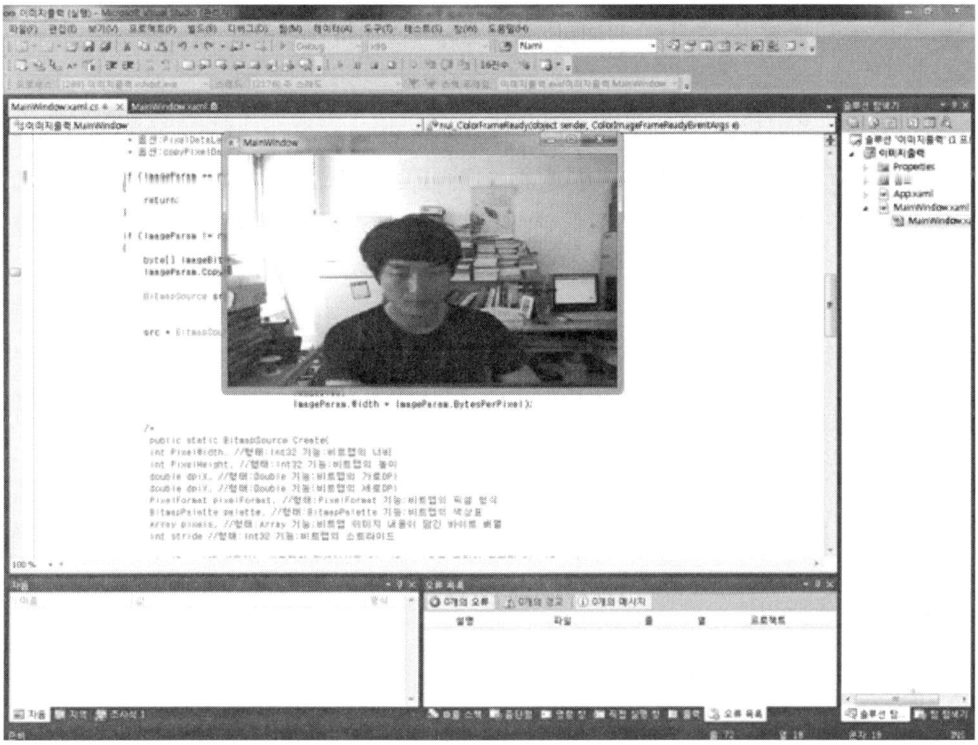

• 네임스페이스: 클래스를 관리하기 위한 논리적인 폴더(영역)
• 클래스(Class): C# 코드의 가장 기본 단위, 기능이 묶여있는 집합

6 C#에서 using의 용도는?

using 지시어는 2가지 용도로 사용된다. 네임스페이스(namespace)에 있는 타입을 사용할 수 있도록 허용하며, 또한 using 키워드는 using 구문(using statement)을 만드는데 사용된다. 이 using 구문은 파일과 폰트 등과 같이 자원(Resource)을 다루며, IDisposable 인터페이스를 구현한 객체가 올바르게 조작됨을 보장한다.

7 C#에서 네임스페이스는?

사용자 정의 네임스페이스와 시스템 정의 네임스페이스로 나누어진다. 사용자 정의 네임스페이스는 사용자가 직접 코드에서 정의한 네임스페이스이다.

이제 실시간으로 출력되는 영상을 사진을 찍는 것과 같이 중요시점의 영상을 저장하는 프로그램을 코딩해 보도록 한다. 우선 새 프로젝트를 작성할 때 마다 참조를 추가해야 하기 때문에 이제부터는 참조를 추가하는 단계는 생략한다. 새 프로젝트를 작성해서 기본 UI에 아래와 같이 영상을 출력할 수 있는 Image 영역과 캡처할 수 있는 캡처 Button을 만든다.

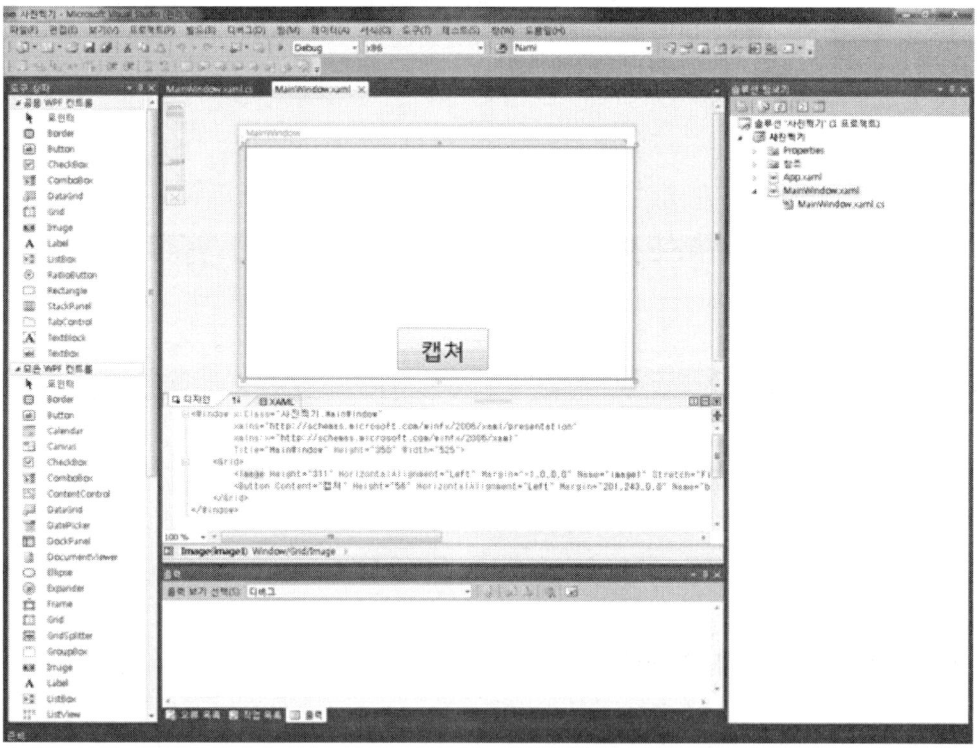

그리고 Mainwindow.xaml.cs 화면으로 넘어간다. 이번 프로그램에서는 캡처해서 그림 파일을 만들어야 하기 때문에 입출력 스트림을 사용해야 한다. 여기서 입출력 스트림을 사용할 수 있게 해주는 네임스페이스를 추가한다.

8 스트림이란?

C# 언어에서는 파일의 읽기 쓰기에 스트림 전용 클래스에서 생성한 객체를 사용한다. 파일의 읽기 및 쓰기에 대한 데이터의 흐름을 스트림이라고 한다.

아래와 같이 using System.IO;를 사용하여 입출력 스트림을 사용 가능하게 만든다.

```
using System;
using System.Collections.Generic;
using System.Linq;
using System.Text;
using System.Windows;
using System.Windows.Controls;
using System.Windows.Data;
using System.Windows.Documents;
using System.Windows.Input;
using System.Windows.Media;
using System.Windows.Media.Imaging;
using System.Windows.Navigation;
using System.Windows.Shapes;
using Microsoft.Kinect;
using System.IO;

namespace 사진찍기
{
    /// <summary>
    /// MainWindow.xaml에 대한 상호 작용 논리
    /// </summary>
    public partial class MainWindow : Window
    {
        public MainWindow()
        {
            InitializeComponent();
            InitializeNui();/* 설정과 작업의 편의를 위해 다음과 같이 InitializeNui라는 메소
                        * 드를 호출한다. InitializeNui는 직접 작성해야 하는 코드이다.*/
        }


        KinectSensor nui = null; //nui라는 이름으로 키넥트를 사용하기 위한 필드를 하나 생성한다.

        void InitializeNui()//InitializeNui라는 메소드를 작성한다.
        {
            nui = KinectSensor.KinectSensors[0];/*사용할 첫 번째 키넥트를 사져온다. 별도의 초기화
                                            * 작업은 하지 않는다.*/
            nui.ColorStream.Enable();/*컬러 스트림을 가져오기 위한 작업을 추가한다. 지정한
Enable
```

```
                              * 옵션을 통해 컬러 스트림을 사용 가능하게 준비한다.*/
        nui.ColorFrameReady += new EventHandler<ColorImageFrameReadyEventArgs>
(nui_ColorFrameReady);
        //프레임이 들어올 때 마다 nui_ColorFrameReady 메소드를 실행시킨다.

        nui.Start();//키넥트 사용을 시작한다.
    }

    BitmapSource src = null; /*Bitmapsource 클래스는 비트맵 형태로 이미지를 생성해 주는
* 역할을 하는 클래스로 Create 메소드를 호출한다.*/
                        /*

                public static BitmapSource Create(
                int PixelWidth, //형태:Int32 기능:비트맵의 너비
                int PixelHeight, //형태:Int32 기능:비트맵의 높이
                double dpiX, //형태:Double 기능:비트맵의 가로 DPI
                double dpiY, //형태:Double 기능:비트맵의 세로 DPI
                PixelFormat pixelFormat, //형태:PixelFormat 기능:비트맵의 픽셀 형식
                BitmapPalette palette, //형태:BitmapPalette 기능:비트맵의 색상표
                Array pixels, //형태:Array 기능:비트맵 이미지 내용이 담긴 바이트 배열
                int stride //형태:Int32 기능:비트맵의 스트라이드

pixelFormat에 사용하는 비트맵의 픽셀 형식은 PixelFormat으로 지정되지만 PixelFormats라는 것을 이용
하면 간단히 지정이 가능하다. PixelFormats.Bgr32는 Bgra32픽셀 형식을 가져온다. Bgra32는 32BPP를
사용하는 sRGB 형식이다. 파랑, 녹색, 빨강, 알파에는 8BPP씩 할당된다. BPP는 픽셀당 비트 수이다. IMAGE.
Bits는 실제 영상 데이터가 들어있는 데이터에 해당한다)*/


    void nui_ColorFrameReady(object sender, ColorImageFrameReadyEventArgs e)
    {
        using (ColorImageFrame ImageParam = e.OpenColorImageFrame())
        {

            if (ImageParam == null) return;

            //ColorImageFrame는 파라미터로 넘어온 그래픽 데이터를 사용하기 위한 클래스이다.
            //ImageFrame 클래스를 기반으로 다음의 내용이 추가 되어 있다.
            /* 옵션:Format              기능:컬러 데이터 형식
             * 옵션:PixelDataLength     기능:픽셀 데이터의 길이
             * 옵션:copyPixelDataTo     기능:픽셀 데이터를 복사*/

            byte[] ImageBits = new byte[ImageParam.PixelDataLength];
            ImageParam.CopyPixelDataTo(ImageBits);


            src = BitmapSource.Create(ImageParam.Width,
                                      ImageParam.Height,
```

```
                                    96, 96,
                                    PixelFormats.Bgr32,
                                    null,
                                    ImageBits,
                                    ImageParam.Width * ImageParam.BytesPerPixel);

                image1.Source = src; /*image1은 앞서 MainWindow.xaml에서 작업한 Image 컨트롤
                                   이다.

                              * 여기에 Source라는 형태로 이미지를 넣으면 화면에 표시된다.


                              * nui_ColorFrameReady는 초당 약30회 가량 실행된다.
                              * 그러므로 image1.Source를 통해 출력되는 이미지는 정지영상
                              * 이지만 동영상과 같은 효과가 나타난다.*/
            }
        }
}
}
namespace 사진찍기
{
    public partial class MainWindow : Window
    {
        public MainWindow()
{생략}

        KinectSensor nui = null; //nui라는 이름으로 키넥트를 사용하기 위한 필드를 하나 생성한다.

        void InitializeNui()
{생략}


        BitmapSource src = null; /*Bitmapsource 클래스는 비트맵 형태로 이미지를 생성해 주는
* 역할을 하는 클래스로 Create 메소드를 호출한다.*/
                          /*
                  public static BitmapSource Create(
                  int PixelWidth, //형태:Int32 기능:비트맵의 너비
                  int PixelHeight, //형태:Int32 기능:비트맵의 높이
                  double dpiX, //형태:Double 기능:비트맵의 가로 DPI
                  double dpiY, //형태:Double 기능:비트맵의 세로 DPI
                  PixelFormat pixelFormat, //형태:PixelFormat 기능:비트맵의 픽셀 형식
                  BitmapPalette palette, //형태:BitmapPalette 기능:비트맵의 색상표
                  Array pixels, //형태:Array 기능:비트맵 이미지 내용이 담긴 바이트 배열
                  int stride //형태:Int32 기능:비트맵의 스트라이드

pixelFormat에 사용하는 비트맵의 픽셀 형식은 PixelFormat으로 지정이 되지만 PixelFormats라는 것을
이용하면 간단히 지정이 가능하다. PixelFormats.Bgr32는 Bgra32픽셀 형식을 가져온다. Bgra32는 32BPP
를 사용하는 sRGB 형식이다. 파랑, 녹색, 빨강, 알파에는 8BPP씩 할당된다. BPP는 픽셀당 비트 수이다. IMAGE.
Bits는 실제 영상 데이터가 들어있는 데이터에 해당한다)*/
```

```
        void nui_ColorFrameReady(object sender, ColorImageFrameReadyEventArgs e)
        {생략}

private void button1_Click(object sender, RoutedEventArgs e)

        {
            if (src != null)
            {
                PngBitmapEncoder encoder = null;
                encoder = new PngBitmapEncoder();
         /*BitmapEncoder 클래스는 코덱에서 인코딩된 이미지에 대한 특수화된 압축루틴 또는
          * 인터레이스를 지원할 수 있다. 비트맵 형식에서 프레임을 하나만 지원하는 경우에도 모든
          * 파생된 인코더에 다중 프레임을 지정할 수 있다. 이경우 첫 번째 프레임만 저장된다.
          * BitmapEncoder를 통해 사용할 수 있는 클래스는 다음의 표와 같다.
          * 클래스                기능
          * BmpBitmapEncoder      비트맵 원형의 이미지 인코딩
          * GifBitmapEncoder      그래픽 인터체인지 포맷의 이미지 인코딩
          * JpegBitmapEncoder     정지영상 압축 표준 형태의 이미지 인코딩
          * PngBitmapEncoder      비손실 그래픽 파일 포맷의 이미지 인코딩
          * TiffBitmapEncoder     화상 파일 표준 포맷의 이미지 인코딩
          * WmpBitmapEncoder      윈도 미디어 사진 포맷의 이미지 인코딩*/

                encoder.Frames.Add(BitmapFrame.Create(src));

                FileStream stream = new FileStream("사진찍기.png",
                                                   FileMode.Create,
                                                   FileAccess.Write);
                encoder.Save(stream);
                stream.Close();

                System.Diagnostics.Process exe = new System.Diagnostics.Process();
                exe.StartInfo.FileName = "사진찍기.png";
                exe.Start();
            }
        }
}
}
```

이제 이렇게 완성된 프로그램을 실행하면 아래와 같이 실행된다.

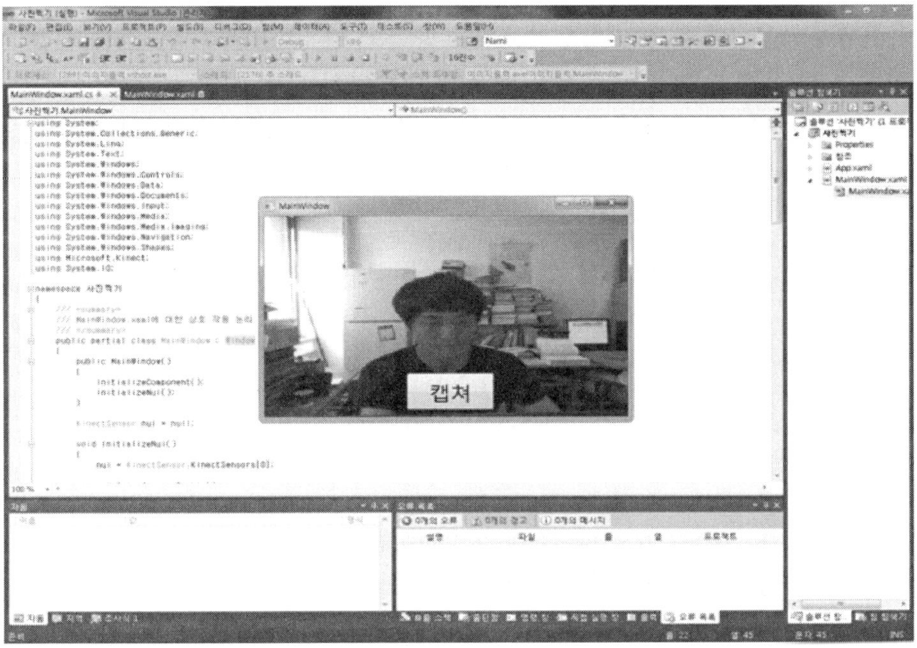

캡처 Button을 누르면 아래 그림과 같이 지정한 확장자 형식으로 그림 파일이 실행된다. 이후에 저장 Button을 사용해서 이미지를 저장한다.

9 함수와 메소드

- 함수: 절차적 프로그래밍 언어에서 사용하는 용어로 한 줄 이상의 명령어를 스코프 내에서 실행하고 return문을 만나면 자신을 호출한 명령어의 다음 줄로 이동한다.
- 메소드: 객체 지향 프로그래밍 언어에서 사용하는 언어로 클래스 데이터 타입에 의존적인 함수라고 볼 수 있다.

다음 장에서는 뎁스 스트림에 대해 알아보고 프로그래밍해 보도록 하겠다.

참고 출처

http://www.jabook.com/jabook2/bs/bsTreeLoad.do?ba_no=73
http://blog.naver.com/hjsnyh/80011700013
http://blog.naver.com/phoogu/110013801370
http://blog.naver.com/phoogu
http://blog.naver.com/cdincdin/30129625682
http://blog.naver.com/cdincdin

Chapter 04 뎁스 스트림

뎁스 스트림은 영상의 모양을 인식하고 크기와 거리 정보를 포함하여 여러 프로그램에 응용될 수 있도록 여러 정보를 제공한다. 뎁스 맵의 이미지 프레임은 크기가 620×480, 320×240, 80×60이다. 각 픽셀은 〈그림 4-1〉과 같이 카메라 평면으로부터 mm 범위 안에서 X와 Y 좌표로 가장 가까운 개체까지 직교 거리를 나타낸다. 이미지 프레임의 X와 Y 좌표는 방에 물리적 단위를 나타내지는 못하지만 뎁스 이미징 센서에서 픽셀을 어느 정도 나타낼 수 있다. 이 장에서는 뎁스 스트림 출력 방법, 다중 영상 처리 등을 실행한다.

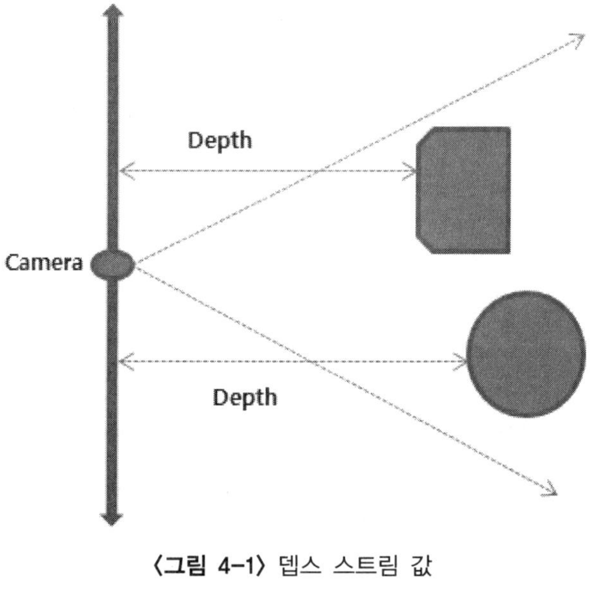

〈그림 4-1〉 뎁스 스트림 값

DepthImageStream 클래스는 다음 표와 같다.

멤버	기능
Format	뎁스 데이터를 위한 포맷을 가져오거나 지정
MaxDepth	최대 뎁스 값
MinDepth	최소 뎁스 값
NominalDiagonalFieldOfView	뎁스 카메라에서 뷰의 명목상 대각선 필드
NominalFocalLengthInPixels	뎁스카메라의 명목상 초점 길이
NominalHorizontalFieldOfView	뎁스 카메라에서 뷰의 수평선 필드
NominalInverseFocalLengthInPixels	뎁스 카메라에서 역 초점 길이
NominalVerticalFieldOfView	뎁스 카메라에서 뷰의 명목상 수직선 필드
Range	뎁스 데이터의 범위를 가져오거나 지정
TooFarDepth	가장 멀리 떨어진 최소의 뎁스 값
TooNearDepth	가장 가까이 있는 최대 뎁스 값
UnknownDepth	실제 뎁스를 알 수 없을 때 사용된 뎁스값
Enable	센서에서 뎁스 데이터를 사용. 작동 시작
OpenNextFrame	뎁스 스트림 안에서 다음 프레임 가져옴

(1) 뎁스 스트림 출력

이전 장에서 해왔던 것처럼 우선 아래 그림과 같이 초기 창을 만든다.

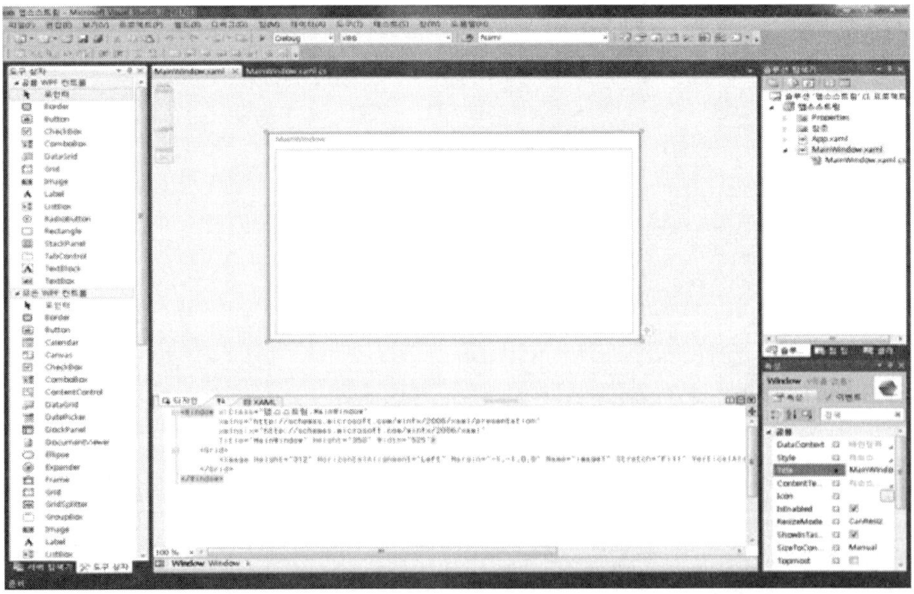

a 우선 기본적으로 키넥트 nui를 선언해 주고 nui가 뎁스 스트림이 가능하도록 준비한다. 그리고 뎁스 스트림의 이벤트 핸들러를 생성한다.

```
namespace 뎁스 스트림
{
    /// <summary>
    /// MainWindow.xaml에 대한 상호 작용 논리
    /// </summary>
    public partial class MainWindow : Window
    {
        KinectSensor nui = null; //nui라는 이름으로 키넥트를 사용하기 위한 필드를 하나 생성한다.
        public MainWindow()
        {
            InitializeComponent();
            InitialNui();/* 설정과 작업의 편의를 위해 다음과 같이 InitializeNui라는 메소드를
                          * 호출한다. InitializeNui는 직접 작성해야 하는 코드이다.*/
        }

        void InitialNui()//InitializeNui라는 메소드를 작성해 준다.
        {
            nui = KinectSensor.KinectSensors[0]; /*사용할 첫 번째 키넥트를 가져온다. 별도의
                                                  * 초기화작업은 하지 않는다.*/
            nui.DepthStream.Enable();/*뎁스 스트림을 가져오기 위한 작업을 추가한다. 지정한
Enable
                                      * 옵션을 통해 뎁스 스트림을 사용 가능하게 준비한다.*/
nui.DepthFrameReady += new EventHandler<DepthImageFrameReadyEventArgs>

(nui_DepthFrameReady);
//프레임이 들어올 때마다 nui_DepthFrameReady 메소드를 실행시킨다.
            nui.Start();//키넥트 사용을 시작한다.
        }
}
void nui_DepthFrameReady(object sender, DepthImageFrameReadyEventArgs e)
    {
}

}
```

b 그 후 프레임이 들어올 때마다 수행하는 nui_DepthFrameReady 메소드를 직접 정의한다.

```
namespace 뎁스 스트림
{
public partial class MainWindow : Window
{
    KinectSensor nui = null;
    public MainWindow() {생략}
    void InitialNui() {생략}

void nui_DepthFrameReady(object sender, DepthImageFrameReadyEventArgs e)
    {
        using (DepthImageFrame ImageParam = e.OpenDepthImageFrame())
        {
          //DepthImageFrame는 파라미터로 넘어온 그래픽 데이터를 사용하기 위한 클래스이다.
          //ImageFrame클래스를 기반으로 다음의 내용이 추가 되어 있다.
          /* 옵션:Format                기능:컬러 데이터 형식
           * 옵션:PixelDataLength       기능:픽셀 데이터의 길이
           * 옵션:copyPixelDataTo       기능:픽셀 데이터를 복사*/

          if (ImageParam == null)  return;//ImageParam의 값이 null값이 되면 리턴한다.


short[] ImageBits = new short[ImageParam.PixelDataLength];//Color에서 byte형
          //배열로 받던 정보가 Depth에서는 short형으로 받는다.
          // 1byte로 받던 데이터가 여기서는 2byte로 받는다.
          ImageParam.CopyPixelDataTo(ImageBits);

        BitmapSource src = null; /*Bitmapsource클래스는 비트맵 형태로 이미지를 생성해주는 역할을
                            * 하는 클래스로 Create메소드를 호출한다.*/

          src = BitmapSource.Create(ImageParam.Width,ImageParam.Height,96,96,
PixelFormats.Gray16,
                      null,ImageBits,ImageParam.Width * ImageParam.BytesPerPixel);

         image1.Source = src; /*image1은 앞서 MainWindow.xaml에서 작업한 Image 컨트롤이다.
                            * 여기에 Source라는 형태로 이미지를 넣으면 화면에 표시된다.
                            * nui_ColorFrameReady는 초당 약 30회 가량 실행된다.
                            * 그러므로 image1.Source를 통해 출력되는 이미지는 정지영상
                            * 이지만 동영상과 같은 효과가 나타나게 된다.*/
}
}
}
}
```

DepthStream을 받아오기 위해서는 short형 배열로만 받아올 수 있다. 대신 그렇게 받아온 16 bit 중 상위 13 bit에서 사물과 키넥트 사이의 거리를 나타내준다. 그러나 이 같은 경우는 사물의 골격을 키넥트로 받아왔을 때만 활성화되며, 이에 대한 정보는 하위 또는

상위 3 bit을 통해서 알 수 있다. 따라서 결국 우리가 받아올 정보는 바로 그 사물에 대한 정보를 제외한 13 bit가 되게 된다.

```
/*public static BitmapSource Create(
        int PixelWidth, //형태:Int32 기능: 비트맵의 너비
        int PixelHeight, //형태:Int32 기능: 비트맵의 높이
        double dpiX, //형태:Double 기능: 비트맵의 가로 DPI
        double dpiY, //형태:Double 기능: 비트맵의 세로 DPI
        PixelFormat pixelFormat, //형태: PixelFormat 기능:비트맵의 픽셀 형식
        BitmapPalette palette, //형태: BitmapPalette 기능:비트맵의 색상표
        Array pixels, //형태:Array 기능: 비트맵 이미지 내용이 담긴 바이트 배열
        int stride //형태:Int32 기능: 비트맵의 스트라이드

pixelFormat에 사용하는 비트맵의 픽셀 형식은 PixelFormat으로 지정이 되지만 PixelFormats라는
것을 이용하면 간단히 지정이 가능하다. PixelFormats.Bgr32는 Bgra32픽셀 형식을 가져온다. Bgra32
는 32BPP를 사용하는 sRGB 형식이다. 파랑, 녹색, 빨강, 알파에는 8BPP씩 할당된다. BPP는 픽셀당 비트
수이다. IMAGE.Bits는 실제 영상 데이터가 들어있는 데이터에 해당한다)*/
```

멤버	기능
Bgr101010	32BPP를 사용하는 sRGB 형식. 파랑, 녹색, 빨강에는 10BPP가 할당.
Bgr24	24BPP를 사용하는 sRGB 형식. 파랑, 녹색, 빨강에는 8BPP가 할당.
Bgr32	32BPP의 sRGB형식. 파랑, 녹색, 빨강에는 8BPP가 할당.
Bgr555	16BPP를 사용하는 sRGB 형식. 파랑, 녹색, 빨강에는 5BPP가 할당.
Bgr565	16BPP를 사용하는 sRGB 형식. 파랑, 녹색, 빨강에는 5BPP, 6BPP, 5BPP가 할당.
Bgra32	32BPP를 사용하는 sRGB 형식. 파랑, 녹색, 빨강에는 8BPP가 할당.
BlackWhite	픽셀당 1비트 데이터를 검정 또는 흰색으로 표시
Cmyk32	32BPP를 표시하는 Cmyk32 픽셀 형식. 녹청, 자홍, 노랑, 검정에 8BPP씩 할당.
Gray16	65,536가지의 회색조를 표현할 수 있는 16BPP 회색조 채널을 표시하는 형식. 감마값 1.0
Gray2	4가지의 회색조를 표현할 수 있는 2BPP 회색조 채널을 표시하는 Gray2 픽셀 형식.
Gray32Float	40억 가지 이상의 회색조를 표현 할 수 있는 32BPP 회색조 채널 표시. 감마값 1.0
Gray4	16가지의 회색조를 표현 할 수 있는 4BPP 회색조 채널을 표시하는 Gray4 픽셀 형식.
Gray8	256가지의 회색조를 표현할 수 있는 8BPP 회색조 채널을 표시하는 Gray8 픽셀 형식.

Indexed1	2가지 색으로 색상이 지정된 비트맵을 지정하는 픽셀 형식.
Indexed2	4가지 색으로 색상이 지정된 비트맵을 지정하는 픽셀 형식.
Indexed4	16가지 색으로 색상이 지정된 비트맵을 지정하는 픽셀 형식.
Indexed8	256가지 색으로 색상이 지정된 비트맵을 지정하는 픽셀 형식.
Pbgra32	32BPP를 사용하는 sRGB 형식. 파랑, 녹색, 빨강, 알파에는 8BPP씩 할당. 각 색 채널에는 알파 값이 미리 곱해짐.
Prgba128Float	128BPP를 사용하는 ScRGB 형식. 파랑, 녹색, 빨강, 알파에는 32BPP씩 할당. 각 색 채널에는 알파 값이 미리 곱해짐. 감마값 1.0
Prgba64	64BPP를 사용하는 sRGB 형식. 파랑, 녹색, 빨강, 알파에는 32BPP씩 할당. 각 색 채널에는 알파 값이 미리 곱해짐. 감마값 1.0
Rgb128Float	128BPP를 사용하는 ScRGB 형식. 파랑, 녹색, 빨강, 알파에는 32BPP씩 할당. 감마값 1.0
Rgb24	24BPP를 사용하는 sRGB 형식. 파랑,녹색,빨강에는 8BPP씩 할당.
Rgb48	48BPP를 사용하는 sRGB 형식. 파랑,녹색,빨강에는 16BPP식 할당. 감마값 1.0
Rgba128Float	128BPP를 사용하는 ScRGB 형식. 각 색 채널 에는 32BPP씩 할당. 감마값 1.0
Rgba64	64BPP를 사용하는 sRGB 형식. 파랑, 녹색, 빨강, 알파에는 16BPP식 할당. 감마값 1.0

c 그 다음 실행하면 아래 그림과 같이 음영의 변화로 거리를 인식할 수 있는 뎁스 스트림을 출력된다.

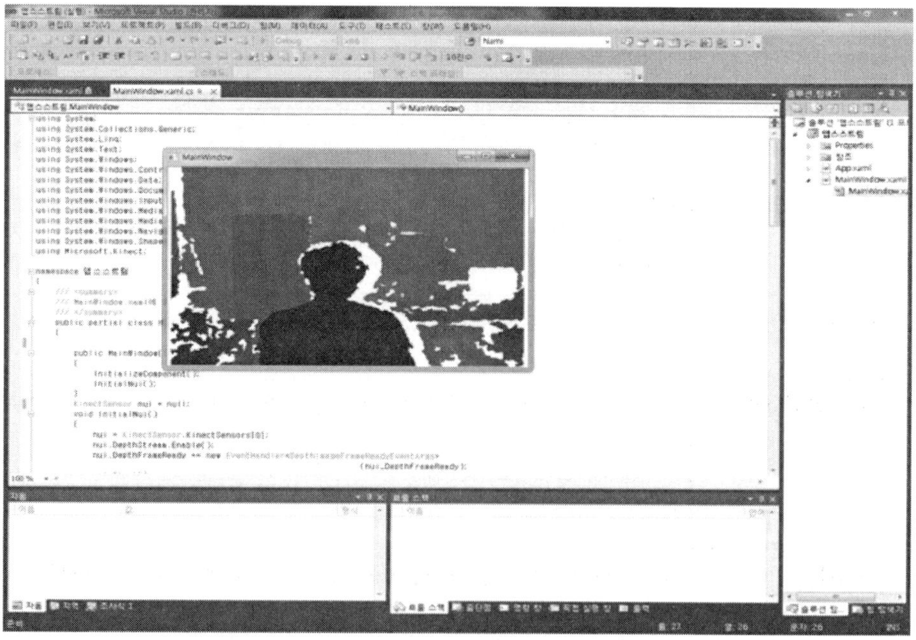

(2) 다중 영상모니터 출력

먼저 아래 그림과 같은 초기화면을 구성한다.

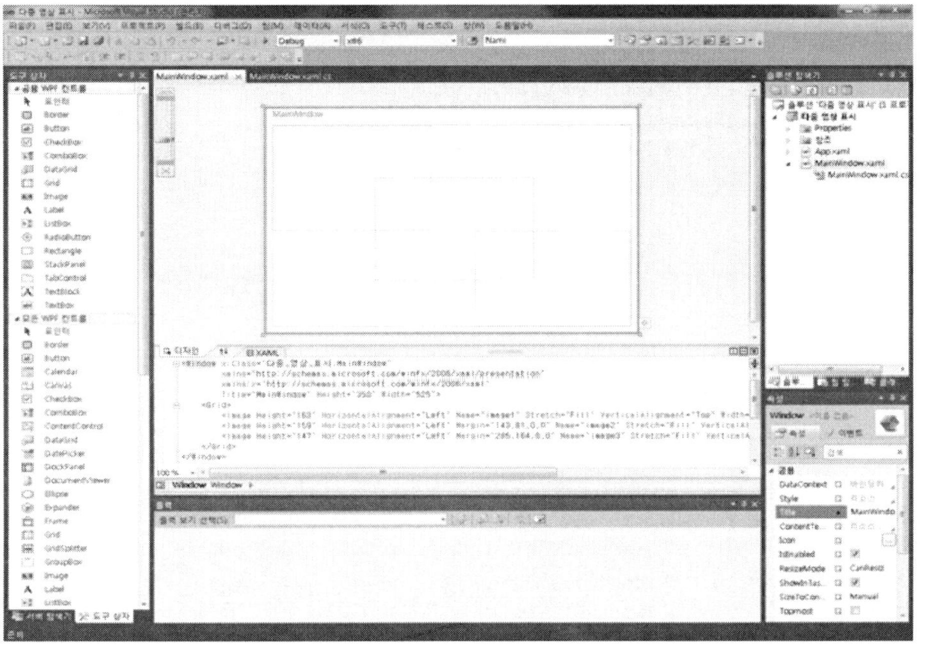

a 키넥트 nui를 선언해 주고 컬러 스트림과 뎁스 스트림 그리고 스켈리턴 스트림을 사용 가능하도록 준비한다. 그리고 컬러 스트림과 뎁스 스트림은 이벤트 핸들러를 생성한다.

```
namespace 다중_영상_표시
{
    /// <summary>
    /// MainWindow.xaml에 대한 상호 작용 논리
    /// </summary>
    public partial class MainWindow : Window
    {
        public MainWindow()
        {
            InitializeComponent();
            initializeNui();

        }
        KinectSensor nui = null;
        void initializeNui()
        {
```

```
            nui = KinectSensor.KinectSensors[0];
            nui.ColorStream.Enable();
            nui.ColorFrameReady += new
EventHandler<ColorImageFrameReadyEventArgs>
(nui_ColorFrameReady);
            nui.DepthStream.Enable();
            nui.DepthFrameReady += new
EventHandler<DepthImageFrameReadyEventArgs>
(nui_DepthFrameReady);
            nui.SkeletonStream.Enable();
            nui.Start();
        }
    }
}
```

b 그 후에 우선 프레임이 들어올 때마다 수행하는 nui_DepthFrameReady 메소드를 정의한다.

```
namespace 다중_영상_표시
{
    public partial class MainWindow : Window
    {
        public MainWindow() {생략}
        KinectSensor nui = null;
        void initializeNui() {생략}

        void nui_DepthFrameReady(object sender, DepthImageFrameReadyEventArgs e)
        {
            using (DepthImageFrame ImagePara = e.OpenDepthImageFrame())
            {
                if (ImagePara == null) return;

                short[] ImageBits = new short[ImagePara.PixelDataLength];
                ImagePara.CopyPixelDataTo(ImageBits);

                WriteableBitmap wb = null;
                wb = new WriteableBitmap(ImagePara.Width, ImagePara.Height, 96, 96,
                                         PixelFormats.Bgr32, null);
                wb.WritePixels(new
Int32Rect(0,0,ImagePara.Width,ImagePara.Height),
                        Players( ImagePara,
                                 ImageBits,
                                 ((KinectSensor)sender).DepthStream),
                                 ImagePara.Width*4,
                                 0);
```

```
//int32Rect 구조체는 정해진 사각형의 크기와 넓이 위치를 반환해 주는 변수이다.

                image2.Source = wb; /*할당된 wb는 사용자를 인식한 이미지이다. 여기에 사용한
*Players()가 사용자의 영상을 구분해 주는 역할을 한다. 배경은
*검은색으로 출력되고 사람은 흰색으로 인식된다. */

                BitmapSource src = null;
                src = BitmapSource.Create(ImagePara.Width, ImagePara.Height, 96, 96,
                PixelFormats.Gray16, null, ImageBits, ImagePara.Width *
ImagePara.BytesPerPixel);
                image3.Source = src;
            }
        }
}
}
```

🅒 다음으로 프레임이 들어올 때마다 수행하는 nui_ColorFrameReady 메소드를 정의한다.

```
namespace 다중_영상_표시
{
    public partial class MainWindow : Window
    {
        public MainWindow() {생략}
        KinectSensor nui = null;
        void initializeNui() {생략}
        void nui_DepthFrameReady(object sender, DepthImageFrameReadyEventArgs
e) {생략}
        void nui_ColorFrameReady(object sender, ColorImageFrameReadyEventArgs
e)
        {
            using (ColorImageFrame ImagePara = e.OpenColorImageFrame())
            {
                if (ImagePara == null) return;
                byte[] ImageBits = new byte[ImagePara.PixelDataLength];
                ImagePara.CopyPixelDataTo(ImageBits);

                BitmapSource src = null;
                src = BitmapSource.Create(ImagePara.Width, ImagePara.Height, 96, 96,
                 PixelFormats.Bgr32, null, ImageBits, ImagePara.Width *
ImagePara.BytesPerPixel);
                image1.Source = src;
            }
        }
}
}
```

d c에서 사용되었던 사용자를 인식할 수 있게 해주는 변수 Players를 정의한다.

```
namespace 다중_영상_표시
{
    public partial class MainWindow : Window
    {
        public MainWindow() {생략}
        KinectSensor nui = null;
        void initializeNui() {생략}
        void nui_DepthFrameReady(object sender, DepthImageFrameReadyEventArgs
e) {생략}
        void nui_ColorFrameReady(object sender, ColorImageFrameReadyEventArgs
e) {생략}
        byte[] Players(DepthImageFrame PImage, short[] depthFrame,
DepthImageStream depthStream)
        {
            byte[] nPlayers = new byte[PImage.Width * PImage.Height * 4];

            for (int i16 = 0, i32 = 0; i16 < depthFrame.Length && i32 <
nPlayers.Length; i16++, i32 += 4)
            {
                int player = depthFrame[i16] &
DepthImageFrame.PlayerIndexBitmask;
                if (player > 0)

                {
                    nPlayers[i32 + 2] = 255;
                    nPlayers[i32 + 1] = 255;
                    nPlayers[i32 + 0] = 255;
                }
            }
            return nPlayers;
        }
/*DepthImageFrame 속에는 Player를 인지할 수 있는 메소드가 들어있다. PlayerIndexBitmask이
다. 이와 기존에 받아들인 depthFrame과의 and 연산을 통해서 사람을 인지할 수 있다. 우선은 byte형
배열로 미리 칸을 만들어놓고 4씩 탐색하면서 사람이 있는 영역만 255로 표현되고 그 외 부분은 그대로 정의가
된다. 이러면 이걸 RGB로 봤을 때 사람만 흰색으로 뜨고 나머지는 검정색 또는 어두운 색으로 표현된다.*/
}
}
```

e 그 후에 디버깅을 실시해 주면 아래와 같이(왼쪽은 RGB영상, 중간은 사용자를 인식한 흑백대비영상, 오른쪽은 Depth영상) 출력된다.

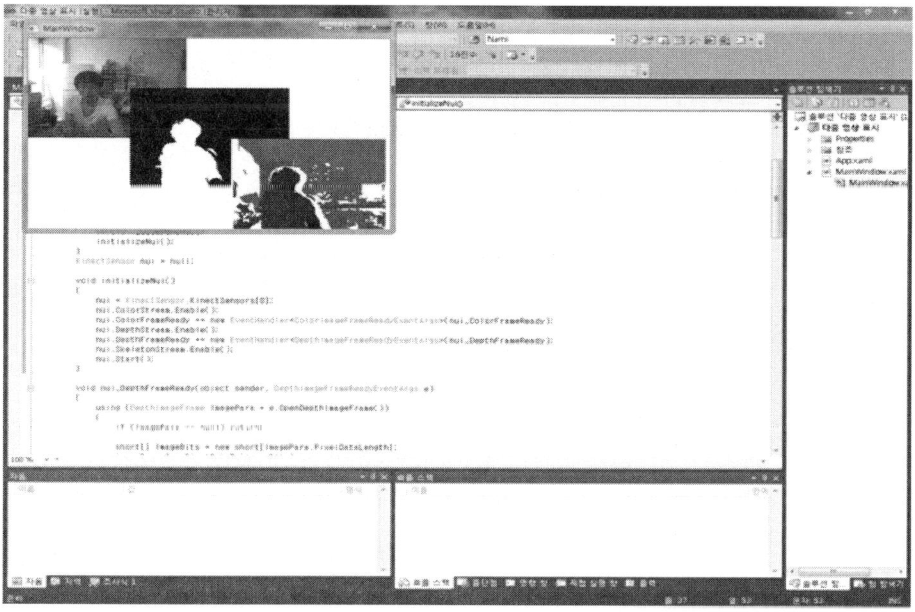

(3) 사용자 인덱스

먼저 아래 그림과 같은 초기 화면을 구성한다.

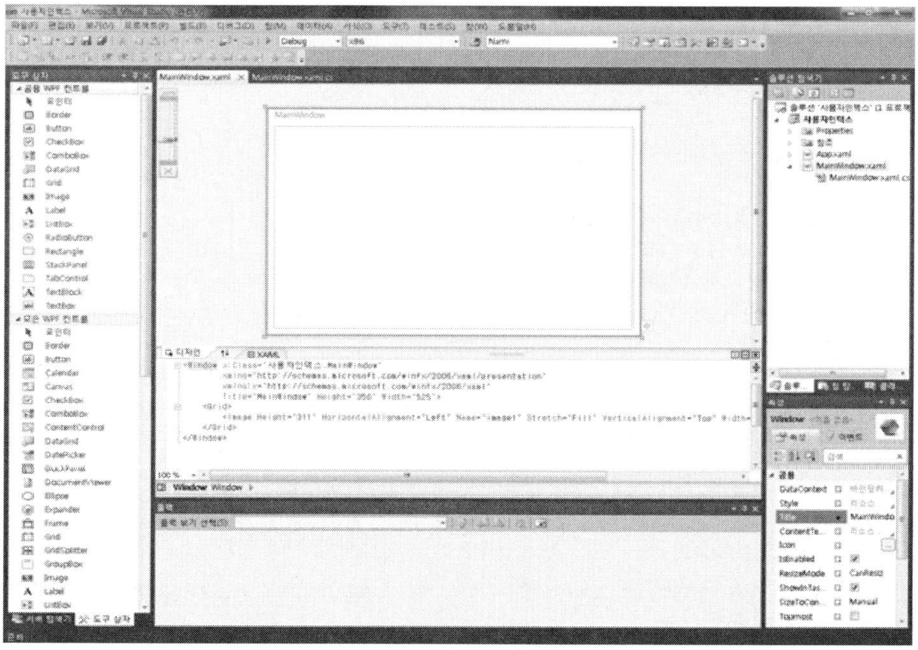

a 키넥트 nui를 선언해 주고 뎁스 스트림과 스켈리턴 스트림을 사용이 가능하도록 준비한다.

```
namespace 사용자 인덱스
{
    /// <summary>
    /// MainWindow.xaml에 대한 상호 작용 논리
    /// </summary>
    public partial class MainWindow : Window
    {
        public MainWindow()
        {
            InitializeComponent();
            InitializeNui();
        }
        KinectSensor nui = null;
        void InitializeNui()
        {
            nui = KinectSensor.KinectSensors[0];
            nui.DepthStream.Enable(DepthImageFormat.Resolution320x240Fps30);
            nui.DepthFrameReady += new
EventHandler<DepthImageFrameReadyEventArgs>
                                                    (nui_DepthFrameReady);
            nui.SkeletonStream.Enable();
            nui.Start();
        }
}
}
```

b 다음으로 프레임이 들어올 때마다 수행하는 nui_DepthFrameReady 메소드를 정의한다.

```
namespace 사용자 인덱스
{
    public partial class MainWindow : Window
    {
        public MainWindow() {생략}
        KinectSensor nui = null;
        void InitializeNui(){생략}
void nui_DepthFrameReady(object sender, DepthImageFrameReadyEventArgs e)
        {
            using (DepthImageFrame ImagePara = e.OpenDepthImageFrame())
            {
                if (ImagePara == null) return;

                short[] ImageBits = new short[ImagePara.PixelDataLength];
                ImagePara.CopyPixelDataTo(ImageBits);

                WriteableBitmap wb = new WriteableBitmap(ImagePara.Width,
ImagePara.Height, 96, 96,
```

```
                PixelFormats.Bgr32, null);
            wb.WritePixels(new Int32Rect(0, 0, ImagePara.Width,
ImagePara.Height),
                            Players(ImagePara,
                                ImageBits,
                                ((KinectSensor)sender).DepthStream),
                                ImagePara.Width * 4,
                                0);
            image1.Source = wb;
        }
    }
}
}
```

c b에서 사용되었던 사용자를 인식할 수 있게 해주는 변수 Players를 정의한다.

```
namespace 사용자 인덱스
{
    public partial class MainWindow : Window
    {
        public MainWindow() {생략}
        KinectSensor nui = null;
        void InitializeNui(){생략}
void nui_DepthFrameReady(object sender, DepthImageFrameReadyEventArgs e) {생략}
private byte[] Players(DepthImageFrame PImage, short[] depthFrame,
                                            DepthImageStream depthStream)
        {
            byte[] nPlayers = new byte[PImage.Width * PImage.Height * 4];

            for (int i16 = 0, i32 = 0; i16 < depthFrame.Length && i32 < nPlayers.Length;
i16++, i32 += 4)
            {
                int player = depthFrame[i16] & DepthImageFrame.PlayerIndexBitmask;

                SetRGB(nPlayers, i32, 0, 0, 0);
                if (player == 1) SetRGB(nPlayers, i32, 0xFF, 0x00, 0x00);//붉은색
                if (player == 2) SetRGB(nPlayers, i32, 0xFF, 0x7F, 0x7F);//연붉은색
                if (player == 3) SetRGB(nPlayers, i32, 0x00, 0xFF, 0x00);//녹색
                if (player == 4) SetRGB(nPlayers, i32, 0x7F, 0xFF, 0x7F);//연두색
                if (player == 5) SetRGB(nPlayers, i32, 0x00, 0x00, 0xFF);//파란색
                if (player == 6) SetRGB(nPlayers, i32, 0x7F, 0x7F, 0xFF);//연파란색
                if (player == 7) SetRGB(nPlayers, i32, 0xFF, 0xFF, 0x00);//노란색
                if (player == 8) SetRGB(nPlayers, i32, 0xFF, 0xFF, 0xFF);//아쿠아
                if (player == 9) SetRGB(nPlayers, i32, 0xFF, 0x00, 0xFF);//보라색
            }
            return nPlayers;
        }
}
}
```

d c에서 사용되었던 SetRGB를 간편하게 색상을 구성해 주고 각각의 색상이 따로 넘어가도록 정의한다.

```
namespace 사용자 인덱스
{
    public partial class MainWindow : Window
    {
        public MainWindow() {생략}
        KinectSensor nui = null;
        void InitializeNui(){생략}
void nui_DepthFrameReady(object sender, DepthImageFrameReadyEventArgs e) {생략}
private byte[] Players(DepthImageFrame PImage, short[] depthFrame,
                                                    DepthImageStream depthStream) {생
략}
        void SetRGB(byte[] nPlayers, int nPos, byte r, byte g, byte b)
        {
            nPlayers[nPos + 2] = r;
            nPlayers[nPos + 1] = g;
            nPlayers[nPos + 0] = b;
        }
}
}
```

e 그 후 디버깅을 하면 아래와 같이 사용자를 인식하고 사용자에 맞게 색을 표현한다.

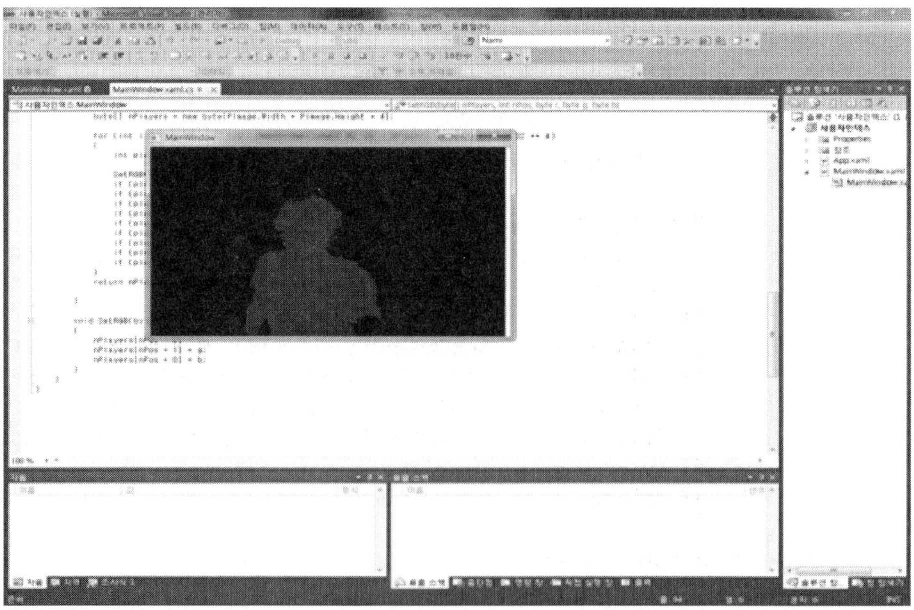

(4) 거리

먼저 아래 그림과 같은 초기 화면을 구성한다.

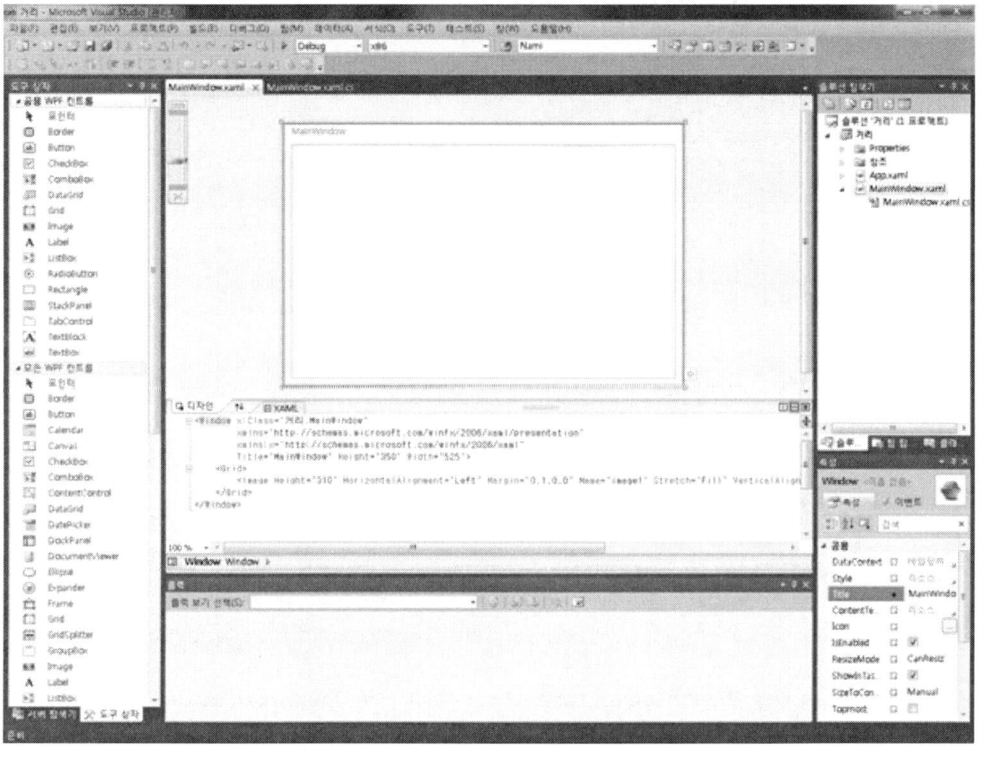

a 키넥트 nui를 선언해 주고 뎁스 스트림과 스켈리턴 스트림을 사용 가능하게 준비한다.

```
namespace 거리
{
    /// <summary>
    /// MainWindow.xaml에 대한 상호 작용 논리
    /// </summary>
    public partial class MainWindow : Window
    {
        public MainWindow()
        {
            InitializeComponent();
            InitializeNui();
        }
        KinectSensor nui = null;
        void InitializeNui()
        {
```

```
            nui = KinectSensor.KinectSensors[0];

            nui.DepthStream.Enable();
            nui.DepthFrameReady += new
EventHandler<DepthImageFrameReadyEventArgs>
(nui_DepthFrameReady);
            nui.SkeletonStream.Enable();
            nui.Start();
        }
    }
}
```

b 다음으로 프레임이 들어올 때마다 수행하는 nui_DepthFrameReady 메소드를 정의한다.

```
namespace 거리
{
    public partial class MainWindow : Window
    {
        public MainWindow() {생략}
        KinectSensor nui = null;
        void InitializeNui() {생략}

void nui_DepthFrameReady(object sender, DepthImageFrameReadyEventArgs e)
        {
            using (DepthImageFrame ImagePara = e.OpenDepthImageFrame())
            {
                if (ImagePara == null) return;

                short[] ImageBits = new short[ImagePara.PixelDataLength];
                ImagePara.CopyPixelDataTo(ImageBits);

                WriteableBitmap wb = new
WriteableBitmap(ImagePara.Width,ImagePara.Height,96,96,
                    PixelFormats.Bgr32,null);
                wb.WritePixels(new
Int32Rect(0,0,ImagePara.Width,ImagePara.Height),
                                GetRGB(ImagePara,
                                        ImageBits,
                                        ((KinectSensor)sender).DepthStream),
                                        ImagePara.Width*4,
                                        0);
                image1.Source = wb;
            }
        }
    }
}
```

c b에서 사용된 GetRGB를 각 거리범위에 따라서 다른 색으로 표시되도록 정의한다.

```
namespace 거리
{
    public partial class MainWindow : Window
    {
        public MainWindow() {생략}
        KinectSensor nui = null;
        void InitializeNui() {생략}
void nui_DepthFrameReady(object sender, DepthImageFrameReadyEventArgs e) {생략}
byte[] GetRGB(DepthImageFrame PImage, short[] depthFrame, DepthImageStream
depthStream)
        {
            byte[] rgbs = new byte[PImage.Width*PImage.Height*4];

            for (int i16 = 0, i32 = 0; i16 < depthFrame.Length && i32 < rgbs.Length;
i16++, i32 += 4)
            {
                int nDistance = depthFrame[i16] >>
DepthImageFrame.PlayerIndexBitmaskWidth;
                SetRGB(rgbs, i32, 0x00, 0x00, 0x00);
                if (nDistance > 3500) SetRGB(rgbs, i32, 0xFF, 0xFF, 0xFF); //3500은
3.5m를 의미
                else if (nDistance > 3000) SetRGB(rgbs, i32, 0xFF, 0x00, 0x00);
                else if (nDistance > 2000) SetRGB(rgbs, i32, 0x00, 0xFF, 0x00);
                else if (nDistance > 2000) SetRGB(rgbs, i32, 0x00, 0x00, 0xFF);
                else if (nDistance > 1000) SetRGB(rgbs, i32, 0xFF, 0xFF, 0x00);
                else if (nDistance > 1000) SetRGB(rgbs, i32, 0x00, 0xFF, 0xFF);
                else if (nDistance > 500) SetRGB(rgbs, i32, 0xFF, 0x00, 0xFF);
                else if (nDistance > 0) SetRGB(rgbs, i32, 0x7F, 0x00, 0x00);
            }
            return rgbs;
        }
}
}
```

d c에서 사용되었던 SetRGB를 간편하게 색상을 구성해 주고 각각의 색상이 따로 넘어가도록 정의한다.

```
namespace 거리
{
    public partial class MainWindow : Window
    {
        public MainWindow() {생략}
```

```
        KinectSensor nui = null;
        void InitializeNui() {생략}
void nui_DepthFrameReady(object sender, DepthImageFrameReadyEventArgs e) {생략}
byte[] GetRGB(DepthImageFrame PImage, short[] depthFrame, DepthImageStream
depthStream) {생략}

void SetRGB(byte[] nPlayers, int nPos, byte r, byte g, byte b)
        {
            nPlayers[nPos + 2] = r;
            nPlayers[nPos + 1] = g;
            nPlayers[nPos + 0] = b;
        }
}
}
```

e 그 후에 디버깅을 하면 아래 그림과 같이 지정거리에 따라 각각의 색상을 사용해서 표시한다.

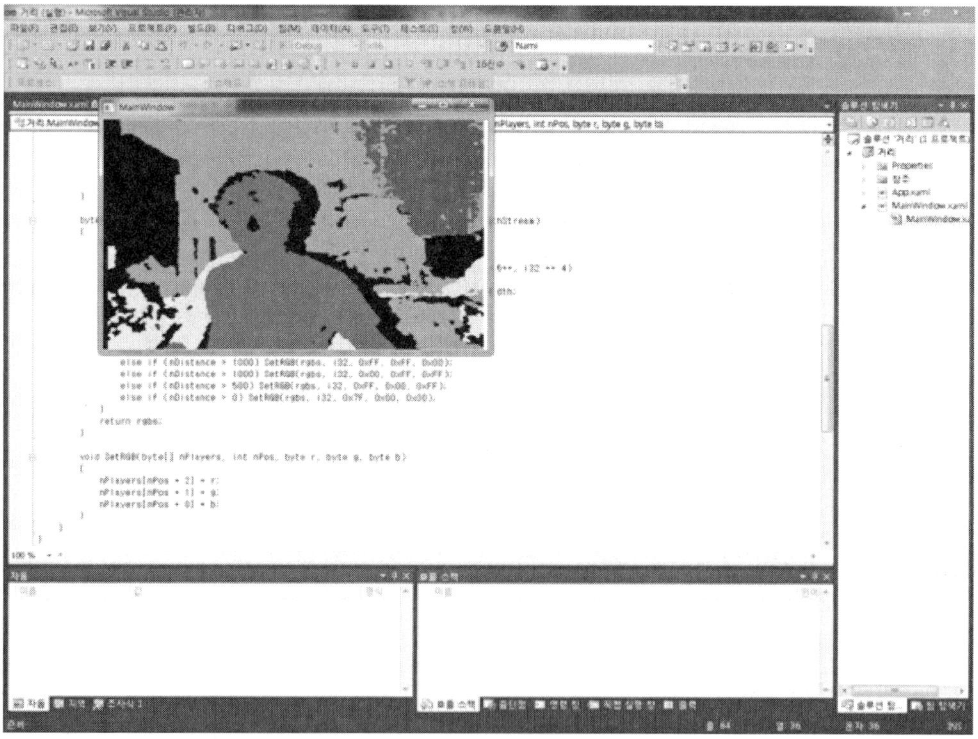

Chapter

05 거리

뎁스 스트림(DepthStream)은 단어에서 나타나듯이 깊이에 대한 정보를 보여주고 있다. 앞 장에서도 언급했듯이 깊이는 키넥트를 통해 인식되는 위치의 좌표값을 나타내는 것이 아니다. 키넥트와 물체의 위치와의 거리를 나타내는 것이다. 즉 키넥트에서 뎁스(depth)는 거리의 다른 표현이나 마찬가지인 것이다. 거리 정보를 이용하게 되면 특정 영역 안에서의 조작만 인식하거나 특정 영역 안으로 들어오도록 유도하는데 유용하게 사용할 수 있다. 이 장에서는 거리를 어떻게 구하고 표현하는지 알아보도록 한다.

1 평균거리 출력

이전 장에서 해왔던 것처럼 우선 아래 그림과 같이 초기 창을 만든다.

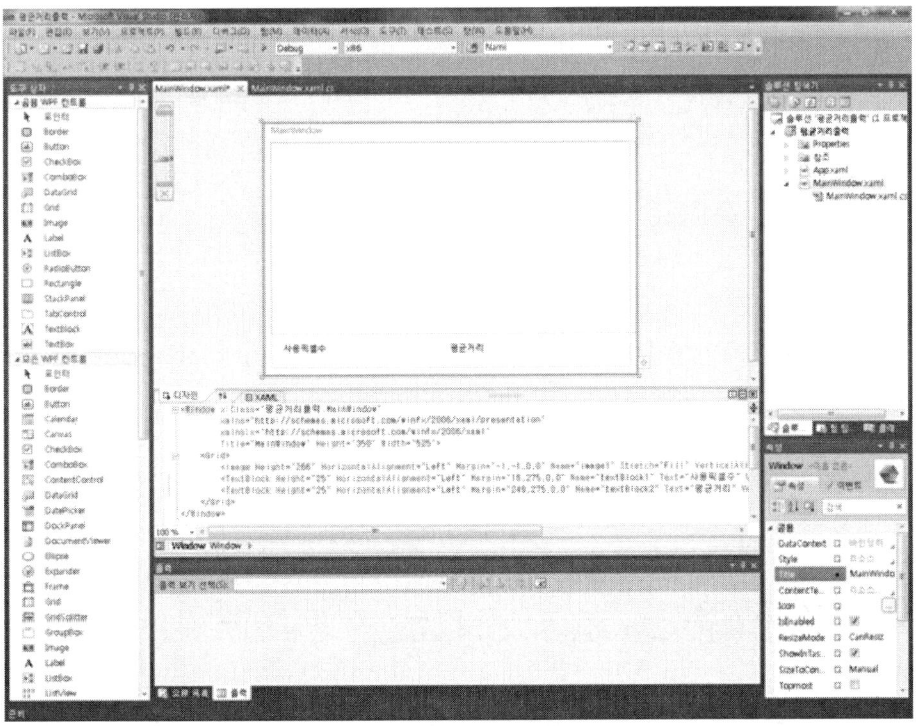

a 키넥트 nui를 선언해 주고 뎁스 스트림과 스켈리턴 스트림을 사용 가능하도록 준비한다. 그리고 뎁스 스트림의 이벤트 핸들러를 생성한다.

```
namespace 평균거리 출력
{
    /// <summary>
    /// MainWindow.xaml에 대한 상호 작용 논리
    /// </summary>
    public partial class MainWindow : Window
    {
        public MainWindow()
        {
            InitializeComponent();
            InitializeNui();
        }

        KinectSensor nui = null;

        void InitializeNui()
        {
            nui = KinectSensor.KinectSensors[0];

            nui.DepthStream.Enable(DepthImageFormat.Resolution320x240Fps30);
            nui.DepthFrameReady += new
EventHandler<DepthImageFrameReadyEventArgs>
(nui_DepthFrameReady);
            nui.SkeletonStream.Enable();
            nui.Start();
        }
}
}
```

b 그 후에 우선 프레임이 들어올 때마다 수행하는 nui.DepthFrameReady 메소드를 정의한다.

```
namespace 평균거리 출력
{
    /// <summary>
    /// MainWindow.xaml에 대한 상호 작용 논리
    /// </summary>
    public partial class MainWindow : Window
    {
        public MainWindow(){생략}
        KinectSensor nui = null;
```

```
        void InitializeNui(){생략}

void nui_DepthFrameReady(object sender, DepthImageFrameReadyEventArgs e)
        {
            using (DepthImageFrame ImagePara = e.OpenDepthImageFrame())
            {

                if (ImagePara == null) return;

                short[] ImageBits = new short[ImagePara.PixelDataLength];
                ImagePara.CopyPixelDataTo(ImageBits);


                WriteableBitmap wb = new WriteableBitmap(ImagePara.Width, Image
Para.Height, 96, 96,
                    PixelFormats.Bgr32, null);
                wb.WritePixels(new Int32Rect(0, 0, ImagePara.Width, ImagePara.Height),
                                GetPlayer(ImagePara,
                                        ImageBits,
                                        ((KinectSensor)sender).DepthStream),
                                        ImagePara.Width * 4,
                                        0);
                image1.Source = wb;
            }
        }
}
}
```

c b에서 사용되었던 변수 GetPlayer를 정의한다.

```
namespace 평균거리 출력
{
    /// <summary>
    /// MainWindow.xaml에 대한 상호 작용 논리
    /// </summary>
    public partial class MainWindow : Window
    {
        public MainWindow(){생략}
        KinectSensor nui = null;
        void InitializeNui(){생략}
void nui_DepthFrameReady(object sender, DepthImageFrameReadyEventArgs e) {생략}

        byte[] GetPlayer(DepthImageFrame PImage, short[]
depthFrame,DepthImageStream depthStream)
```

```
        {
            byte[] playerCoded = new byte[PImage.Width * PImage.Height * 4];

            long lPixel = 0;
            long lDist = 0;
            int nPlayer = -1;

            for (int i16 = 0, i32 = 0; i16 < depthFrame.Length && i32 < playerCoded.Length;
i16++, i32 += 4)
            {
                int player = depthFrame[i16] &
DepthImageFrame.PlayerIndexBitmask;
                int nDistance = depthFrame[i16] >>
DepthImageFrame.PlayerIndexBitmaskWidth;

                SetRGB(playerCoded, i32, 0x00, 0x00, 0x00);


                if (player > 0 && nPlayer <= 0) nPlayer = player;

                if (player == nPlayer)
                {
                    ① if (nDistance<depthStream.TooFarDepth &&
                       nDistance>depthStream.TooNearDepth)
                    {
                        lDist += nDistance;
                        lPixel += 1;
                        SetRGB(playerCoded, i32, 0xFF, 0xFF, 0xFF);
                    }

                }
            }

            ② if (nPlayer > 0)
            {
                textBlock1.Text = string.Format("픽셀수 : {0}개", lPixel);
                textBlock2.Text = string.Format("거리 : {0}mm", lDist / lPixel);
            }
            return playerCoded;
        }
    }
}
```

① 이 프로그램에서 가장 핵심적인 소스이다. 키넥트가 인식할 수 있는 최대거리와 최소 거리 범위 안에 사용자가 인식되면 lDist에 각 픽셀들의 거리 값을 모두 더해준다. 그리고 l Pixel에는 1씩 더해줌으로 각 픽셀들을 검사하면서 그 픽셀들의 개수를 저장할 수 있게 했다. 또한 그 픽셀들에 RGB 형식으로 색을 입히도록 만들었다.

② 이제 여기서는 플레이어를 인식하게 되면 ①에서 값을 얻어낸 l Dist와 l Pixel을 사용해서 textBlock1에는 픽셀 수를 출력하고 textBlock2에는 l Dist를 l Pixel로 나누어 각 픽셀들의 평균거리를 출력하게 된다.

d c에서 사용되었던 SetRGB를 간편하게 색상을 구성해 주고 각각의 색상이 따로 넘어가도록 정의한다.

```
Namespace 평균거리 출력
{
    /// <summary>
    /// MainWindow.xaml에 대한 상호 작용 논리
    /// </summary>
    public partial class MainWindow : Window
    {
        public MainWindow(){생략}
        KinectSensor nui = null;
        void InitializeNui(){생략}
void nui_DepthFrameReady(object sender, DepthImageFrameReadyEventArgs e) {생략}
        byte[] GetPlayer(DepthImageFrame PImage, short[]
depthFrame,DepthImageStream depthStream) {생략}

void SetRGB(byte[] nPlayers, int nPos, byte r, byte g, byte b)
        {
            nPlayers[nPos + 2] = r;
            nPlayers[nPos + 1] = g;
            nPlayers[nPos + 0] = b;
        }
}
}
```

e 그 후 디버깅을 하면 아래와 같이 사용자를 인식하고 사용자를 표시하는데 사용하는 픽셀 수와 거리값을 나타낸다.

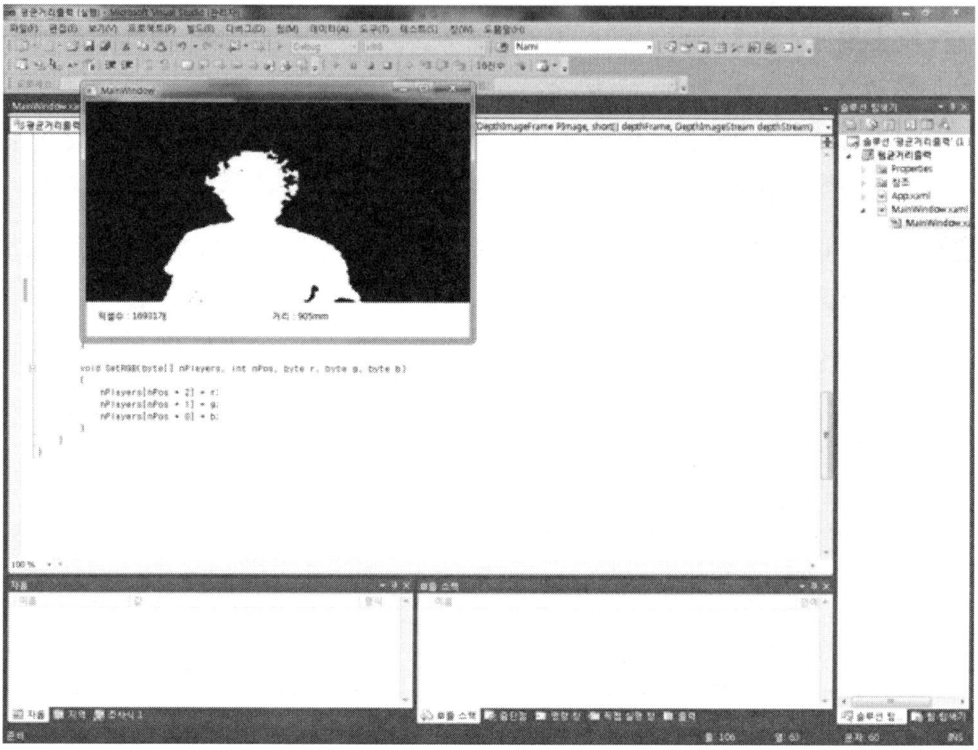

2 좌표

이전 장에서 해왔던 것처럼 우선 아래 그림과 같이 초기 창을 만든다.

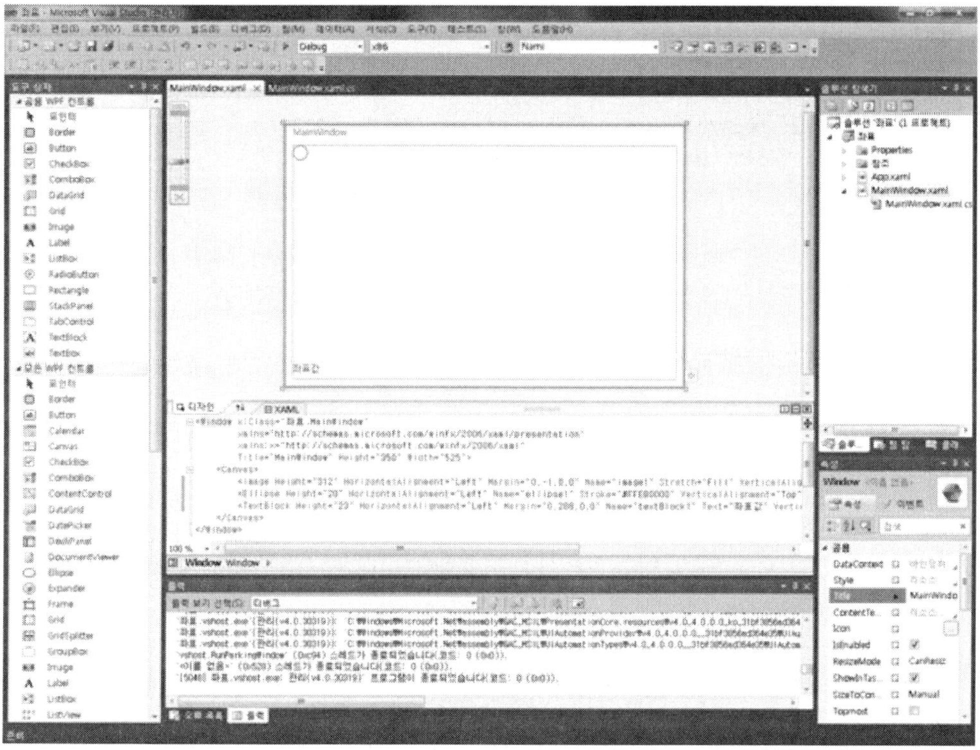

a 키넥트 nui를 선언해 주고 컬러 스트림과 뎁스 스트림 그리고 스켈리턴 스트림을 사용 가능하도록 준비한다. 그리고 컬러 스트림의 이벤트 헨들러를 생성한다.

```
namespace 좌표
{
    /// <summary>
    /// MainWindow.xaml에 대한 상호 작용 논리
    /// </summary>
    public partial class MainWindow : Window
    {
        public MainWindow()
        {
            InitializeComponent();
            InitializeNui();
        }
        KinectSensor nui = null;
```

```
        void InitializeNui()
        {
            nui = KinectSensor.KinectSensors[0];

            nui.ColorStream.Enable();
            nui.ColorFrameReady += new
EventHandler<ColorImageFrameReadyEventArgs>
(nui_ColorFrameReady);
nui.DepthStream.Enable();
            nui.DepthStream.Range = DepthRange.Near;
            nui.SkeletonStream.Enable();
            nui.SkeletonStream.EnableTrackingInNearRange = true;

          nui.AllFramesReady += new
EventHandler<AllFramesReadyEventArgs>(nui_AllFramesReady);

            nui.Start();
        }
}
}
```

b 그 후에 우선 프레임이 들어올 때마다 수행하는 nui.ColorFrameReady 메소드를 정의한다.

```
static void Main(string[] args)
{
int[] array = new int[] { 1, 2, 3, 4, 5, 6, 7 };
int j;
for (j=0; j < array.Length; j++)
{
System.Console.WriteLine(array[j]);
}
}
```

c 그 후에 우선 프레임이 들어올 때마다 수행하는 nui.AllFrameReady 메소드를 정의한다.

```
namespace 좌표
{
    /// <summary>
    /// MainWindow.xaml에 대한 상호 작용 논리
    /// </summary>
    public partial class MainWindow : Window
    {
        public MainWindow() {생략}
        KinectSensor nui = null;
        void InitializeNui (){생략}
void nui_ColorFrameReady(object sender, ColorImageFrameReadyEventArgs e) {생략}

void nui_AllFramesReady(object sender, AllFramesReadyEventArgs e)
        {
            using (SkeletonFrame sf = e.OpenSkeletonFrame())
            {
                if (sf == null) return;

                Skeleton[] skeletonData = new Skeleton[sf.SkeletonArrayLength];
                sf.CopySkeletonDataTo(skeletonData);

                using (DepthImageFrame depthImagePara = e.OpenDepthImageFrame())
                {
                    if (depthImagePara != null)
                    {
                        ① foreach (Skeleton sd in skeletonData)
                        {
                            if (sd.TrackingState == SkeletonTrackingState.Tracked)
                            {
                               Joint joint = sd.Joints[JointType.Head];//Joints 배열 안에
                                                                      //조인트 할당 값이
                                                                      //모두 들어있다.
                               DepthImagePoint depthPoint;
                               depthPoint  =  depthImagePara.MapFromSkeletonPoint
(joint.Position);
                               Point point = new Point((int)(image1.Width * depthPoint.
X /
                                   depthImagePara.Width), (int)(image1.Height *
depthPoint.Y /
                                   depthImagePara.Height));
                               textBlock1.Text = string.Format("X:{0:0.00}
Y:{1:0.00}", point.X,
                                   point.Y);
```

```
                        Canvas.SetLeft(ellipse1, point.X);
                        Canvas.SetTop(ellipse1, point.Y);
                    }
                }
            }
        }
    }
  }
}
}
```

① 여기서 foreach는 배열 혹은 개체 컬렉션에 있는 각 요소에 따라 for문을 돌려준다. for문과의 차이점이라 하면 for는 어디까지 수행해야 하는지 반드시 지정해 주어야 하지만, foreach는 그와 다르게 동적인 개수에 훨씬 효율적인 처리가 가능하다. 예를 들면 아래와 같다.

• for

```
static void Main(string[] args)
{
int[] array = new int[] { 1, 2, 3, 4, 5, 6, 7 };
int j;
for (j=0; j < array.Length; j++)
{
System.Console.WriteLine(array[j]);
}
}
```

• foreach

```
static void Main(string[] args)
{
int[] array = new int[] { 1, 2, 3, 4, 5, 6, 7 };
foreach (int i in array)
{
System.Console.WriteLine(i);
}
}
```

d 그 후 디버깅을 하면 아래와 같이 사용자 헤드를 인식하고 원으로 사용자 헤드를 표시하면서 좌표값을 표시한다.

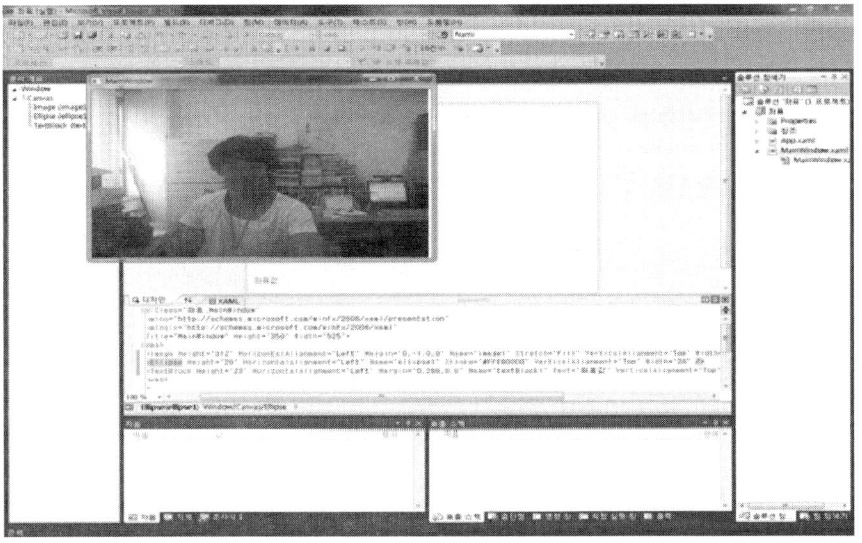

3 좌표와 거리

이전 장에서 해왔던 것처럼 우선 아래 그림과 같이 초기 창을 만든다.

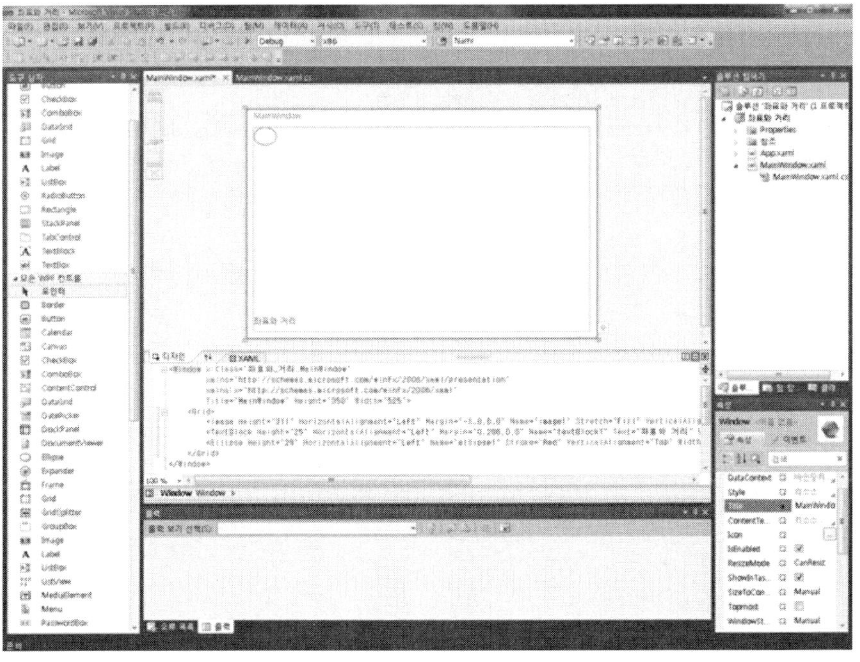

a 키넥트 nui를 선언해 주고 컬러 스트림과 뎁스 스트림 그리고 스켈리턴 스트림을 사용 가능하도록 준비한다. 그리고 컬러 스트림의 이벤트 헨들러를 생성한다.

```
namespace 좌표와_거리
{
    /// <summary>
    /// MainWindow.xaml에 대한 상호 작용 논리
    /// </summary>
    public partial class MainWindow : Window
    {
        public MainWindow()
        {
            InitializeComponent();
            InitializeNui();
        }
        KinectSensor nui = null;

        void InitializeNui()
        {
            nui = KinectSensor.KinectSensors[0];

            nui.ColorStream.Enable();
            nui.ColorFrameReady += new
EventHandler<ColorImageFrameReadyEventArgs>
(nui_ColorFrameReady);
nui.DepthStream.Enable();
            nui.DepthStream.Range = DepthRange.Near;
            nui.SkeletonStream.Enable();
            nui.SkeletonStream.EnableTrackingInNearRange = true;

            nui.AllFramesReady += new
EventHandler<AllFramesReadyEventArgs>(nui_AllFramesReady);

            nui.Start();
        }
}
}
```

b 그 후에 우선 프레임이 들어올 때마다 수행하는 nui.ColorFrameReady 메소드를 정의한다.

```
namespace 좌표와_거리
{
    /// <summary>
    /// MainWindow.xaml에 대한 상호 작용 논리
    /// </summary>
    public partial class MainWindow : Window
    {
        public MainWindow() {생략}
        KinectSensor nui = null;
        void InitializeNui (){생략}

        void nui_ColorFrameReady(object sender, ColorImageFrameReadyEventArgs e)
        {
            using (ColorImageFrame ImagePara = e.OpenColorImageFrame())
            {
                if (ImagePara == null) return;

                byte[] ImageBits = new byte[ImagePara.PixelDataLength];
                ImagePara.CopyPixelDataTo(ImageBits);

                BitmapSource src = null;

                src = BitmapSource.Create(ImagePara.Width, ImagePara.Height, 96,
96,
                    PixelFormats.Bgr32, null, ImageBits, ImagePara.Width *
ImagePara.BytesPerPixel);

                image1.Source = src;
            }
        }
}
}
```

c 그 후에 우선 프레임이 들어올 때마다 수행하는 nui.DepthFrameReady 메소드를 정의한다.

```
namespace 좌표와_거리
{
    /// <summary>
    /// MainWindow.xaml에 대한 상호 작용 논리
    /// </summary>
```

```
    public partial class MainWindow : Window
    {
        public MainWindow() {생략}
        KinectSensor nui = null;
        void InitializeNui (){생략}
void nui_ColorFrameReady(object sender, ColorImageFrameReadyEventArgs e) {생략}

void nui_AllFramesReady(object sender, AllFramesReadyEventArgs e)
        {
            using (SkeletonFrame sf = e.OpenSkeletonFrame())
            {
                if (sf == null) return;

                Skeleton[] skeletonData = new Skeleton[sf.SkeletonArrayLength];
                sf.CopySkeletonDataTo(skeletonData);

                using (DepthImageFrame depthImagePara = e.OpenDepthImageFrame())
                {
                    if (depthImagePara != null)
                    {
                        foreach (Skeleton sd in skeletonData)
                        {
                            if (sd.TrackingState == SkeletonTrackingState.Tracked)
                            {
                               Joint joint = sd.Joints[JointType.Head];

                               DepthImagePoint depthPoint;
                               depthPoint =
depthImagePara.MapFromSkeletonPoint(joint.Position);
                               Point point = new Point((int)(image1.Width *
depthPoint.X /
                                   depthImagePara.Width), (int)(image1.Height *
depthPoint.Y /
                                   depthImagePara.Height));
                               textBlock1.Text = string.Format("X:{0:0.00}
Y:{1:0.00} Z:{2:0.00}m",
point.X, point.Y,joint.Position.Z);
                               Canvas.SetLeft(ellipse1, point.X);
                               Canvas.SetTop(ellipse1, point.Y);
                            }
                        }
                    }
                }
            }
        }
}
}
```

d 그 후 디버깅을 하면 아래와 같이 사용자 헤드를 인식하고 원으로 사용자 헤드를 표시하면서 좌표 값(X, Y)과 거리 값(Z)을 표시한다.

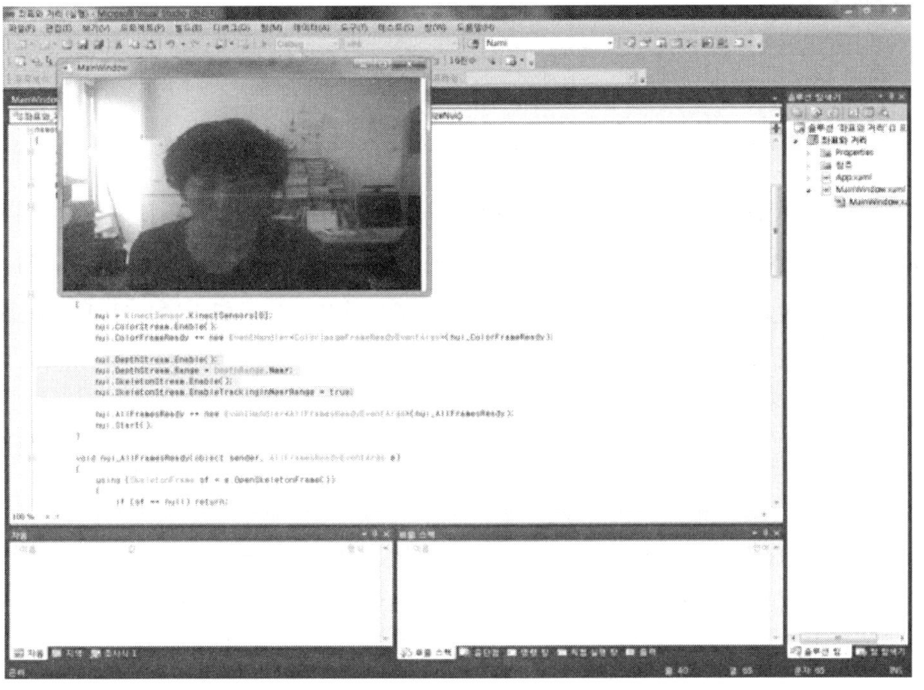

Chapter 06

조인트와 스켈리턴

1 조인트

사람의 몸에서 뼈와 뼈가 연결되는 부위를 조인트(joint) 즉 관절이라 한다. 키넥트는 20개의 관절을 인식할 수 있다. 〈그림 6-1〉 키넥트가 이들을 추적하고 전달된 각 관절의 정보를 스켈리턴(Skeleton)이라 한다. JointType을 통해 키넥트가 어떤 관절 정보를 보내오는지 알 수 있다. 〈표 6-1〉과 같이 JointType을 통해 각 관절을 구분할 수 있으며 이 표의 내용을 이용해 원하는 조인트를 사용하고나 응용이 가능하다. 이것에 대한 예제를 작성해본다.

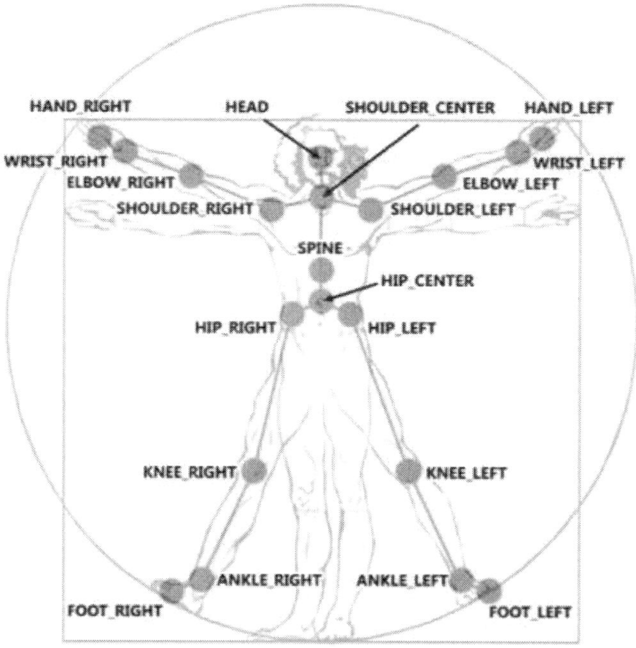

〈그림 6-1〉 조인트

〈표 6-1〉 JoinType 구조체

Member name	Description
AnkleLeft	Left ankle
AnkleRight	Right ankle
ElbowLeft	Left elbow
ElbowRight	Right elbow
FootLeft	Left foot
FootRight	Right foot
HandLeft	Left hand
HandRight	Right hand
Head	Head
HipCenter	Center, between hips
HipLeft	Left hip
HipRight	Right hip
KneeLeft	Left knee
KnccRight	Right knee.
ShoulderCenter	Center, between shoulders
ShoulderLeft	Left shoulder
ShoulderRight	Right shoulder
Spine	Spine
WristLeft	Left wrist
WristRight	Right wrist

이전 장에서 해왔던 것처럼 우선 아래 그림과 같이 초기 창을 만든다.

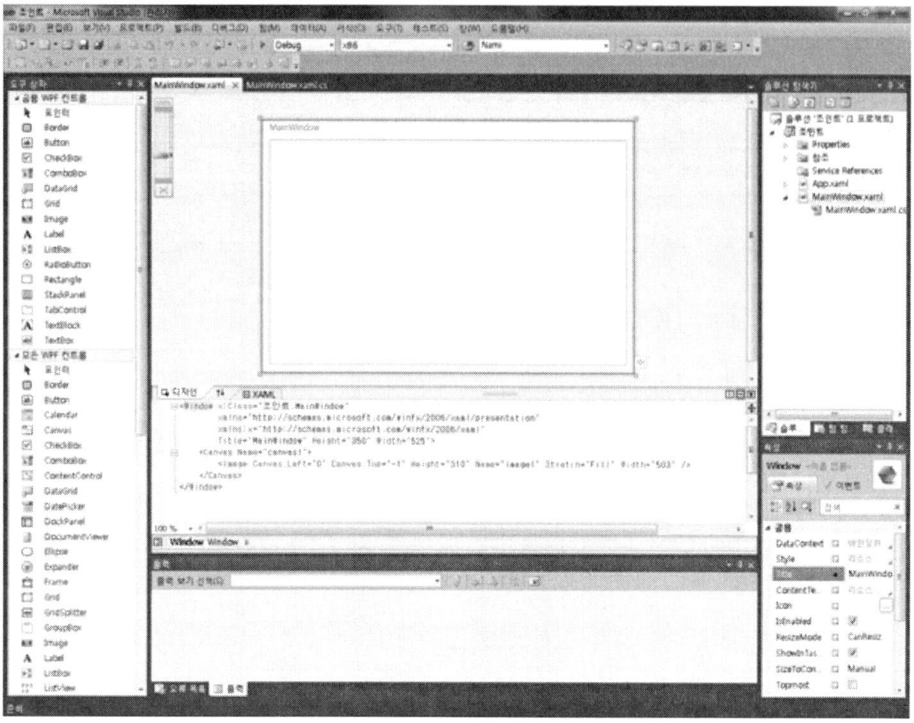

a 키넥트 nui를 선언해 주고 Rectangle을 사용해서 변수 m_rect를 선언하고 배열하여 20개의 사각형을 만든다(②). 그리고 컬러 스트림과 뎁스 스트림 그리고 스켈리턴 스트림을 사용 가능하도록 준비한다. 그리고 컬러 스트림의 이벤트 헨들러를 생성한다.

```
namespace 조인트
{
    /// <summary>
    /// MainWindow.xaml에 대한 상호 작용 논리
    /// </summary>
    public partial class MainWindow : Window
    {
        ② public Rectangle[] m_rect = new Rectangle[20];
        public MainWindow()
        {
            InitializeComponent();
            InitializeNui();
            for (int i = 0; i < 20; i++)
            {
```

```
                m_rect[i] = new Rectangle();
                m_rect[i].Fill = new SolidColorBrush(Colors.Red);
                m_rect[i].Height = 10;
                m_rect[i].Width = 10;
                m_rect[i].Visibility = Visibility.Collapsed;
                Canvas.SetTop(m_rect[i], 0);
                Canvas.SetLeft(m_rect[i], 0);
                canvas1.Children.Add(m_rect[i]);
            }
        }
        KinectSensor nui = null;

        void InitializeNui()
        {
            nui = KinectSensor.KinectSensors[0];

            nui.ColorStream.Enable();
            nui.ColorFrameReady += new
EventHandler<ColorImageFrameReadyEventArgs>
(nui_ColorFrameReady);

            nui.DepthStream.Enable();
            nui.SkeletonStream.Enable();

          nui.AllFramesReady += new
EventHandler<AllFramesReadyEventArgs>(nui_AllFramesReady);
            nui.Start();
        }
}
}
```

Window 폼에 특정 역할을 하는 프레임을 직접 많이 만들려면 시간을 낭비하는 수작업을 필요로 한다. 그래서 코딩을 하면서 명령어로 특정 프레임을 배열과 반복 구문을 사용해서 만들면 아주 손쉽게 많은 프레임을 쓸데없는 수작업 없이 만들 수 있다.

b 그 후에 우선 프레임이 들어올 때마다 수행하는 nui.ColorFrameReady 메소드를 정의한다.

```
namespace 조인트
{
    /// <summary>
    /// MainWindow.xaml에 대한 상호 작용 논리
    /// </summary>
    public partial class MainWindow : Window
    {
        public Rectangle[] m_rect = new Rectangle[20];
        public MainWindow(){생략}
        KinectSensor nui = null;
        void InitializeNui(){생략}

void nui_ColorFrameReady(object sender, ColorImageFrameReadyEventArgs e)
        {
            using (ColorImageFrame ImageParam = e.OpenColorImageFrame())
            {
                if (ImageParam == null) return;

                byte[] ImageBits = new byte[ImageParam.PixelDataLength];
                ImageParam.CopyPixelDataTo(ImageBits);

                BitmapSource src = null;

                src = BitmapSource.Create(ImageParam.Width, ImageParam.Height,
96, 96,
PixelFormats.Bgr32, null,ImageBits, ImageParam.Width *
ImageParam.BytesPerPixel);
                image1.Source = src;
            }
        }
}
}
```

c 그 후에 우선 프레임이 들어올 때마다 수행하는 nui.AllFrameReady 메소드를 정의한다.

```
namespace 조인트
{
    /// <summary>
    /// MainWindow.xaml에 대한 상호 작용 논리
    /// </summary>
    public partial class MainWindow : Window
```

```
    {
        public Rectangle[] m_rect = new Rectangle[20];
        public MainWindow(){생략}
        KinectSensor nui = null;
        void InitializeNui(){생략}
void nui_ColorFrameReady(object sender, ColorImageFrameReadyEventArgs e) {생략}

void nui_AllFramesReady(object sender, AllFramesReadyEventArgs e)
        {
            SkeletonFrame sf = e.OpenSkeletonFrame();

            if (sf == null) return;

            Skeleton[] skeletonData = new Skeleton[sf.SkeletonArrayLength];

            sf.CopySkeletonDataTo(skeletonData);

            using (DepthImageFrame depthImageFrame = e.OpenDepthImageFrame())
            {
                if (depthImageFrame != null)
                {
                    foreach (Skeleton sd in skeletonData)
                    {
                        ③ if (sd.TrackingState == SkeletonTrackingState.Tracked)
                        {
                            int nMax = 20;
                            Joint[] joints = new Joint[nMax];
                            for (int j = 0; j < nMax; j++)
                            {
                                joints[j] = sd.Joints[(JointType)j];
                            }

                            Point[] points = new Point[20];
                            for (int j = 0; j < nMax; j++)
                            {
                                DepthImagePoint depthPoint;
                                depthPoint =
depthImageFrame.MapFromSkeletonPoint(joints[j].Position);

                                points[j] = new Point
((int)(image1.Width * depthPoint.X / depthImageFrame.Width),
                                    (int)(image1.Height * depthPoint.Y /
depthImageFrame.Height));
                            }
                            for (int j = 0; j < nMax; j++)
                            {
                                m_rect[j].Visibility = Visibility.Visible;
```

```
                                Canvas.SetTop(m_rect[j], points[j].Y +
(m_rect[j].Height / 2));
                                Canvas.SetLeft(m_rect[j], points[j].X +
(m_rect[j].Width / 2));
                            }
                        }
                    }
                }
            }
        }
}
}
```

인식된 사용자 인덱스 중 추적이 가능한 Tracked에 해당하는 골격 정보만 사용한다.

d 그 후 디버깅을 하면 아래와 같이 사용자를 인식하고 사각형들이 사용자의 각 조인트 포인트에 할당되어서 사용자의 스켈리턴 상태를 확인할 수 있다.

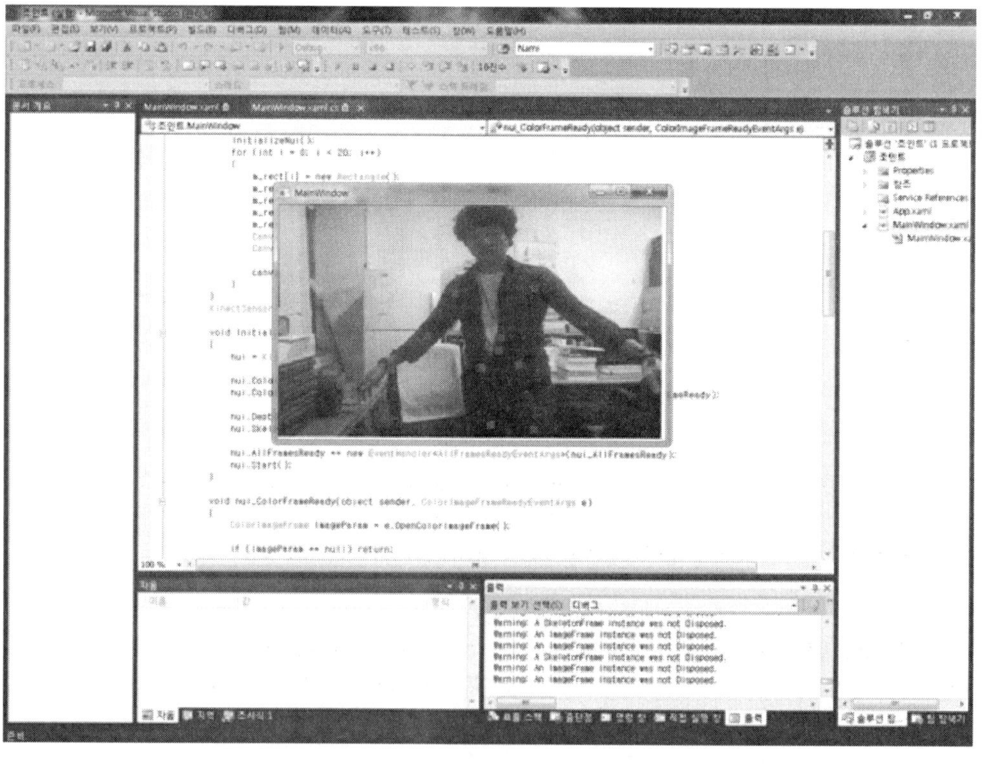

2 스켈리턴

먼저 앞 장에서 언급했던 WPF 레이아웃에 대해 알아보고 예제를 만들어 보자.

WPF에서는 총 5가지의 기본적인 Layout Control을 제공한다(이외에 변형된 다른 Layout Control 또한 제공한다). Layout Control이란 개발자가 UI를 개발할 때 Control의 배치를 쉽게 할 수 있도록 돕는 Control이라 할 수 있다. 그 중에서 가장 많이 사용하는 3가지 Layout Control에 대해 설명하도록 하겠다.

Canvas. Canvas는 지금까지 우리가 가장 많이 사용해 왔던 방식 중의 하나로 절대 좌표를 사용한 Layout 방식이라 할 수 있다. Left Property를 사용해 X 좌표를 정의하고, Top Property를 사용해 Y 좌표를 정의한다. WPF에서는 객체의 ZOrder는 Stack와 같은 구조로 되어 있다. 가장 먼저 선언한 객체가 맨 아래에 위치하고 가장 마지막에 선언한 객체가 맨 위에 위치하게 된다. Canvas는 절대 좌표를 사용하여 쉽게 Control의 위치를 정의할 수 있다는 장점이 있지만, 부모 객체의 크기 변화에 따른 추가적인 동작이 이루어지지 않기 때문에, 사용에 유의 해야 한다.

DockPanel은 객체의 Dock 속성을 사용하여 객체가 위치해야 할 방향만으로 객체를 배치하는 방법이다. DockPanel에서 Top,Left,Right,Bottom,Fill 이렇게 총 5가지의 방향을 제공하며, 현재 DockPanel에서 사용 가능한 영역을 기준으로 위치가 정해진다. DockPanel은 순차적으로 사용할 방향을 지정함으로서 Layout을 구성할 수 있다. Dock 속성을 지정하지 않을 경우 해당 컨트롤의 기본적인 크기로 사용 가능한 위치에 배치된다. 만약 가장 마지막에 추가될 객체를 남은 공간 모두 차지하게 하고 싶다면, DockPanel의 LastChildFill 속성을 True로 설정하시면 사용이 가능하다. DockPanel에 추가된 객체는 DockPanel의 크기가 변경되면 이에 맞게 UI를 자동으로 다시 배치함으로 편리하다.

Grid는 WPF서 가장 일반적으로 사용되는 Layout 방식으로 Column과 Row를 나누고 Column과 Row번호를 사용해 객체의 위치를 지정 할 수 있다. 만약 한 개 이상의 Column이나 Row를 사용하고자 할 경우, ColumnSpan 속성이나 RowSpan 속성을 사용하여 Column과 Row를 병합하여 사용할 수 도 있다. ColumnDefinition와 RowDefinition를 사용하여 Grid를 나눌 수 있으며 Star, Auto, Absolute 방식으로 크기를 지정할 수 있다.

이전 장에서 해왔던 것처럼 우선 다음 그림과 같이 초기 창을 만든다.

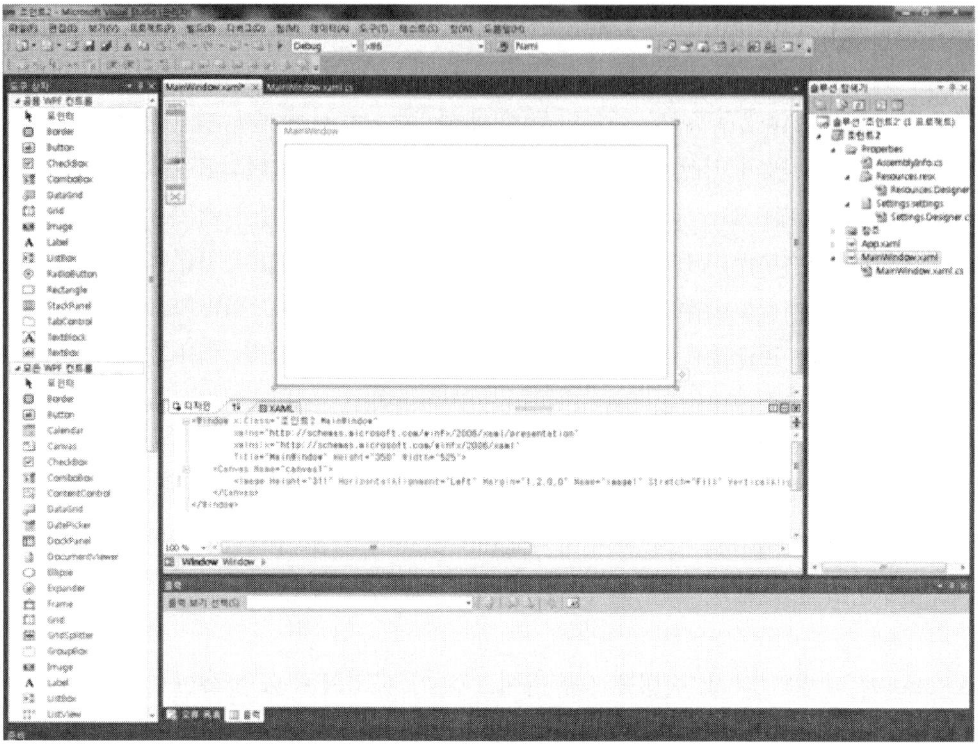

a 이 예제는 정확한 좌표값이 필요하기 때문에 XAML 창의 속성을 Grid에서 Canvas로 수정해 준다. 그 후에 XAML 창에 왼쪽 도구상자에서 Image 박스 하나를 생성한다. 중요한 것은 Canvas로 수정 후에 Image 박스를 생성해야 한다는 것이다.

```
using Microsoft.Kinect;

namespace 조인트2
{
    /// <summary>
    /// MainWindow.xaml에 대한 상호 작용 논리
    /// </summary>
    public partial class MainWindow : Window
    {
        public Polyline[] m_poly = new Polyline[5];
        public MainWindow()
        {
            InitializeComponent();
            InitializeNui();

            for (int i = 0; i < 5; i++)
            {
```

```
                m_poly[i] = new Polyline();
                m_poly[i].Stroke = new SolidColorBrush(Colors.Red);
                m_poly[i].StrokeThickness = 2;
                m_poly[i].Visibility = Visibility.Collapsed;

                Canvas.SetTop(m_poly[i], 0);
                Canvas.SetLeft(m_poly[i], 0);

                canvas1.Children.Add(m_poly[i]);
            }
        }
}
}
```

b Polyline은 연결된 일련의 직선을 그리는 메소드이다. public Polyline[] m poly = new Polyline[5];를 사용해서 배열로 Polyline의 특성을 가지는 m_poly 변수를 생성해 준다. 그리고 public MainWindow()에서 for구문을 사용해서 m_poly의 모든 배열에 실제 메모리 사용을 선언해 주고 m_poly[i].Stroke = new SolidColorBrush(Colors. Red);를 사용해서 테두리를 빨간색으로 보이게 만들어 준다. m_poly[i].Stroke Thickness = 2;를 사용해서 테투리 선의 굵기를 2로 선언하고 m_poly[i].Visibility = Visibility. Collapsed;를 사용해서 우선 레이아웃에 요소를 표시하지 않도록 한다.

```
using Microsoft.Kinect;

namespace 조인트 2
{
    /// <summary>
    /// MainWindow.xaml에 대한 상호 작용 논리
    /// </summary>
    public partial class MainWindow : Window
    {
        public Polyline[] m_poly = new Polyline[5];
        public MainWindow(){생략}

KinectSensor nui = null;

        void InitializeNui()
        {
            nui = KinectSensor.KinectSensors[0];

            nui.ColorStream.Enable();
            nui.ColorFrameReady += new
EventHandler<ColorImageFrameReadyEventArgs>
```

```
(nui_ColorFrameReady);
            nui.DepthStream.Enable();
            nui.SkeletonStream.Enable();

            nui.AllFramesReady += new
EventHandler<AllFramesReadyEventArgs>(nui_AllFramesReady);
            nui.Start();
        }

        void nui_ColorFrameReady(object sender, ColorImageFrameReadyEventArgs
e)
        {
            using (ColorImageFrame ImageParam = e.OpenColorImageFrame())
            {
                if (ImageParam == null) return;

                byte[] ImageBits = new byte[ImageParam.PixelDataLength];
                ImageParam.CopyPixelDataTo(ImageBits);

                BitmapSource src = null;

                src = BitmapSource.Create(ImageParam.Width, ImageParam.Height,
96, 96,
PixelFormats.Bgr32, null, ImageBits, ImageParam.Width *
ImageParam.BytesPerPixel);
                image1.Source = src;
            }
        }
}
}
```

c 그 후에 KinectSensor nui = null;를 사용해서 nui라는 키넥트 센서 변수를 만든다. 그리고 nui라는 키넥트 센서를 컬러 스트림과 뎁스 스트림 그리고 스켈리턴 스트림이 가능하게 만든다. 그리고 컬러 스트림 정보가 들어올 때마다 실행하게 되는 nui_Color FrameReady 메소드를 선언한다.

```
using Microsoft.Kinect;

namespace 조인트 2
{
    /// <summary>
    /// MainWindow.xaml에 대한 상호 작용 논리
    /// </summary>
```

```
    public partial class MainWindow : Window
    {
        public Polyline[] m_poly = new Polyline[5];
        public MainWindow(){생략}
KinectSensor nui = null;

        void InitializeNui(){생략}

        void nui_ColorFrameReady(object sender, ColorImageFrameReadyEventArgs
e) {생략}

void nui_AllFramesReady(object sender, AllFramesReadyEventArgs e)
        {
            using (SkeletonFrame sf = e.OpenSkeletonFrame())
            {

                if (sf == null) return;

                Skeleton[] skeletonData = new Skeleton[sf.SkeletonArrayLength];

                sf.CopySkeletonDataTo(skeletonData);

                using (DepthImageFrame depthImageFrame =
e.OpenDepthImageFrame())
                {
                    if (depthImageFrame != null)
                    {
                        foreach (Skeleton sd in skeletonData)
                        {
                            if (sd.TrackingState == SkeletonTrackingState.Tracked)
                            {
                                int nMax = 20;
                                Joint[] joints = new Joint[nMax];
                                for (int j = 0; j < nMax; j++)
                                {
                                    joints[j] = sd.Joints[(JointType)j];
                                }
                                Point[] points = new Point[20];
                                for (int j = 0; j < nMax; j++)
                                {
                                    DepthImagePoint depthPoint;
                                   depthPoint =
depthImageFrame.MapFromSkeletonPoint(joints[j].Position);
                                    points[j] = new Point
((int)(image1.Width * depthPoint.X / depthImageFrame.Width),
                                        (int)(image1.Height * depthPoint.Y /
depthImageFrame.Height));
```

```
            }

            PointCollection pc0 = new PointCollection(4);
            pc0.Add(points[(int)JointType.HipCenter]);
            pc0.Add(points[(int)JointType.Spine]);
            pc0.Add(points[(int)JointType.ShoulderCenter]);
            pc0.Add(points[(int)JointType.Head]);
            m_poly[0].Points = pc0;
            m_poly[0].Visibility = Visibility.Visible;

            PointCollection pc1 = new PointCollection(5);
            pc1.Add(points[(int)JointType.ShoulderCenter]);
            pc1.Add(points[(int)JointType.ShoulderLeft]);
            pc1.Add(points[(int)JointType.ElbowLeft]);
            pc1.Add(points[(int)JointType.WristLeft]);
            pc1.Add(points[(int)JointType.HandLeft]);
            m_poly[1].Points = pc1;
            m_poly[1].Visibility = Visibility.Visible;

            PointCollection pc2 = new PointCollection(5);
            pc2.Add(points[(int)JointType.ShoulderCenter]);
            pc2.Add(points[(int)JointType.ShoulderRight]);
            pc2.Add(points[(int)JointType.ElbowRight]);
            pc2.Add(points[(int)JointType.WristRight]);
            pc2.Add(points[(int)JointType.HandRight]);
            m_poly[2].Points = pc2;
            m_poly[2].Visibility = Visibility.Visible;

            PointCollection pc3 = new PointCollection(5);
            pc3.Add(points[(int)JointType.HipCenter]);
            pc3.Add(points[(int)JointType.HipLeft]);
            pc3.Add(points[(int)JointType.KneeLeft]);
            pc3.Add(points[(int)JointType.AnkleLeft]);
            pc3.Add(points[(int)JointType.FootLeft]);
            m_poly[3].Points = pc3;
            m_poly[3].Visibility = Visibility.Visible;

            PointCollection pc4 = new PointCollection(5);
            pc4.Add(points[(int)JointType.HipCenter]);
            pc4.Add(points[(int)JointType.HipRight]);
            pc4.Add(points[(int)JointType.KneeRight]);
            pc4.Add(points[(int)JointType.AnkleRight]);
            pc4.Add(points[(int)JointType.FootRight]);
            m_poly[4].Points = pc4;
            m_poly[4].Visibility = Visibility.Visible;

        }
```

```
                    }
                }
            }
        }
    }
}
}
```

d 그러고 나서 모든 프레임 정보가 들어올 때마다 실행하게 되는 nui_AllFramesReady 메소드를 선언해 준다. 뎁스 스트림을 사용 가능하게 선언하고 그와 함께 스켈리턴 스트림을 사용 가능하게 선언한다. PointCollection pc0 = new PointCollection(4);를 사용해서 pc0에 4개의 포인트를 추가하고 그 아래 적은 코드를 사용해서 엉덩이 중앙부터 머리까지 연결되는 선을 그린다. 첫 번째와 같은 원리로 신체의 모든 부분의 조인트를 Polyline을 사용해서 선을 그어준다.

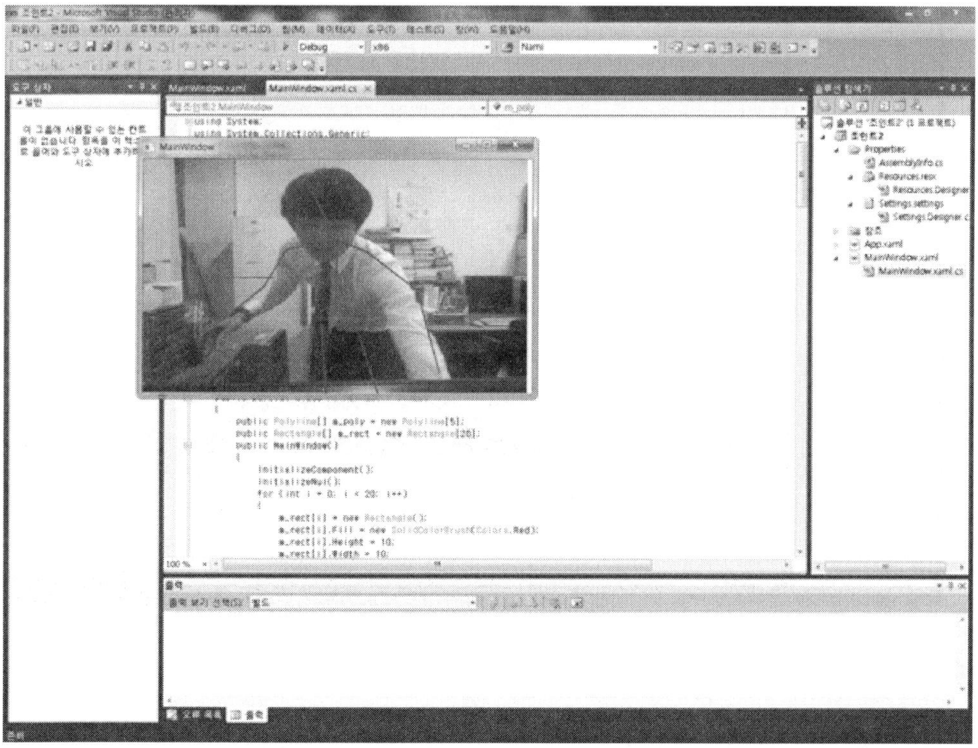

e 그 후에 디버깅을 하게 되면 위와 같이 사용자를 인식하고 사용자에 각 조인트에 선을 그어서 스켈리턴을 출력한다.

Chapter 07 키넥트 움직이기

키넥트는 상하로 움직이는 기능을 지원하다. 사물의 정확한 위치를 잡기 위해 상하로 이동하면서 영상을 얻어올 수 있다. 그러나 좌우로는 움직일 수 없다. 동작은 Camera 클래스에서 지원하는 ElevationAngle을 이용해 카메라의 각도를 조정할 수 있다. 이것에 대한 예제를 작성해 본다.

이전 장에서 해왔던 것처럼 우선 아래 그림과 같이 초기 창을 만든다.

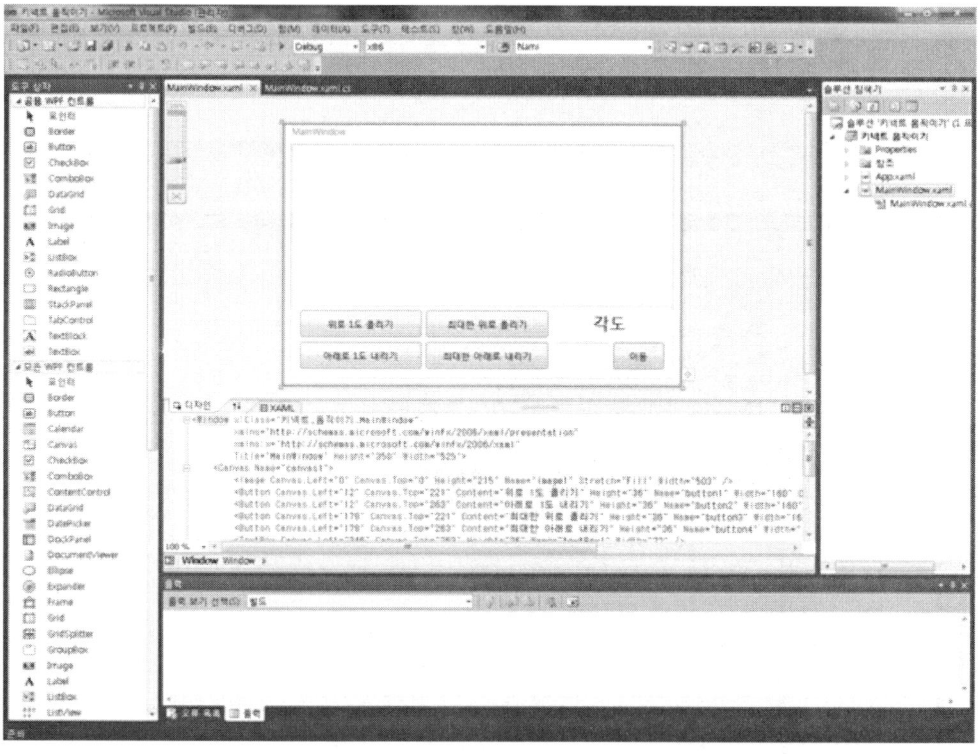

a 우선 XAML을 Grid에서 Canvas로 바꾼다. 그 후에 XAML 창에 왼쪽 도구 상자를 사용해서 Image 박스와 Button 그리고 Textblock과 Textbox를 만든다.

```
using Microsoft.Kinect;
using System.Windows.Threading;

namespace 키넥트_움직이기
{
    /// <summary>
    /// MainWindow.xaml에 대한 상호 작용 논리
    /// </summary>
    public partial class MainWindow : Window
    {
        DispatcherTimer timer = new DispatcherTimer();

        public MainWindow()
        {
            InitializeComponent();
            InitializeNui();

            timer.Interval = TimeSpan.FromMilliseconds(100);
            timer.Tick += new EventHandler(timer_Tick);
            timer.Start();
        }


        KinectSensor nui = null;

        void InitializeNui()
        {
            nui = KinectSensor.KinectSensors[0];

            nui.ColorStream.Enable();
            nui.ColorFrameReady += new
EventHandler<ColorImageFrameReadyEventArgs>
(nui_ColorFrameReady);

            nui.Start();
        }
}
}
```

b 이번 예제에는 using System.Windows.Threading;를 추가해서 Timer를 사용할 수 있게 만들어야 한다. using System.Windows.Threading;를 선언한 후에 DispatcherTimer timer = new DispatcherTimer();와 같이 Timer의 기능을 하는 코드를 작성한다. 그리고

0.1초마다 카메라 각도에 대한 값을 출력하기 위해서 다음과 같이 입력한다. timer.Interval = TimeSpan.FromMilliseconds(100);, timer.Tick += new EventHandler(timer_Tick);, timer.Start();. 그 후에 키넥트 센서를 nui라는 변수를 사용해서 만들어주고 컬러 스트림을 사용 가능하도록 만든다.

```
using Microsoft.Kinect;
using System.Windows.Threading;

namespace 키넥트_움직이기
{
    /// <summary>
    /// MainWindow.xaml에 대한 상호 작용 논리
    /// </summary>
    public partial class MainWindow : Window
    {
        DispatcherTimer timer = new DispatcherTimer();

        public MainWindow(){생략}

        KinectSensor nui = null;

        void InitializeNui(){생략}

void nui_ColorFrameReady(object sender, ColorImageFrameReadyEventArgs e)
        {
            using (ColorImageFrame ImageParam = e.OpenColorImageFrame())
            {
                if (ImageParam == null) return;

                byte[] ImageBits = new byte[ImageParam.PixelDataLength];
                ImageParam.CopyPixelDataTo(ImageBits);

                BitmapSource src = null;

                src = BitmapSource.Create(ImageParam.Width, ImageParam.Height,
96, 96,
       PixelFormats.Bgr32, null, ImageBits, ImageParam.Width *
ImageParam.BytesPerPixel);
                image1.Source = src;
            }
        }
}
}
```

C 그 후에 컬러 스트림 정보가 들어올 때마다 실행하게 되는 nui_ColorFrameReady 메소드를 선언한다.

```
using Microsoft.Kinect;
using System.Windows.Threading;

namespace 키넥트_움직이기
{
    /// <summary>
    /// MainWindow.xaml에 대한 상호 작용 논리
    /// </summary>
    public partial class MainWindow : Window
    {
        DispatcherTimer timer = new DispatcherTimer();

        public MainWindow(){생략}
        KinectSensor nui = null;
        void InitializeNui(){생략}

void nui_ColorFrameReady(object sender, ColorImageFrameReadyEventArgs e) {생략}

void timer_Tick(object sender, EventArgs e)
        {
            textBlock1.Text = nui.ElevationAngle.ToString();
        }

        private void button1_Click(object sender, RoutedEventArgs e)
        {
            try
            {
                nui.ElevationAngle++;
            }
            catch
            {
            }
        }

        private void button2_Click(object sender, RoutedEventArgs e)
        {
            try
            {
                nui.ElevationAngle--;
            }
            catch
            {
            }
        }
```

```
        private void button3_Click(object sender, RoutedEventArgs e)
        {
            nui.ElevationAngle = nui.MaxElevationAngle;
        }

        private void button4_Click(object sender, RoutedEventArgs e)
        {
            nui.ElevationAngle = nui.MinElevationAngle;
        }

        private void button5_Click(object sender, RoutedEventArgs e)
        {
            try
            {
                nui.ElevationAngle = int.Parse(textBox1.Text);
            }
            catch
            {
            }
        }

    }
}
```

d 그리고 XAML에서 각 Button을 더블 클릭해서 그 Button을 클릭했을 때 실행되는 소스를 만든다. Button1은 위로 1° 올리기에 해당하기 때문에 nui.ElevationAngle++;를 사용해서 Button을 누를 때마다 키넥트의 현재 각도에서 1°씩 추가해주도록 했다. Button2는 마찬가지 방법으로 누를 때마다 현재 각도에서 1°씩 빼주도록 했다. 그리고 Button3은 최대한 위로 올리기에 해당하기 때문에 nui.ElevationAngle = nui.MaxElevationAngle;를 사용해서 Button을 누르면 바로 키넥트의 각도를 최대한 올려주도록 만들었다. Button4는 마찬가지 방법으로 누르면 키넥트의 각도를 최소한으로 내려주도록 했다. 그리고 Button5는 사용자가 Textbox에 숫자를 적고 Button5를 누르면 Textbox에 적혀있는 숫자에 해당하는 각도 값을 키넥트가 받아올 수 있도록 nui.ElevationAngle = int.Parse(textBox1.Text);를 사용하였다.

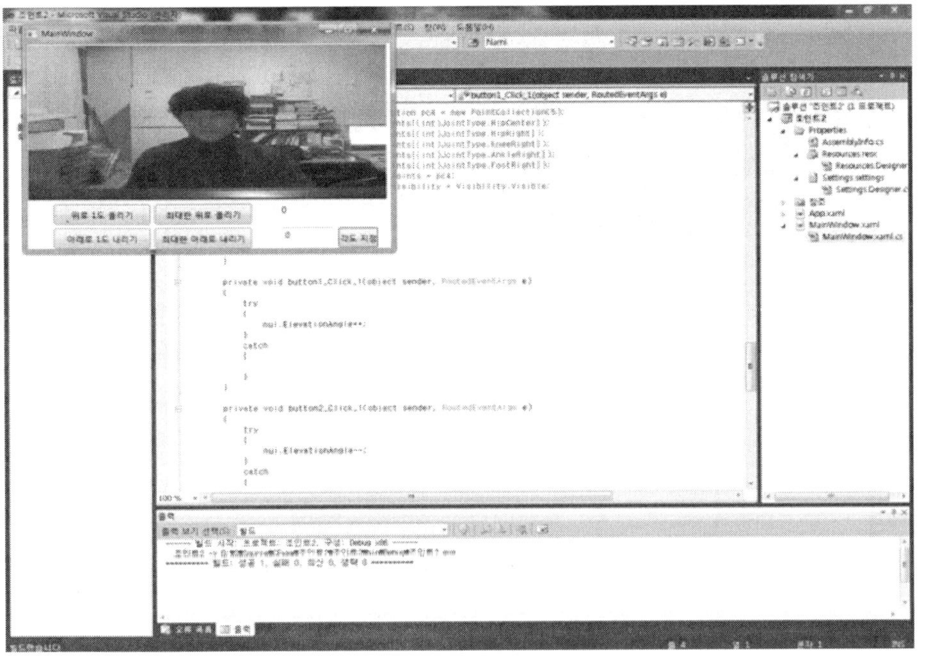

e 그 후 디버깅을 하면 위와 같이 Button을 사용해서 키네트 가도를 변화할 수 있는 프로그램이 실행된다.

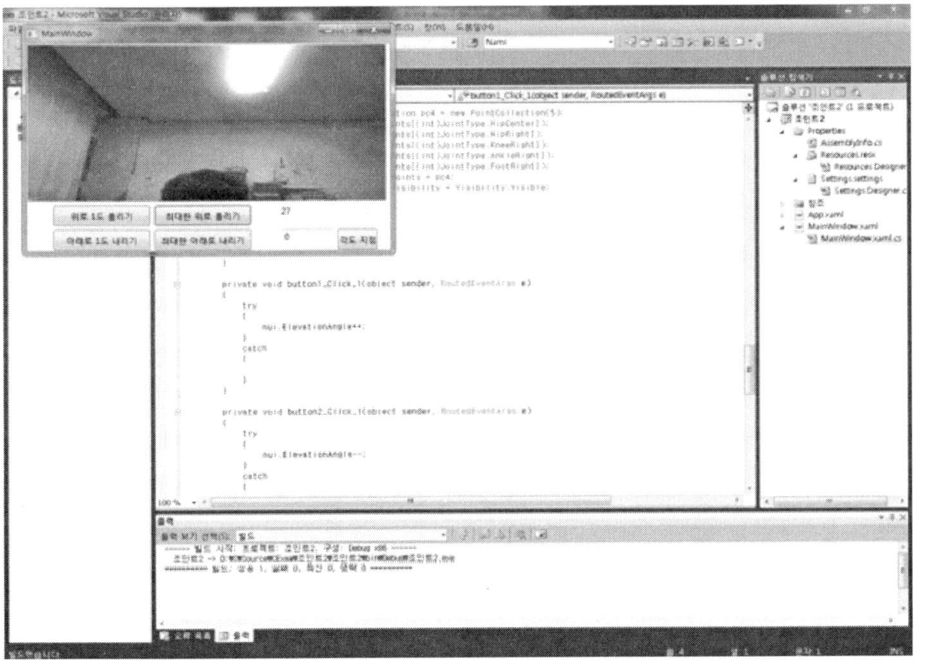

위의 그림은 키넥트를 최대한 위로 올린 것을 캡처한 그림이다.

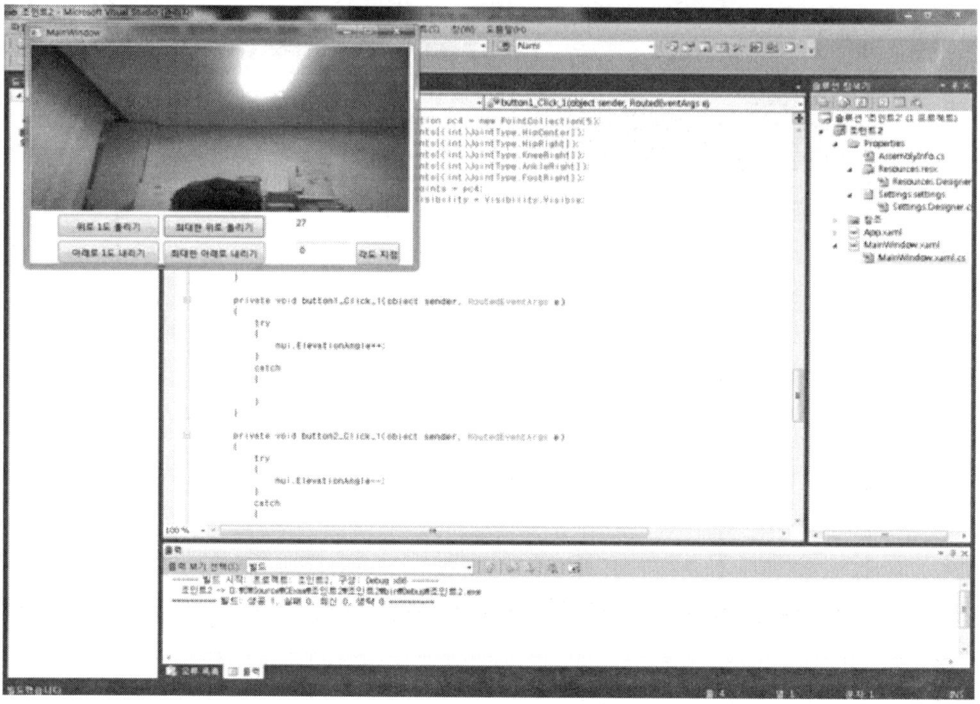

위의 그림은 키넥트를 최대한 아래로 내린 것을 캡처한 그림이다.

Chapter 08 좌표 찾기

키넥트에서 인식한 좌표를 찾아다는 것은 값의 변화를 체크해서 조절할 수 있다. 그러나 인식되지 않은 경우 인식하는 과정에서 시간이 걸리며 물체의 정확한 위치에 도착을 해야 한다. 키넥트의 상하이동 기능을 이용해 아직 인식하기 전의 상태에서 이동시켜 조인트의 해더를 찾는 예제를 다루어 보도록 한다.

이전 장에서 해왔던 것처럼 우선 아래 그림과 같이 초기 창을 만든다.

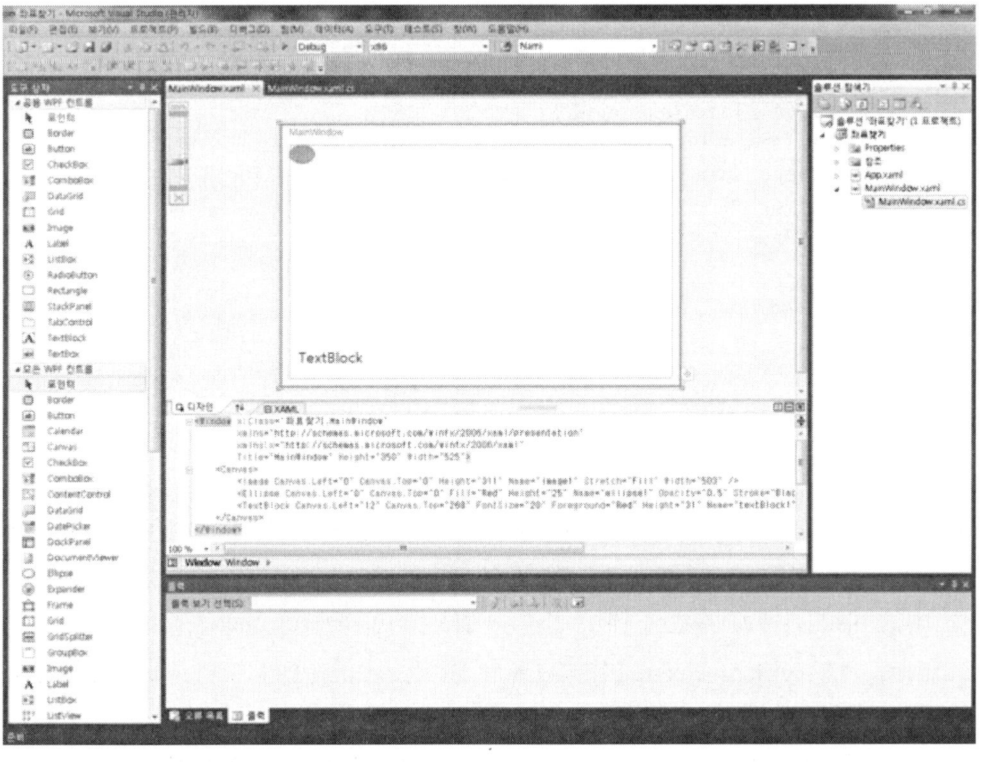

a XAML을 Grid에서 Canvas로 바꾼다. 그리고 왼쪽 도구 상자를 사용해서 Ellipse와 TextBlock을 만든다. 그리고 각각의 객체에서 오른쪽 Button을 눌러서 속성이란 목록을 클릭해서 위와 같이 상태를 변경한다.

```
using Microsoft.Kinect;
using System.Windows.Threading;

namespace 좌표찾기
{
    /// <summary>
    /// MainWindow.xaml에 대한 상호 작용 논리
    /// </summary>
    public partial class MainWindow : Window
    {
        DispatcherTimer timer = new DispatcherTimer();
        public MainWindow()
        {
            InitializeComponent();
            InitializeNui();
            timer.Interval = TimeSpan.FromMilliseconds(100);
            timer.Tick += new EventHandler(timer_Tick);
            m_SaveTime = DateTime.Now.Ticks + 2000;
        }
        KinectSensor nui = null;
}
}
```

b 이번 예제에는 using System.Windows.Threading;를 추가해서 Timer를 사용할 수 있게 만들어야 한다. using System.Windows.Threading;를 선언한 후에 DispatcherTimer timer = new DispatcherTimer();와 같이 Timer의 기능을 하는 코드를 작성한다. 그리고 0.1초마다 카메라 각도에 대한 값을 출력하기 위해서 다음과 같이 입력한다. timer.Interval = TimeSpan.FromMilliseconds(100);, timer.Tick += new EventHandler(timer_Tick);. 그리고 여기서는 m_SaveTime = DateTime.Now.Ticks + 2000;를 사용하였는데 나중에 선언할 m_SaveTime에 초기값을 할당하기 위한 것이다.

```
using Microsoft.Kinect;
using System.Windows.Threading;

namespace 좌표 찾기
{
    /// <summary>
    /// MainWindow.xaml에 대한 상호 작용 논리
```

```
    /// </summary>
    public partial class MainWindow : Window
    {
        DispatcherTimer timer = new DispatcherTimer();
        public MainWindow(){생략}

        KinectSensor nui = null;

        void InitializeNui()
        {
            nui = KinectSensor.KinectSensors[0];

            nui.ColorStream.Enable();
            nui.ColorFrameReady += new
EventHandler<ColorImageFrameReadyEventArgs>
(nui_ColorFrameReady);

            nui.DepthStream.Enable();
            nui.SkeletonStream.Enable();
            nui.DepthStream.Range = DepthRange.Near;
            nui.SkeletonStream.EnableTrackingInNearRange = true;


            nui.AllFramesReady += new
EventHandler<AllFramesReadyEventArgs>(nui_AllFramesReady);
            nui.Start();
        }
}
}
```

C 그 후에 키넥트 센서를 nui라는 변수를 사용해서 만들어주고, 컬러 스트림과 뎁스 스트림, 그리고 스켈리턴 스트림을 사용 가능하도록 만든다.

```
using Microsoft.Kinect;
using System.Windows.Threading;

namespace 좌표 찾기
{
    /// <summary>
    /// MainWindow.xaml에 대한 상호 작용 논리
    /// </summary>
    public partial class MainWindow : Window
    {
        DispatcherTimer timer = new DispatcherTimer();
        public MainWindow(){생략}
```

```
        KinectSensor nui = null;

        void InitializeNui(){생략}

int m_nAngle = -27;

        void timer_Tick(object sender, EventArgs e)
        {
            textBlock1.Text = nui.ElevationAngle.ToString();

            try
            {
                nui.ElevationAngle = (m_nAngle + 2);
                m_nAngle += 2;
            }
            catch
            {
            }

            if (nui.ElevationAngle >= 27)
            {
                m_nAngle = -27;
            }
        }

        void nui_ColorFrameReady(object sender, ColorImageFrameReadyEventArgs
e)
        {
            using (ColorImageFrame ImageParam = e.OpenColorImageFrame())
            {
                if (ImageParam == null) return;

                byte[] ImageBits = new byte[ImageParam.PixelDataLength];
                ImageParam.CopyPixelDataTo(ImageBits);

                BitmapSource src = null;

                src = BitmapSource.Create(ImageParam.Width, ImageParam.Height,
96, 96,
PixelFormats.Bgr32, null, ImageBits, ImageParam.Width *
ImageParam.BytesPerPixel);
                image1.Source = src;
            }
        }
}
}
```

d 그리고 키넥트가 사용자를 아래에서 위로 올라가면서 찾아나가도록 만들기 위해서 우선 int m_nAngle = -27;를 사용해서 키넥트를 가장 아래를 보도록 만든다. 그리고 timer_Tick 메소드가 실행될 때마다 키넥트의 각도가 2씩 더해지도록 코드를 작성하고 만약에 키넥드의 각도가 최대치인 27°나 수치상 27°를 넘어갔을 때에는 키넥트의 각도를 다시 -27°로 만들어서 다시 아래를 보도록 만든다.

```
using Microsoft.Kinect;
using System.Windows.Threading;

namespace 좌표 찾기
{
    /// <summary>
    /// MainWindow.xaml에 대한 상호 작용 논리
    /// </summary>
    public partial class MainWindow : Window
    {
        DispatcherTimer timer = new DispatcherTimer();
        public MainWindow(){생략}

        KinectSensor nui = null;

        void InitializeNui(){생략}

int m_nAngle = -27;

        void timer_Tick(object sender, EventArgs e) {생략}

        void nui_ColorFrameReady(object sender, ColorImageFrameReadyEventArgs
e) {생략}

        long m_SaveTime = 0;

        void nui_AllFramesReady(object sender, AllFramesReadyEventArgs e)
        {
            using (SkeletonFrame sf = e.OpenSkeletonFrame())
            {

                if (sf == null) return;

                Skeleton[] skeletonData = new Skeleton[sf.SkeletonArrayLength];
                sf.CopySkeletonDataTo(skeletonData);

                using (DepthImageFrame depthImageFrame =
e.OpenDepthImageFrame())
                {
                    if (depthImageFrame != null)
```

```
                {
                    foreach (Skeleton sd in skeletonData)
                    {
                        if (sd.TrackingState == SkeletonTrackingState.Tracked)
                        {
                            Joint joint = sd.Joints[JointType.Head];


                            DepthImagePoint depthPoint;
                            depthPoint = depthImageFrame.MapFromSkeletonPoint
(joint.Position);

                            Point point = new Point
((int)(image1.Width * depthPoint.X / depthImageFrame.Width),
                                (int)(image1.Height * depthPoint.Y /
depthImageFrame.Height));

                            textBlock1.Text = string.Format("X:{0:0,00}
Y:{1:0,00}",point.X,point.Y);

                            Canvas.SetLeft(ellipse1, point.X);
                            Canvas.SetTop(ellipse1, point.Y);

                            m_SaveTime = DateTime.Now.Ticks;

                            if (timer.IsEnabled == true)
                            {
                                timer.Stop();
                            }
                        }
                    }
                }
            }
        }
        if (m_SaveTime + 3000 < DateTime.Now.Ticks)
        {
            if (timer.IsEnabled == false)
            {
                timer.Start();
            }
        }
    }
}
}
```

e 그리고 나서 우선 long m_SaveTime = 0;를 사용해서 시간 간격을 저장할 부분을 만들어 준다. 그 후에 모든 프레임정보가 들어올 때마다 실행하게 되는 nui_AllFramesReady메소드를 선언하도록 한다. 뎁스 스트림을 사용 가능하게 선언하고 그와 함께 스켈리턴 스트림을 사용 가능하게 선언한다. 여기서 nui_AllFramesReady 메소드 안에 있는 코드들은 헤더를 찾은 경우에 실행되는 코드들이다. m_SaveTime = DateTime.Now.Ticks;를 사용해서 헤더를 찾은 현재 시간을 저장해 둔다. 이는 화면에 조인트 헤드를 표시하는 순간마다 계속 저장을 하게 된다. 또한 조인트헤드를 찾은 후에는 더 이상 키넥트를 움직이지 않아도 된다. 따라서 if (timer.IsEnabled == true)조건을 사용해서 조인트헤드를 찾았으면 timer.Stop();로 더 이상 키넥트가 움직이지 않도록 해준다. 마지막으로 if (m_SaveTime + 3000 〈 DateTime.Now.Ticks) 조건을 사용해서 3초 동안 조인트 헤드에 대한 정보가 업데이트되지 않으면 timer.Start();를 사용해서 다시 Timer가 실행되도록 만들었다.

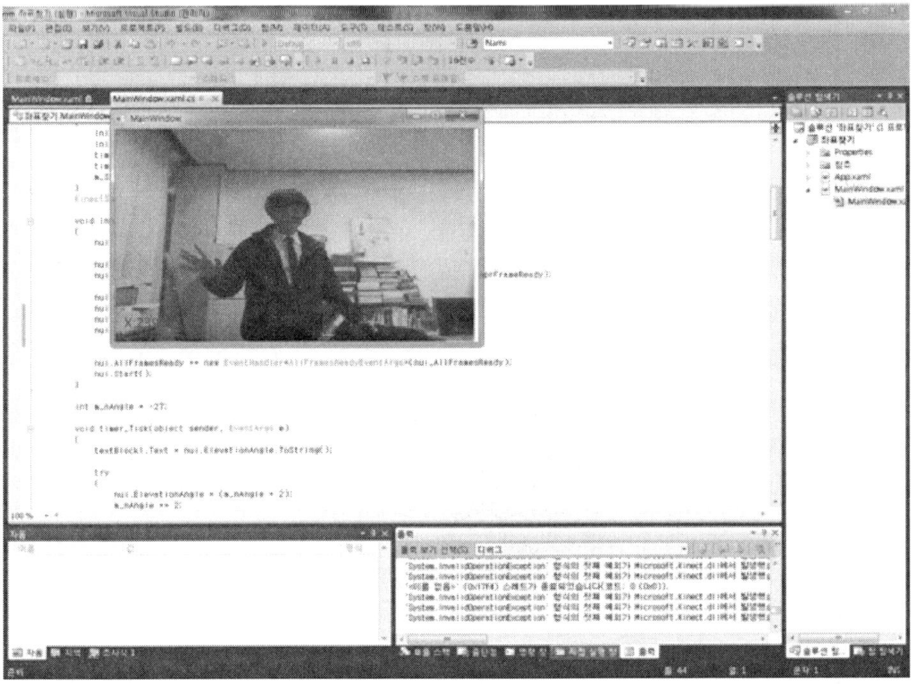

f 그 후 디버깅을 하면 키넥트가 사용자를 아래에서부터 위로 찾게 되는 프로그램이 만들어진다.

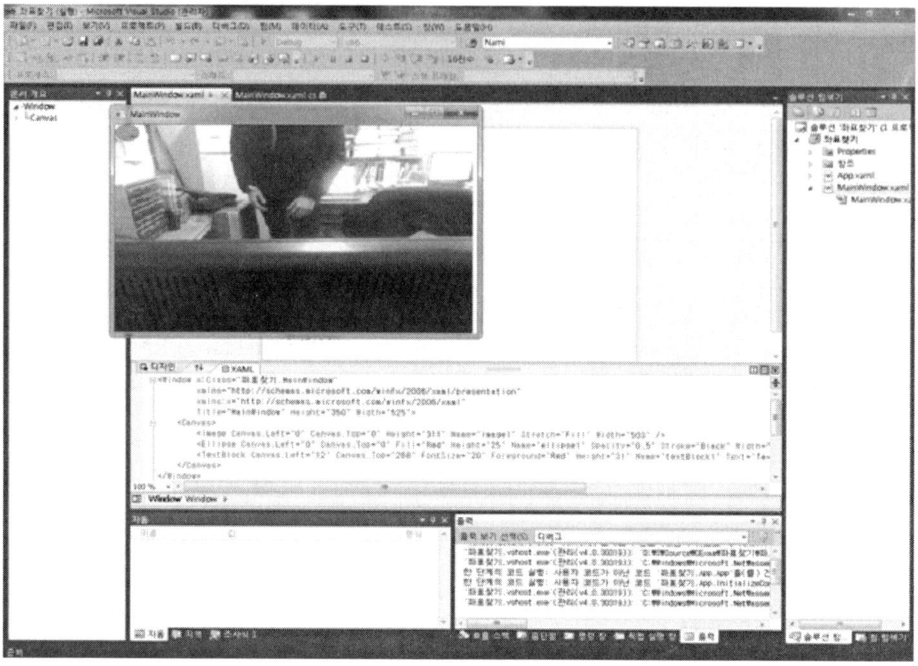

위의 그림은 사용자를 찾기 위해서 키넥트가 아래에서부터 올라오고 있는 모습이다.

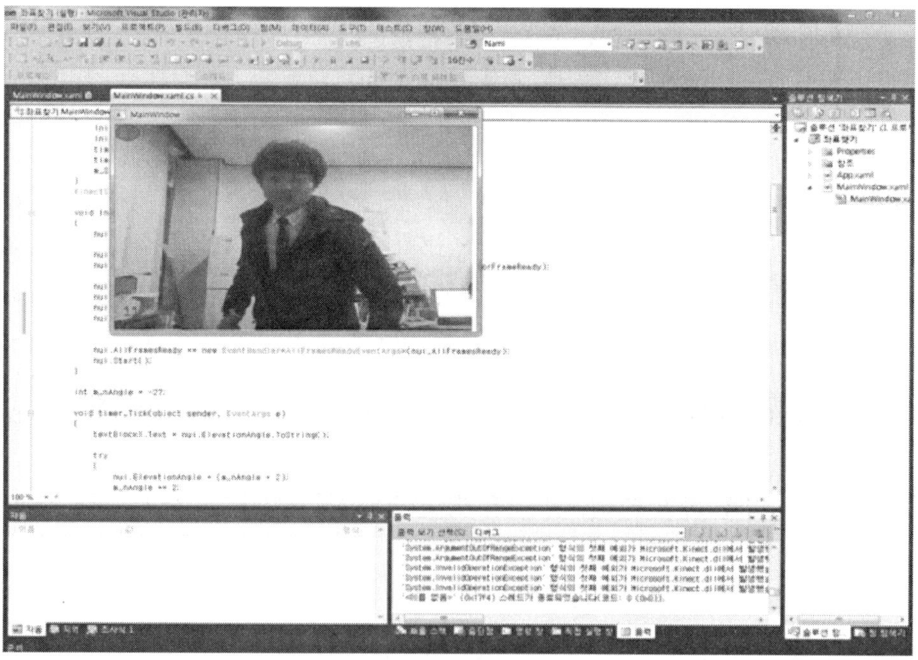

위의 그림은 사용자를 찾기 위해서 키넥트가 아래에서 위로 올라온 모습이다.

Chapter 09 스레드(Thread)

스레드는 프로세스 내에서 실행되는 흐름의 단위를 뜻한다. 컴퓨터 프로그램 수행 시 프로세스 내부에 존재하는 수행 경로, 즉 일련의 실행 코드. 프로세스는 단순한 껍데기일 뿐, 실제 작업은 스레드가 담당한다.

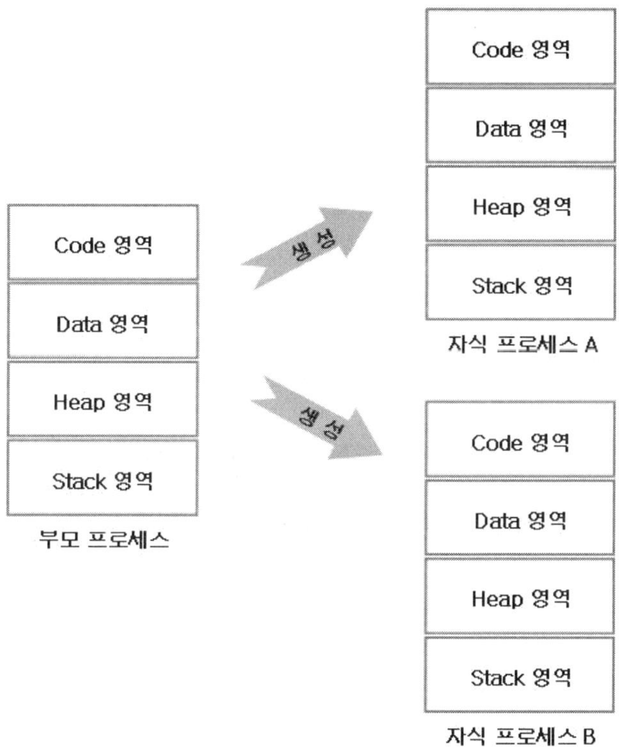

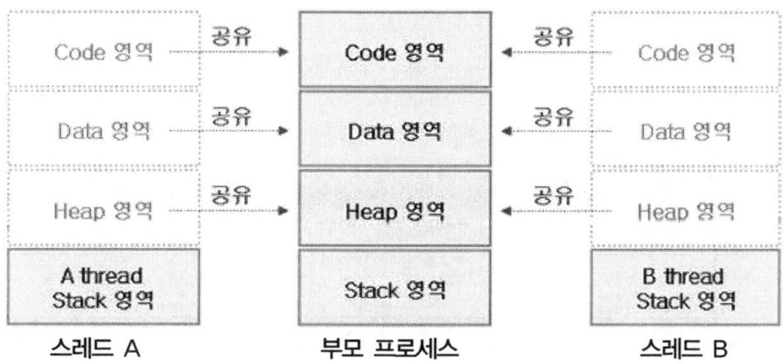

〈그림 9-1〉 프로세스와 스레드의 메모리 구조

프로세스 생성 시 하나의 주 스레드가 생성되어 대부분의 작업을 처리하고 주 스레드가 종료되면 프로세스도 종료된다. 하나의 운영체계에서 여러 개의 프로세스가 동시에 실행되는 환경이 멀티태스킹이고, 하나의 프로세스 내에서 다수의 스레드가 동시에 수행되는 것이 멀티스레드이다. 멀티스레드와 멀티프로세스는 양쪽 모두 여러 흐름이 동시에 진행된다는 공통점을 가지고 있다. 그러나 멀티 프로세스에서 각 프로세스는 독립적으로 실행되며 각각 별도의 메모리를 차지하고 있다. 반면에 멀티스레드는 프로세스 내의 메모리를 공유해서 사용할 수 있다. 〈그림 9-1〉에 프로세스와 스레드의 메모리 구조를 보면 이해가 빠를 것이다. 멀티스레드의 장점으로는 프로세스 간의 전환 속도보다 스레드 간의 전환 속도가 더 빠르다는 점이다. 또한 CPU가 여러 개일 경우에 각각의 CPU가 스레드 하나씩을 담당하는 방법으로 속도를 높일 수 있다는 것이다.

키넥트의 오디오는 별도의 스레드에서 실행해야 하므로 이 스레드 사용법을 익혀야 한다. 간단한 스레드에 관한 예제를 보도록 한다.

1 스레드

이전 장에서 해왔던 것처럼 우선 아래 그림과 같이 초기 창을 만든다.

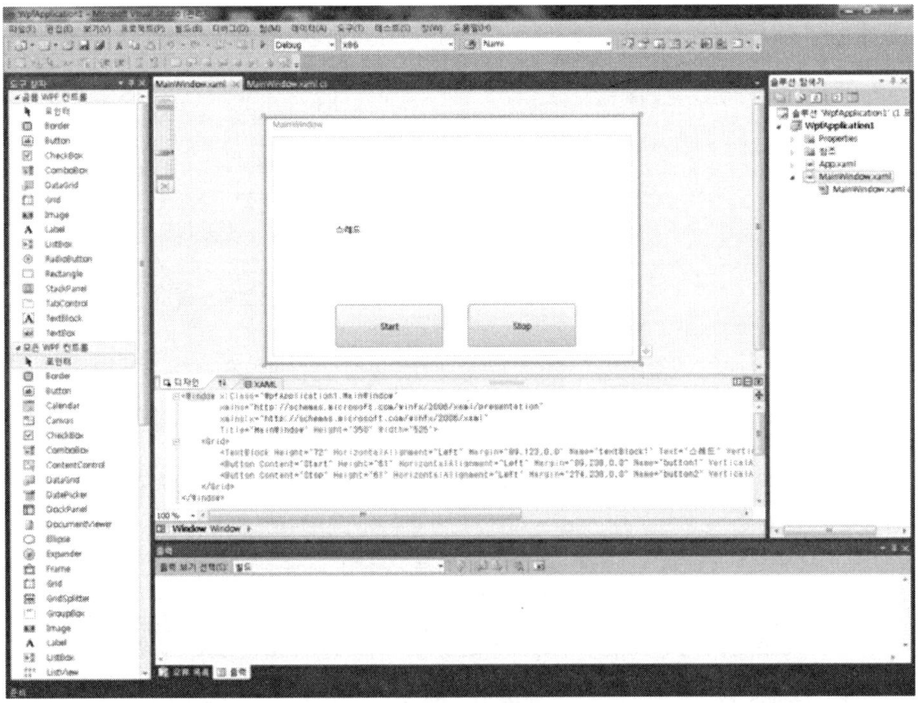

a 키넥트의 오디오는 별도의 스레드에서 실행해야 하기 때문에 스레드 사용법을 알아야 한다. 이번 예제는 실행 가능한 스레드에 관한 예제이다. 우선 XAML 창에서 앞의 그림과 같이 화면 배경에 TextBlock과 Button 2개를 배치한다.

```
using System.Threading; //스레드를 사용하기 위한 스레드 네임스페이스를 지정

namespace WpfApplication1
{
    /// <summary>
    /// MainWindow.xaml에 대한 상호 작용 논리
    /// </summary>
    public partial class MainWindow : Window
    {
        ThreadStart ts;
        Thread th; //스레드를 사용하기 위해 Thread 클래스를 사용

        public MainWindow()
        {
            InitializeComponent();
            ts = new ThreadStart(UserFunc);
            th = new Thread(ts); //선언한 스레드를 활성화
        }

        private void UserFunc() //0.005초씩 쉬면서 무한 반복되는 스레드함수
        {
            int nCnt = 0;
            while (true)
            {
                Thread.Sleep(5);
                nCnt++;

                this.Dispatcher.Invoke(new Action(() => //Invoke는 예외적인 접근을 위
해 사용
                {
                    textBlock1.Text = "TEST " + nCnt.ToString();
                }
                ));
            }
        }

private void button1_Click(object sender, RoutedEventArgs e)
        {
            if (th.ThreadState == ThreadState.Suspended)
            {
                th.Resume(); //Resume은 Suspend에 의해 일시중지된 스레드를 다시 시작하는 것
            }
```

```
            else
            {
                th.Start(); //Start로 스레드를 처음 시작
            }
        }

        private void button2_Click(object sender, RoutedEventArgs e)
        {
            th.Suspend(); //Suspend는 일시중지로 영구 중지가 아닌 잠깐 쉬는 경우 실행을 차단
        }
    }
}
```

b 위와 같이 코드를 작성한다.

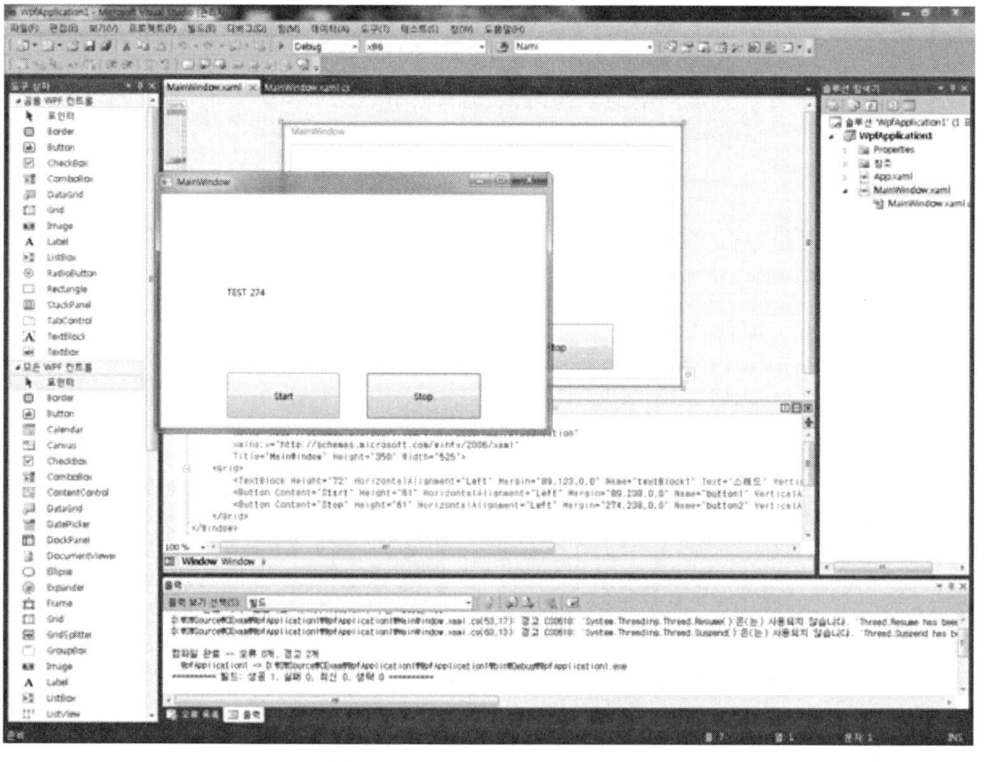

c 그 후에 디버깅을 하게 되면 위와 같이 스레드 예제가 실행된다.

기존에 개발하는 방법으로 TextBlock에 숫자가 0.005초마다 바뀌도록 프로그래밍을 하면 Button을 누를 수도 없고 화면이 갱신되지도 않는다. 더군다나 TextBlock에 숫자가 올라가는 것을 볼 수도 없다. 함수가 반환되어야 비로소 화면에 반영되기 때문에 0.005초마다 갱신하는 것이 아무 의미가 없다. 그러나 위와 같이 작성한 예제는 숫자가 올라가는 동안에도 Button이 잘 동작하고 전혀 이상이 없다. 이것은 1개의 스레드 이외에 스레드를 추가해서 가능한 것이다.

2 스레드 파라미터

스레드에서 사용하려는 데이터나 메소드를 전부 외부에서 사용할 때는 한계가 있을 수 있다. 또한 다양한 초기값을 갖는 스레드를 구성하려고 할 때와 또다시 반환 값을 가질 때 이를 동기화하기 어려울 수 있다. 여러 개의 스레드를 쓸 때에는 더더욱 그 구분을 명확히 해야 할 필요가 있다. 그때 사용하는 것이 스레드 파라미터이다.

이전 장에서 해왔던 것처럼 우선 아래 그림과 같이 초기 창을 만든다.

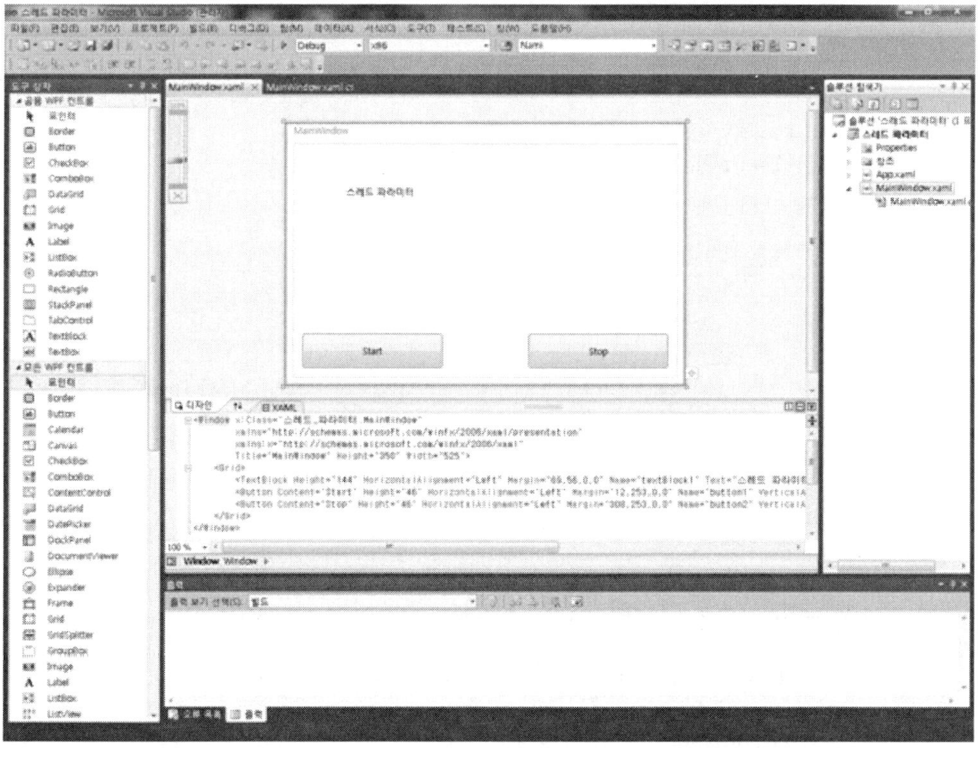

a XAML 창에서 위의 그림과 같이 화면 배경에 TextBlock과 Start와 Stop Button 2개를 화면에 배치한다.

```
using System.Threading; //스레드를 사용하기 위한 스레드 네임스페이스를 지정

namespace 스레드_파라미터
{
    /// <summary>
    /// MainWindow.xaml에 대한 상호 작용 논리
    /// </summary>
    public partial class MainWindow : Window
    {
        ParameterizedThreadStart ts;
        Thread th; //스레드를 사용하기 위해 Thread 클래스를 사용

        public MainWindow()
        {
            InitializeComponent();
            ts = new ParameterizedThreadStart(UserFunc);
            th = new Thread(ts);
        }

        private void UserFunc(object  info) //object info를 추가하여 데이터를 넘겨받음
        {
            String strParam = (String)info; //파라미터로 넘어온 데이터를 원형으로 형변환

            int nCnt = 0;
            while (true)
            {
                Thread.Sleep(5); //0.005초 간격으로 nCnt가 증가하는 무한루프
                nCnt++;

                this.Dispatcher.Invoke(new Action(() =>
                    {
                        textBlock1.Text = strParam + nCnt.ToString();
//증가된 nCnt와 파라미터로 넘어온 String을 출력
                    }
                ));
            }
        }

private void button1_Click(object sender, RoutedEventArgs e)
        {
            if (th.ThreadState == ThreadState.Suspended)
            {
                th.Resume();
            }
```

```
            else
            {
                String strParam = "Test "; //String형태의 strParam을 만듬
                th.Start(strParam);
            }
        }

        private void button2_Click(object sender, RoutedEventArgs e)
        {
            th.Suspend();
        }
    }
}
```

b 위와 같이 코드를 작성한다.

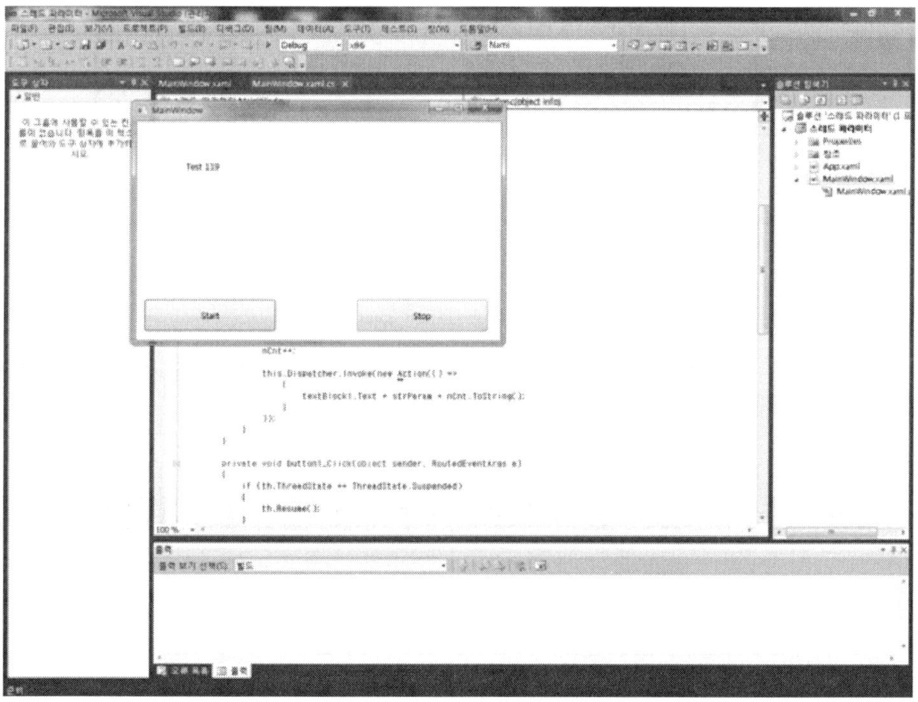

c 그 후 디버깅을 하면 위와 같이 스레드 파라미터 예제가 실행된다.

스타트 Button을 누르면 스레드가 0.005초마다 실행되며, 스레드가 활성화된 상태에서 stop Button을 누르면 정지가 된다. 다시 start Button을 누르면 멈춘 시간에서 이어져 시작되는 것을 볼 수 있다.

3 오디오

키넥트는 카메라를 이용한 동작인식뿐만 아니라 마이크를 이용한 오디오도 처리가 가능하다. 키넥트는 좌측에 1개 우측에 3개의 마이크를 가지고 있으면 이를 Multi-Array MIC라 지칭한다. 예제를 통해 오디오에서 데이터를 어떻게 가져오는지 살펴본다.

이전 장에서 해왔던 것처럼 우선 아래 그림과 같이 초기 창을 만든다.

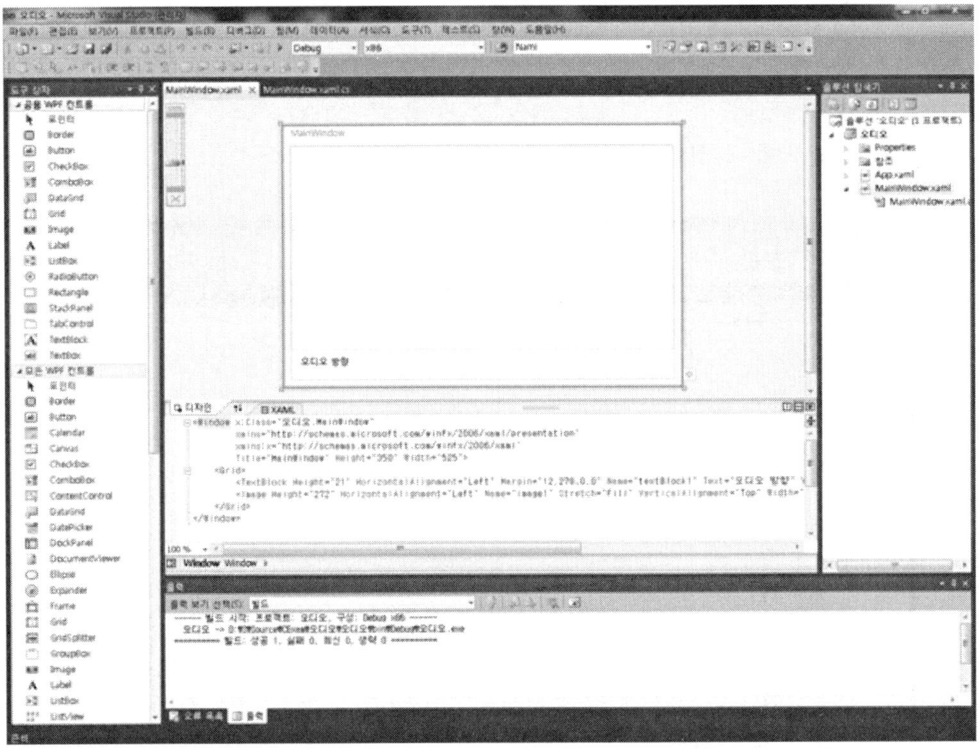

a XAML 창에서 위의 그림과 같이 화면 배경에 TextBlock을 배치한다.

```
using Microsoft.Kinect; //키넥트 라이브러리의 네임스페이스를 지정
using System.Threading; //스레드를 사용하기 위한 스레드 네임스페이스를 지정

namespace 오디오
{
    /// <summary>
    /// MainWindow.xaml에 대한 상호 작용 논리
    /// </summary>
    public partial class MainWindow : Window
    {
        ThreadStart ts;
        Thread th; //스레드를 사용하기 위한 ts와 th를 추가 선언

        public MainWindow()
        {
            InitializeComponent();
            InitializeNui();

            ts = new ThreadStart(UserFunc);
            th = new Thread(ts); //정의한 스레드를 작동

            th.Start();
        }

        KinectSensor nui = null;

        void InitializeNui()
        {
            nui = KinectSensor.KinectSensors[0];

            nui.ColorStream.Enable();
            nui.ColorFrameReady += new
EventHandler<ColorImageFrameReadyEventArgs>(nui_ColorFrameReady);

            nui.Start();
        }

BitmapSource src = null;

        void nui_ColorFrameReady(object sender, ColorImageFrameReadyEventArgs e)
        {
            using (ColorImageFrame ImageParam = e.OpenColorImageFrame())
            {

                if (ImageParam == null) return;
```

```
                byte[] ImageBits = new byte[ImageParam.PixelDataLength];
                ImageParam.CopyPixelDataTo(ImageBits);

                src = BitmapSource.Create(ImageParam.Width,
                                          ImageParam.Height,
                                          96, 96,
                                          PixelFormats.Bgr32,
                                          null,
                                          ImageBits,
                                          ImageParam.Width * ImageParam.BytesPerPixel);
                image1.Source = src;
            }
        }

private void UserFunc()//스레드로 UserFunc 사용
        {
            KinectSensor ks = KinectSensor.KinectSensors[0];
            ks.Start();

            KinectAudioSource source = ks.AudioSource;
            source.Start();//키넥트 오디오 부분을 만들고 작동

            while (true)
            {
                double dbVal = -source.SoundSourceAngle; //SoundSourceAngle은 오디
오의 방향을 의미
                this.Dispatcher.Invoke(new Action(() =>
                    {
                        textBlock1.Text = string.Format("추정값 : {0:F}", dbVal);
                    }
                ));

                Thread.Sleep(100); //0.1초 동안 쉬기 위한 코드
            }
        }
    }
}
```

b 위와 같이 코드를 작성한다.

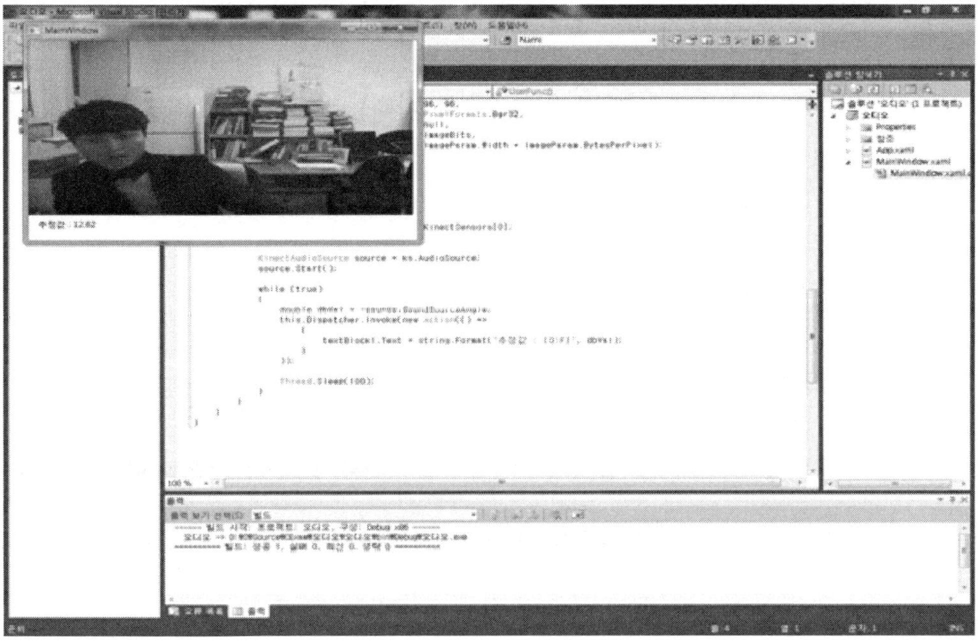

c 그 후 디버깅을 하면 키넥트가 음성을 인식하고 위의 그림과 같이 위치를 표시한다. 다음 그림은 반대 방향에서 음성을 인식했을 때 추정값이 마이너스 값을 가지는 것을 보여준다.

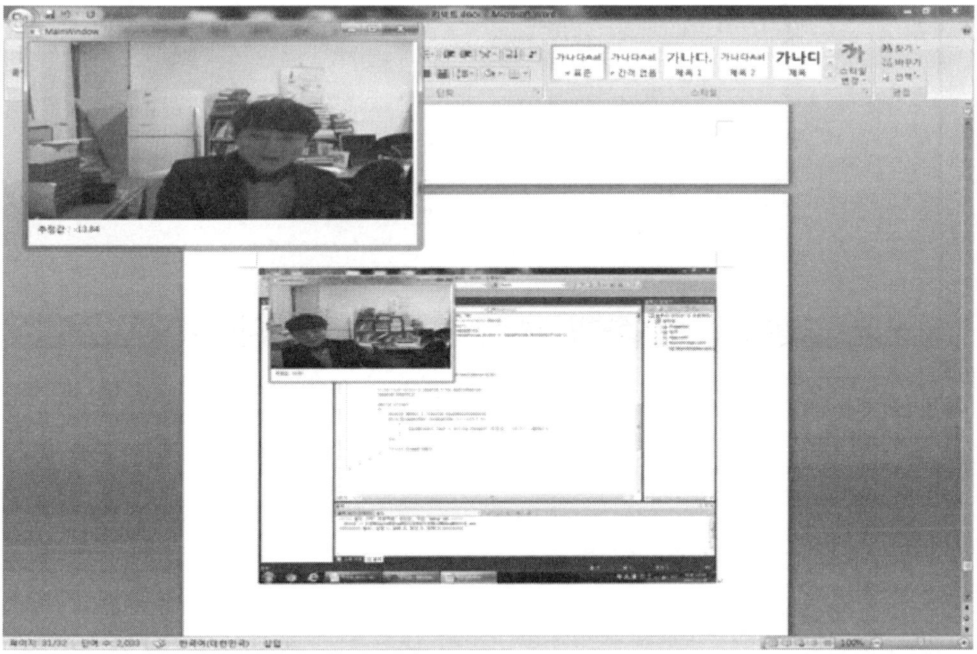

이 예제는 오디오가 소리를 인식하면 오디오방향을 추정하여 TextBlock으로 출력하며, 소리의 방향에 따라 소릿값이 나타난다. 이 값은 방향을 의미하는 것으로 "0"이 정중앙이고 양수와 음수값이 "0"에서 멀어질수록 키넥트의 정면에서 좌·우측으로 소리의 발원지가 멀어지는 것을 의미한다.

4 오디오 실시간 값

이전 장에서 해왔던 것처럼 우선 아래 그림과 같이 초기 창을 만든다.

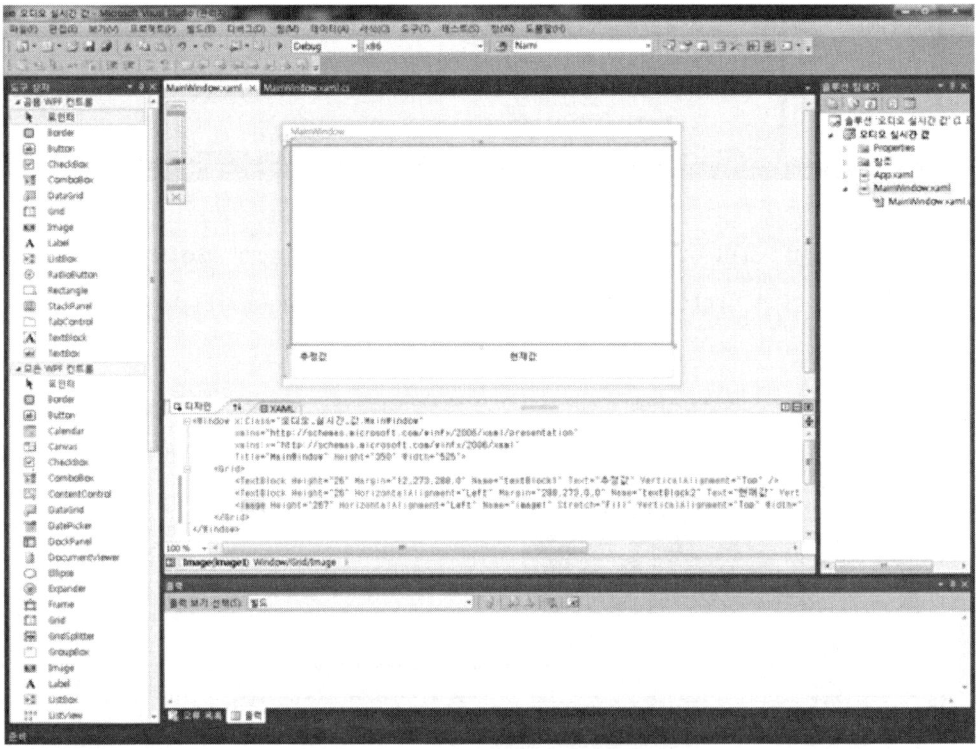

a XAML 창에서 위의 그림과 같이 화면 배경에 TextBlock을 2개 배치한다.

```
using Microsoft.Kinect; //키넥트 라이브러리의 네임스페이스를 지정
using System.Threading; //스레드를 사용하기 위한 스레드 네임스페이스를 지정

namespace 오디오_실시간_값
{
    /// <summary>
    /// MainWindow.xaml에 대한 상호 작용 논리
    /// </summary>
    public partial class MainWindow : Window
    {
        ThreadStart ts;
        Thread th; //스레드를 사용하기 위한 ts와 th를 추가 선언

        public MainWindow()
        {
            InitializeComponent();
            InitializeNui();

            ts = new ThreadStart(UserFunc);
            th = new Thread(ts); //ts와 th를 작동
            th.Start();
        }

        KinectSensor nui = null;

        void InitializeNui()
        {
            nui = KinectSensor.KinectSensors[0];

            nui.ColorStream.Enable();
            nui.ColorFrameReady += new
EventHandler<ColorImageFrameReadyEventArgs>(nui_ColorFrameReady);

            nui.Start();
        }

BitmapSource src = null;

        void nui_ColorFrameReady(object sender, ColorImageFrameReadyEventArgs e)
        {
            using (ColorImageFrame ImageParam = e.OpenColorImageFrame())
            {
                if (ImageParam == null) return;
                byte[] ImageBits = new byte[ImageParam.PixelDataLength];
                ImageParam.CopyPixelDataTo(ImageBits);
```

```
            src = BitmapSource.Create(ImageParam.Width,
                                      ImageParam.Height,
                                      96, 96,
                                      PixelFormats.Bgr32,
                                      null,
                                      ImageBits,
                                      ImageParam.Width * ImageParam.BytesPerPixel);

            image1.Source = src;
        }
    }

private void UserFunc()
    {
        KinectSensor ks = KinectSensor.KinectSensors[0];
        ks.Start();

        KinectAudioSource source = ks.AudioSource;
        source.BeamAngleChanged += new
EventHandler<BeamAngleChangedEventArgs>(source_BeamAngleChanged);

        source.Start();//키넥트 오디오를 생성하고 작동

        while (true)
        {
            //SoundSourceAngleConfidence는 전달되는 값의 신뢰도를 의미
            if (source.SoundSourceAngleConfidence > 0.1) //0.1은 10%를 의미
            {
                double dbVal = -source.SoundSourceAngle;
                this.Dispatcher.Invoke(new Action(() =>
                    {
                        textBlock1.Text = string.Format("추정값 : {0:F}",
dbVal);
                    }
                ));
                Thread.Sleep(100);
            }
        }
    }

void source_BeamAngleChanged(object sender, BeamAngleChangedEventArgs e)
    {
        double dbVal = -e.Angle;
        this.Dispatcher.Invoke(new Action(() =>
            {
                textBlock2.Text = string.Format("현재값 : {0:F}", dbVal);
```

```
            }
        ));
    }
  }
}
```

b 위와 같이 소스를 작성한다.

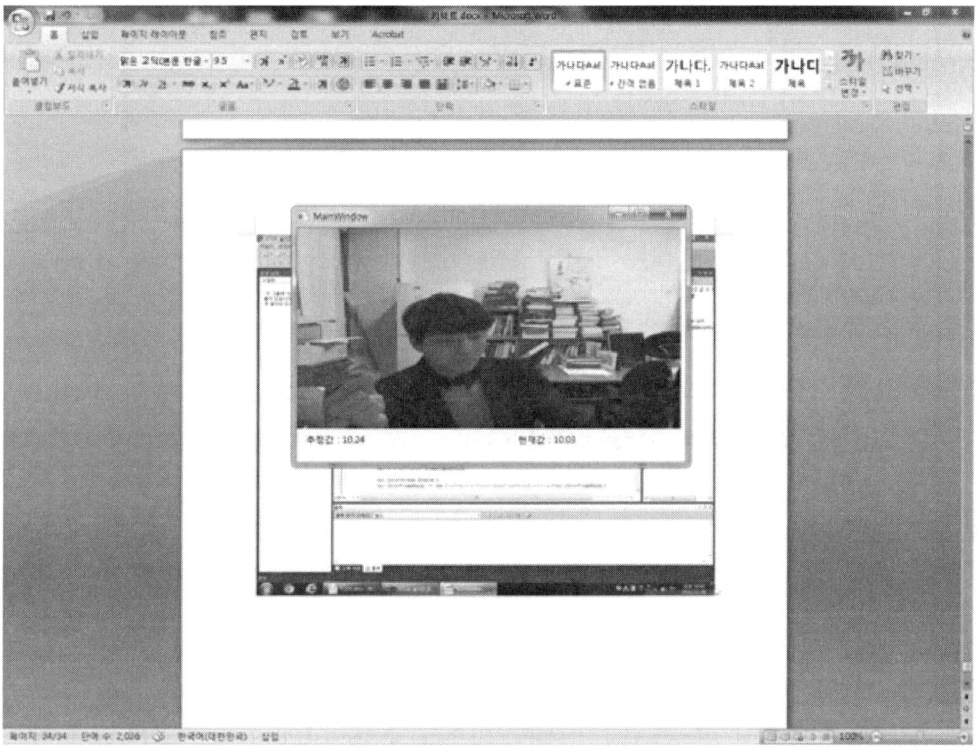

c 그 후에 디버깅을 하면 위와 같이 추정값과 함께 현재 값도 출력한다.

추정값에는 오디오 방향을 추정해서 출력하고 현재 값에는 오디오 방향의 현재 값을 출력한다.

5 오디오 시각적 표현

이전 장에서 해왔던 것처럼 우선 아래 그림과 같이 초기 창을 만든다.

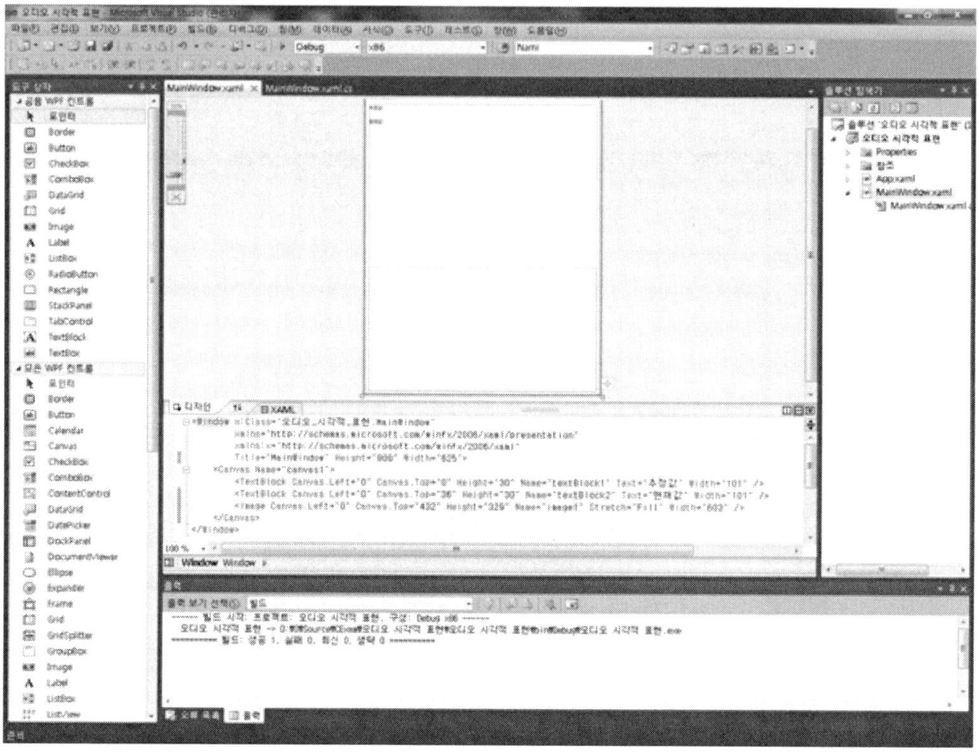

a XAML 창에서 우선 레이아웃을 Grid에서 Canvas로 변경해 준다. 그리고 Canvas를 핸들링하기 위해서 Canvas1로 이름도 지정해 주고, 위의 그림과 같이 화면 배경에 Text Block을 2개 화면에 배치한다.

```
using Microsoft.Kinect; //키넥트 사용을 위해 네임스페이스를 추가
using System.Threading; //스레드를 사용하기 위한 스레드 네임스페이스를 지정

namespace 오디오_시각적_표현
{
    /// <summary>
    /// MainWindow.xaml에 대한 상호 작용 논리
    /// </summary>
    public partial class MainWindow : Window
    {
        ThreadStart ts;
```

```
    Thread th; //사용할 스레드를 추가
    //각 값을 표현할 선을 추가
    Line lineEst = null; //lineEst는 추정값
    Line lineSrc = null; //lineSrc는 이벤트로 전달되는 값

    public MainWindow()
    {
        InitializeComponent();
        InitializeNui();

        ts = new ThreadStart(UserFunc);
        th = new Thread(ts);
        th.Start();//스레드를 작동

        for (int i = -60; i <= 60; i++) //중앙을 기준으로 0도, 양쪽에 -60도 까지를 범위로
                                         배경 선
        {
            Color color = Colors.Gray;
            bool bBold = false;
            if (i % 10 == 0 ) //10도 단위로는 선을 두껍게 표현하고 회색이 아닌 검은색으로
                                표현
            {
                color = Colors.Black;
                bBold = true;
            }

            Line line = DrawLine(color, bBold, i);
            canvas1.Children.Add(line);

            lineEst = DrawLine(Colors.Blue, true, 0);
            lineSrc = DrawLine(Colors.Red, true, 0);

            lineEst.Visibility = Visibility.Collapsed;
            lineSrc.Visibility = Visibility.Collapsed;

            canvas1.Children.Add(lineEst); //완성된 선은 반드시 canvas에 추가해야 함
            canvas1.Children.Add(lineSrc);

            textBlock1.Foreground = new SolidColorBrush(Colors.Blue);
            textBlock2.Foreground = new SolidColorBrush(Colors.Red);
        }
    }

KinectSensor nui = null;

    void InitializeNui()
    {
        nui = KinectSensor.KinectSensors[0];
```

```
            nui.ColorStream.Enable();
            nui.ColorFrameReady += new
EventHandler<ColorImageFrameReadyEventArgs>(nui_ColorFrameReady);

            nui.Start();
        }

        BitmapSource src = null;

        void nui_ColorFrameReady(object sender, ColorImageFrameReadyEventArgs e)
        {
            using (ColorImageFrame ImageParam = e.OpenColorImageFrame())
            {

                if (ImageParam == null) return;



                byte[] ImageBits = new byte[ImageParam.PixelDataLength];
                ImageParam.CopyPixelDataTo(ImageBits);


                src = BitmapSource.Create(ImageParam.Width,
                                          ImageParam.Height,
                                          96, 96,
                                          PixelFormats.Bgr32,
                                          null,
                                          ImageBits,
                                          ImageParam.Width *
ImageParam.BytesPerPixel);

                image1.Source = src;
            }
        }

private void UserFunc()
        {
            KinectSensor ks = KinectSensor.KinectSensors[0];
            ks.Start();

            KinectAudioSource source = ks.AudioSource;
            source.BeamAngleChanged += new
EventHandler<BeamAngleChangedEventArgs>(source_BeamAngleChanged);

            source.Start();
            while (true) //0.1초 간격으로 소리 방향 값을 RotateDrawLine을 통해 변화된 각도로
            출력
```

```
        {
            double dbVal = -source.SoundSourceAngle;
            this.Dispatcher.Invoke(new Action(() =>
            {
                textBlock1.Text = string.Format("추정값 : {0:F}", dbVal);
                RotateDrawLine(lineEst, dbVal);
            }
            ));

            Thread.Sleep(100);
        }
    }

void source_BeamAngleChanged(object sender, BeamAngleChangedEventArgs e)
    {
        double dbVal = -e.Angle;
        this.Dispatcher.Invoke(new Action(() => //현재값을 출력하고 RotateDraw
Line으로 선을 회전
        {
            textBlock2.Text = string.Format("현재값 : {0:F}", dbVal);
            RotateDrawLine(lineSrc, dbVal);
        }
        ));
    }

Line DrawLine(Color color, bool bBold, double dbAngle) //지정한 각도로 선을 그려줌
    {
        Point s = new Point(320, 100);
        Point e = new Point(320, 400);

        Line line = new Line();

        line.X1 = s.X;
        line.Y1 = s.Y;
        line.X2 = e.X;
        line.Y2 = e.Y;
        line.Stroke = new SolidColorBrush(color);
        line.StrokeThickness = bBold ? 2 : 1;
        line.RenderTransform = new RotateTransform(dbAngle, s.X, s.Y);
        //RotateTransform을 통해 파라미터로 넘어온 각도로 선을 회전

        return line;
    }

void RotateDrawLine(Line line, double dbAngle)
    {
        line.Visibility = Visibility.Visible;
        line.RenderTransform = new RotateTransform(dbAngle, line.X1, line.Y1);
```

```
            }
        }
    }
```

b 위와 같이 코드를 작성한다.

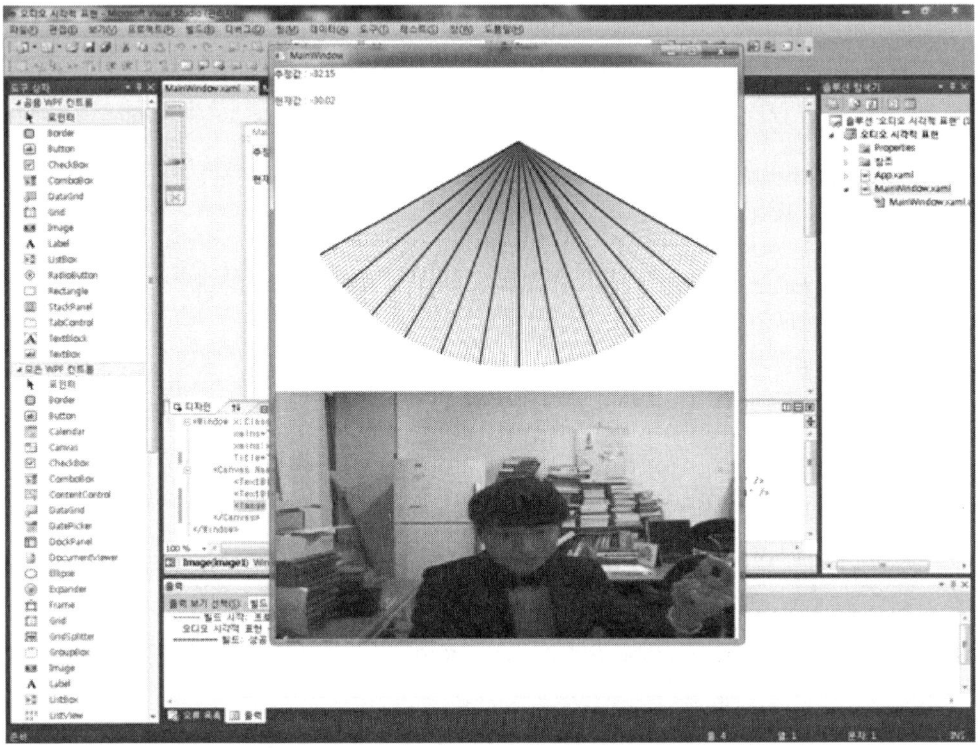

c 그 후에 디버깅을 하면 위와 같이 시각적으로 사운드의 위치 정보를 제공해 주는 화면을 출력한다.

위의 그림은 반대 방향에 소리를 냈을 때의 모습이다.

6 녹음

이전 장에서 해왔던 것처럼 우선 아래 그림과 같이 초기 창을 만든다.

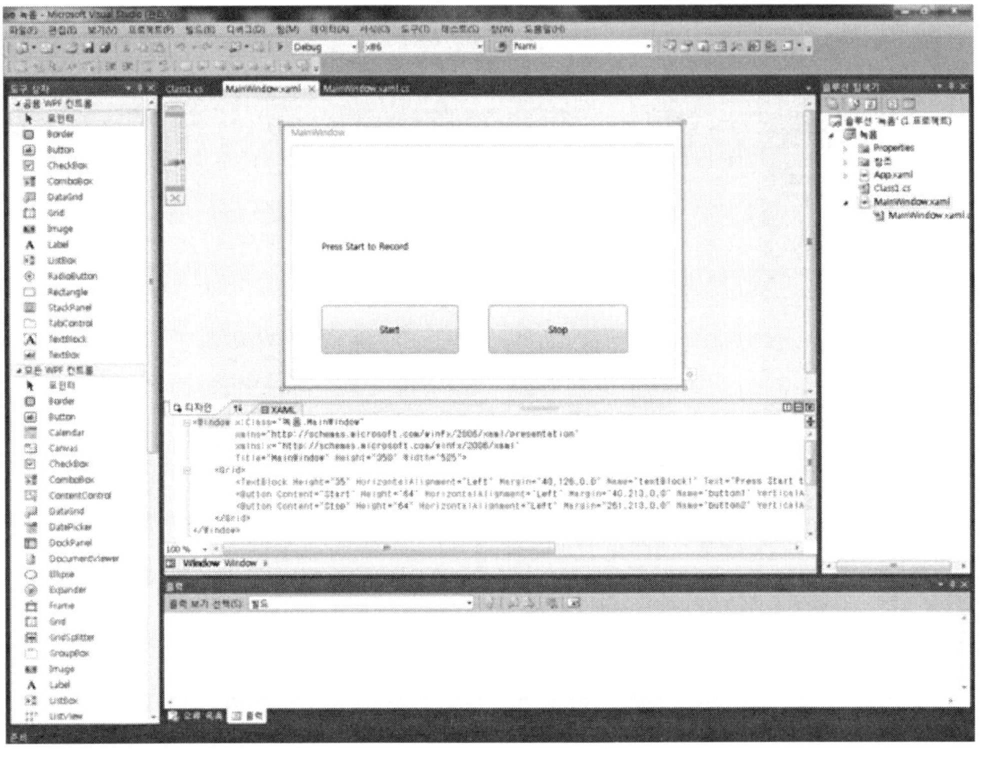

a XAML 창에서 위의 그림과 같이 화면 배경에 TextBlock과 Start와 Stop Button 2개를 화면에 배치한다.

```
using Microsoft.Kinect; //키넥트 사용을 위한 네임스페이스를 지정
using System.Threading; //스레드를 사용하기 위한 스레드 네임스페이스를 지정
using System.IO; //System.IO는 파일을 저장하는 용도로 사용하기 위해 선언

namespace 녹음
{
    /// <summary>
    /// MainWindow.xaml에 대한 상호 작용 논리
    /// </summary>
    public partial class MainWindow : Window
    {
        ThreadStart ts;
        Thread th; //스레드를 사용하기 위한 ts와 th를 선언
```

```
        KinectSensor ks = null;

        public MainWindow()
        {
            InitializeComponent();

            ks = KinectSensor.KinectSensors[0];
            ks.Start();


            ts = new ThreadStart(UserFunc);
            th = new Thread(ts); //스레드를 작동
        }

        bool m_bStop = false; //스레드 작동을 중지시키는 용도로 사용

private void UserFunc()
        {
            KinectAudioSource source = ks.AudioSource;
            var audioStream = source.Start();

            while (true)
            {
                long lStartTime = DateTime.Now.Ticks; //녹음시간을 계산하는 용도

                File.Delete("임시 파일");
                FileStream fileImsi = new FileStream("임시파일", FileMode.Create,
FileAccess.ReadWrite);
                //녹음 데이터를 임시로 저장해 둘 파일을 위와 같이 작성
                //녹음된 내용이지만 플레이어가 인식할 수 없는 내용이므로 임시 파일

                Byte[] buffer = new Byte[32768];

                int nCount = 0;
                int nTotCount = 0;

                while ((nCount = audioStream.Read(buffer, 0, buffer.Length)) > 0)
                {
                    fileImsi.Write(buffer, 0, nCount); //fileImsi.Write를 통해 오디
오 데이터를 저장
                    nTotCount += nCount;

                    this.Dispatcher.Invoke(new Action(() =>
                        {
                            long lTemp = (DateTime.Now.Ticks - lStartTime) / 1000 /
10000;
                            textBlock1.Text = lTemp.ToString();
                        }
```

```
                ));
                if (m_bStop == true) break;
            }

            Byte[] cByte = new Byte[fileImsi.Length];
            //audioStream.Read로 저장한 오디오 데이터를 임시로 저장

            fileImsi.Seek(0, SeekOrigin.Begin);
            fileImsi.Read(cByte, 0, (int)fileImsi.Length);
            fileImsi.Close();//임시로 저장해 둔 내용을 cByte에 저장

            String strFile = "녹음파일.wav"; //cByte에 추가한 임시버퍼의 내용을 파일로 저장
            File.Delete(strFile);
            FileStream fileStream = new FileStream(strFile, FileMode.Create,
            FileAccess.Write);
            Class1.WriteHeader(fileStream, nTotCount);
            fileStream.Write(cByte, 0, cByte.Length);
            fileStream.Close();

            System.Diagnostics.Process exe = new
            System.Diagnostics.Process();
            exe.StartInfo.FileName = strFile;
            exe.Start();//오디오가 저장된 파일을 재생 프로그램이 열어서 재생

            th.Suspend();
        }
    }

    private void button1_Click(object sender, RoutedEventArgs e)
    {
        m_bStop = false;

        if (th.ThreadState == ThreadState.Suspended)
        {
            th.Resume();
        }
        else
        {
            th.Start();//오디오 저장을 시작
        }
    }

    private void button2_Click(object sender, RoutedEventArgs e)
    {
        m_bStop = true; //오디오 저장을 중단
    }
}
}
```

b 앞의 코드를 작성한다. 여기서 Class1.WriteHeader는 Class1.cs 파일에 정의된 Class1 이라는 클래스의 멤버를 호출해서 사용하는 것이기 때문에 Class 1이라는 이름의 클래스를 만든다. 이유는 추후 확장을 쉽게 하기 위함이다.

순서는 아래 그림과 같다.

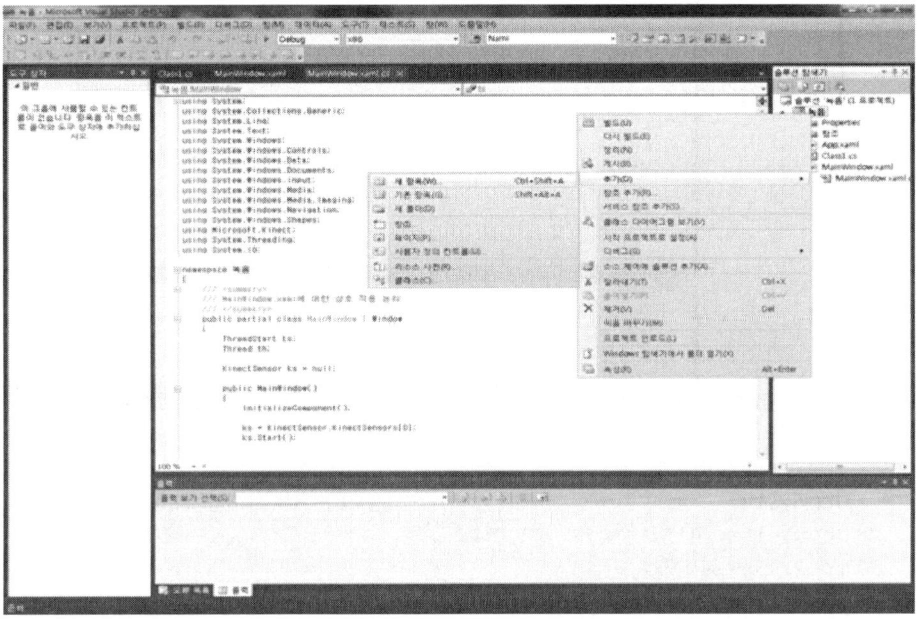

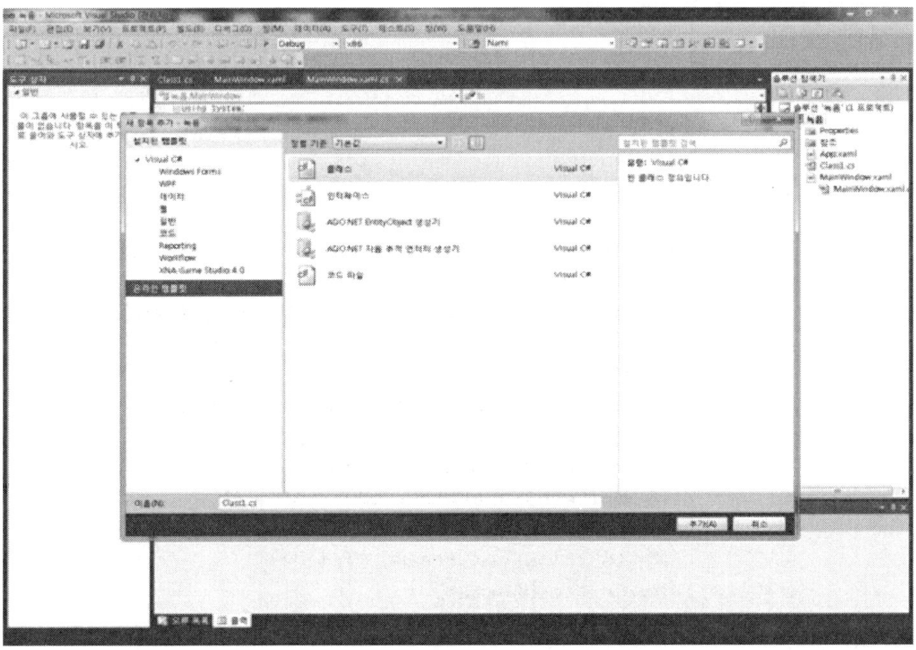

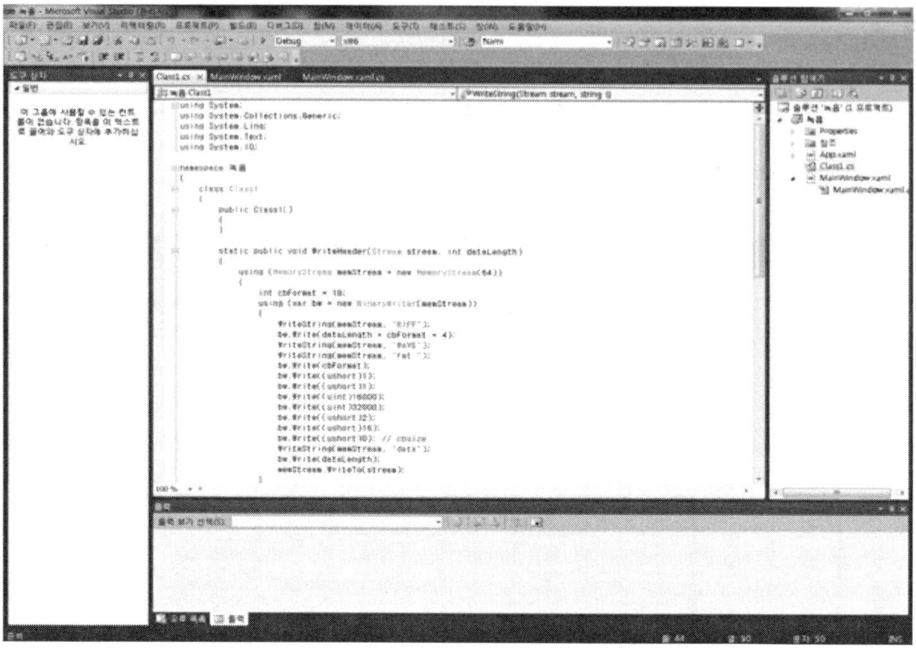

```
using System;
using System.Collections.Generic;
using System.Linq;
using System.Text;
using System.IO;

namespace 녹음
{
    class Class1
    {
        public Class1()
        {
        }

        static public void WriteHeader(Stream stream, int dataLength)
        {
            using (MemoryStream memStream = new MemoryStream(64))
            {
                int cbFormat = 18;
                using (var bw = new BinaryWriter(memStream))
                {
                    WriteString(memStream, "RIFF");
                    bw.Write(dataLength + cbFormat + 4);
                    WriteString(memStream, "WAVE");
                    WriteString(memStream, "fmt ");
                    bw.Write(cbFormat);
                    bw.Write((ushort)1);
```

```
                bw.Write((ushort)1);
                bw.Write((uint)16000);
                bw.Write((uint)32000);
                bw.Write((ushort)2);
                bw.Write((ushort)16);
                bw.Write((ushort)0); // cbsize
                WriteString(memStream, "data");
                bw.Write(dataLength);
                memStream.WriteTo(stream);
            }
        }
    }

    static void WriteString(Stream stream, string s)
    {
        byte[] bytes = Encoding.ASCII.GetBytes(s);
        stream.Write(bytes, 0, bytes.Length);
    }
  }
}
```

c Class 1이라는 이름의 클래스를 만들고 위와 같이 코드를 작성한다.

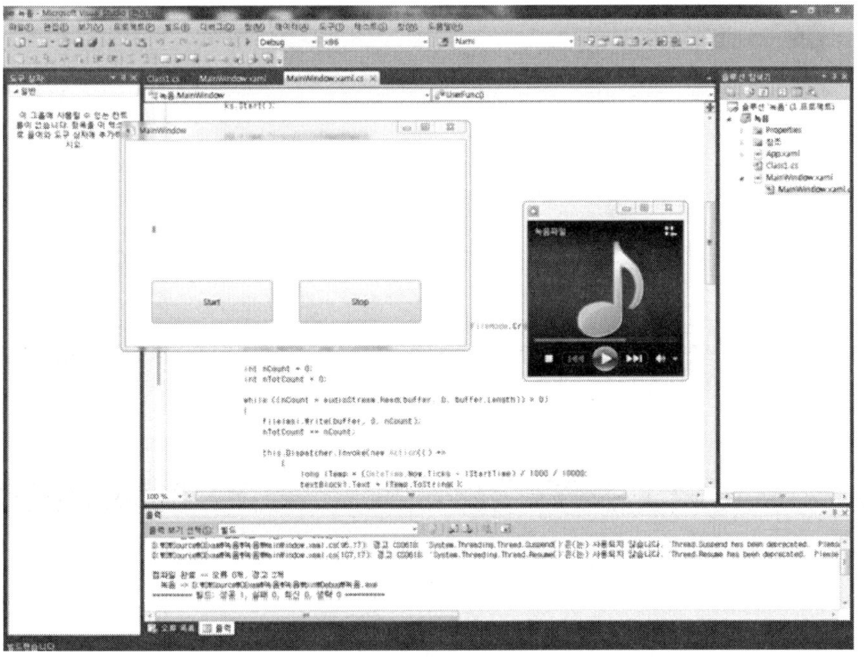

d 그 후에 디버깅을 하면 위 그림과 같이 숫자를 카운트하고 그 동안 녹음을 하게 되며, 녹음을 정지하면 바로 녹음된 파일을 재생 프로그램이 실행하는 예제가 완성된다.

7 음성인식

음성인식은 키넥트와 Microsoft Speech API와 결합을 해야지만 사용가능한 기능이다. 그래서 음성인식을 위해서는 Microsoft의 Speech 관련 기능이 필요하다.

스피치관련 기능은 SDK설치를 할 때 같이 설치된다. 여기서 문제가 되는 부분이 키넥트 SDK 설치를 할 때 설치되는 Kinect for Windows Speech Recognition Language Pack (en-US)이다. 여기서는 예제를 구동하기 위해서 프로그램 추가/제거에서 Kinect for Windows Speech Recognition Language Pack (en-US)를 삭제했다. 삭제 후에는 http://go.microsoft.com/fwlink/?LinkId = 220942에서 MSKinectLangPack_enUS.msi 파일을 받아서 이 파일을 설치해 준다.

이전 장에서 해왔던 것처럼 우선 아래 그림과 같이 초기 창을 만든다.

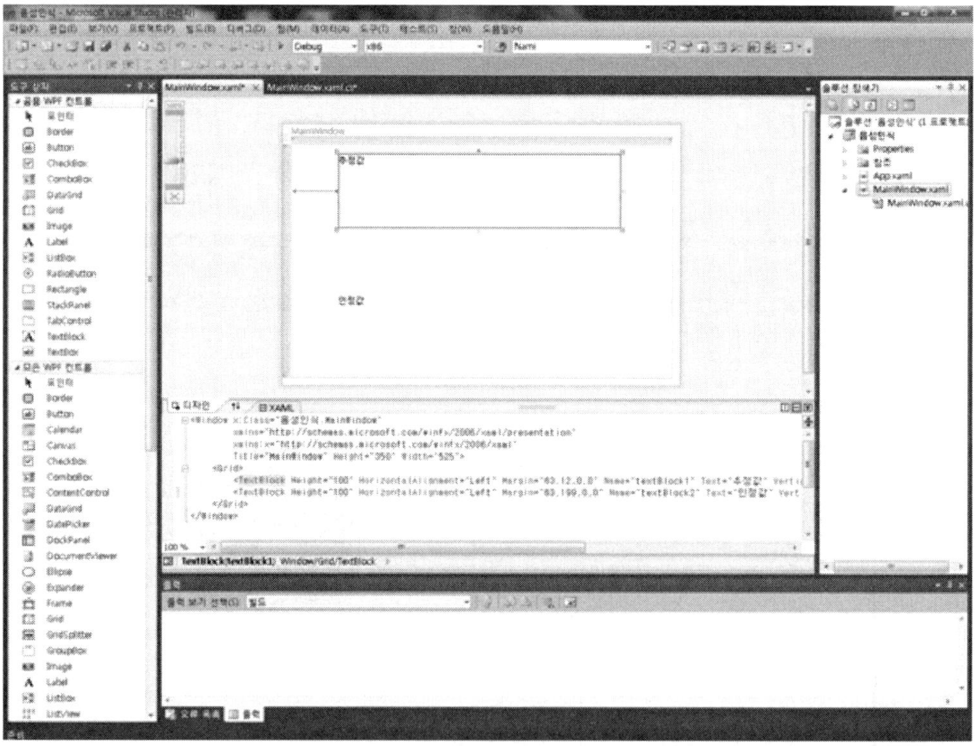

a XAML 창에서 위의 그림과 같이 화면 배경에 TextBlock 2개를 화면에 배치한다.

```
using System.Threading; //스레드를 사용하기 위한 스레드 네임스페이스를 지정
using System.IO; //System.IO는 파일을 저장하는 용도로 사용하기 위해 선언
using Microsoft.Speech.Recognition; //Speech 관련 기능을 사용하기 위해 추가
using Microsoft.Speech.AudioFormat; //Speech 관련 기능을 사용하기 위해 추가

namespace 음성인식
{
    /// <summary>
    /// MainWindow.xaml에 대한 상호 작용 논리
    /// </summary>
    public partial class MainWindow : Window
    {
        ThreadStart ts;
        Thread th;

        SpeechRecognitionEngine sre; //음성인식에 사용할 SpeechRecognitionEngine을
                                     //선언

        public MainWindow()
        {
            InitializeComponent();

            RecognizerInfo ri = null;

            //Speech를 사용하기 위해 키넥트를 통해 지원하는 엔진을 검색
            foreach (RecognizerInfo reinfo in
            SpeechRecognitionEngine.InstalledRecognizers())
            {
                if (reinfo.Id == "SR_MS_en-US_Kinect_11.0" || reinfo.Id ==
            "SR_MS_en-US_Kinect_10.0")
                {
                    ri = reinfo;
                    break;
                }
            }

            if (ri == null)
            {
                MessageBox.Show("실패");
                return;
            }

            sre = new SpeechRecognitionEngine(ri.Id); //RecognizerInfo로부터 Speech
                                                      //엔진을 가지고 옴
```

```
        var choices = new Choices();
        choices.Add("Apple");
        choices.Add("Hello");
        choices.Add("Goodbye");
        choices.Add("Kinect"); //사용하고자 하는 단어를 등록

        var gb = new GrammarBuilder();
        gb.Culture = ri.Culture;
        gb.Append(choices);
        var g = new Grammar(gb);

        sre.LoadGrammar(g);
        sre.SpeechHypothesized += new
        EventHandler<SpeechHypothesizedEventArgs>(sre_SpeechHypothesized);
        sre.SpeechRecognized += new
        EventHandler<SpeechRecognizedEventArgs>(sre_SpeechRecognized);

        ts = new ThreadStart(UserFunc);
        th = new Thread(ts);
        th.Start();//추가 스레드를 작동
    }

    //파라미터로 넘어오는 인식한 음성의 추정글자와 정확도를 표시
    void sre_SpeechHypothesized(object sender, SpeechHypothesizedEventArgs e)
    {
        textBlock1.Text = "추정값 : " + e.Result.Text + " " + e.Result.Confidence.
    ToString("0.000");
    }

    //파라미터로 넘어오는 인식한 음성의 인정글자와 정확도를 표시
    void sre_SpeechRecognized(object sender, SpeechRecognizedEventArgs e)
    {
        //Confidence는 음성의 신뢰도를 의미
        if (e.Result.Confidence < 0.7) return; //0.7은 70% 수준을 의미
        textBlock2.Text = "인정 값 : " + e.Result.Text + " " +
    e.Result.Confidence.ToString("0.000");
    }

    private void UserFunc()
    {
        KinectSensor ks = KinectSensor.KinectSensors[0];
        ks.Start();

        KinectAudioSource source = ks.AudioSource;

        Stream audioStream = source.Start();
        sre.SetInputToAudioStream(audioStream, new
        SpeechAudioFormatInfo(EncodingFormat.Pcm,
```

```
                16000, 16, 1, 32000, 2, null));
            //RecognizeAsync를 통해 Blocking 상태로 놓이고 음성 정보를 해석하고 전달하는 역할
            sre.RecognizeAsync(RecognizeMode.Multiple);
        }
    }
}
```

b 위와 같이 코드를 작성한다.

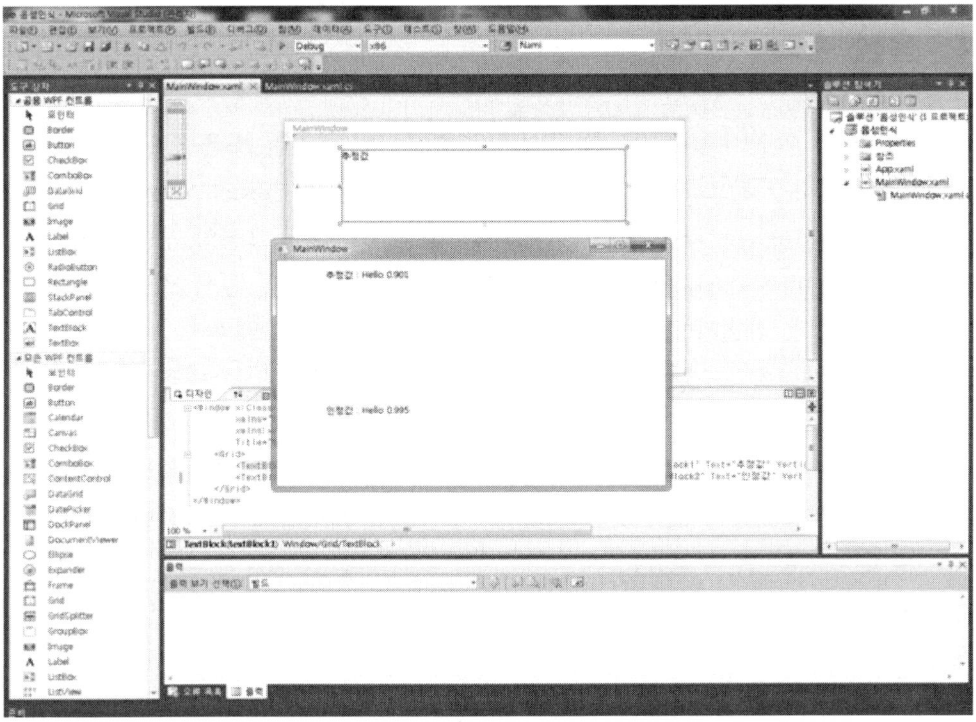

c 그 후에 디버깅을 하면 위와 같이 키넥트가 사용자의 음성을 인식해서 사용자가 말하는 단어를 인식하고 표시해주는 예제가 완성된다.

위의 그림은 사용자가 Apple이라는 단어를 말했을 때 키넥트가 인식하고 있는 모습이다. 미리 지정한 단어 중 하나를 소리 내면 키넥트가 음성인식을 통해서 값을 출력한다. 추정되는 값과 인정되는 값은 각각 추정값은 들리는 다양한 소리로 추정이 되는 글자를 계속 보내준다. 그리고 인정 값은 그 정보를 종합하여 인식한 것으로 인정되는 값을 보내주는 것이다. 옆에 숫자는 인식률을 나타내는 것으로 인식률은 "0"부터 "1" 사이 값을 반환하고 "1"에 가까울수록 인식률이 높은 것이다.

Chapter
10 스피치(Speech)

음성 출력과 음성 인식은 멀티미디어 기기에서 중요한 기능 중 하나이다. 이장에서는 어떤 방법으로 음성출력과 음성 인식과 출력을 동시에 할 수 있는지 알아보도록 한다.

1 음성 출력

키넥트가 음성을 인식하고 인식한 음성을 출력하려면 글자를 발음으로 연결해 주는 프로그램이나 라이브러리가 필요하다. 이러한 용도로 사용되는 것에 Speech API(Speech Application Programming Interface)라는 것이 있다. 이는 음성 처리 프로그램의 개발자 환경을 지원하는 응용 프로그램 인터페이스(API) 표준으로써 일종의 음성 합성 및 인식 프로그램 개발에 필요한 함수들의 모음이다. 개발자들은 이 공인된 함수 모음을 사용함으로써 호환성 및 이식성이 양호한 프로그램을 제작할 수 있다. 현재 음성 API로는 선마이크로시스템즈가 내놓은 자바 SAPI 1.0, 마이크소프트의 SAPI 4.0, IBM과 L&H가 자사 엔진에 구현한 SAPI 등이 있다. 키넥트에서는 Microsoft Speech API를 사용한다. 스피치 관련 기능은 SDK 설치 시 같이 설치된다. http://msdn.microsoft.com/en-us/library/hh855387.aspx 사이트를 참조하면 클래스에 대한 정의와 다양한 예제를 볼 수 있다.

여기서는 SpeechSynthesizer 클래스를 이용하여 지정한 텍스트를 음성 출력으로 출력하는 예제를 작성해 본다.

이전 장에서 해왔던 것처럼 우선 아래 그림과 같이 초기 창을 만든다.

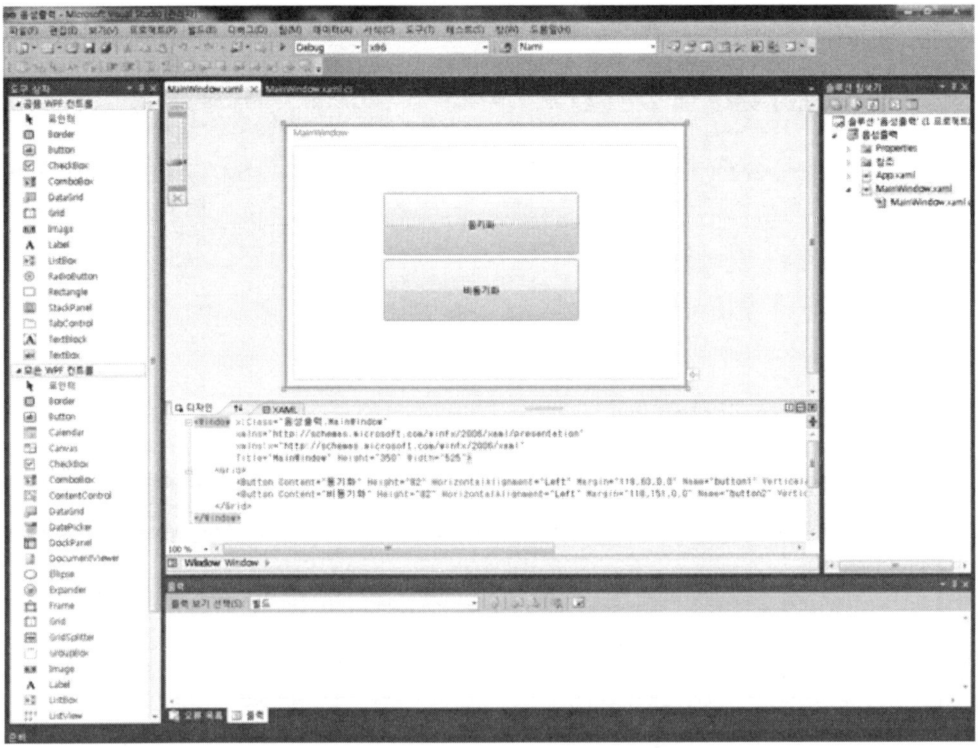

a XAML 창에서 위와 같이 Button 2개를 화면에 배치한다.

```
using System.Speech.Synthesis;

namespace 음성 출력
{
    /// <summary>
    /// MainWindow.xaml에 대한 상호 작용 논리
    /// </summary>
    public partial class MainWindow : Window
    {
        SpeechSynthesizer ss = new SpeechSynthesizer();//SpeechSynthesizer 클래스
                                                         는 음성 출력을 하는 기능
        public MainWindow()
        {
            InitializeComponent();
        }

        private void button1_Click(object sender, RoutedEventArgs e)
```

```
        {
            ss.Speak("Speech Example.Hello World."); //동기화함으로써 음성 출력 중에 다
                                                     른 작업 불가능
        }

        private void button2_Click(object sender, RoutedEventArgs e)
        {
            ss.SpeakAsync("Speech Example.Hello World."); //비 동기화함으로써 음성 출
                                                          력 중에 다른 작업 가능
        }
    }
}
```

b 위와 같이 코드를 작성한다.

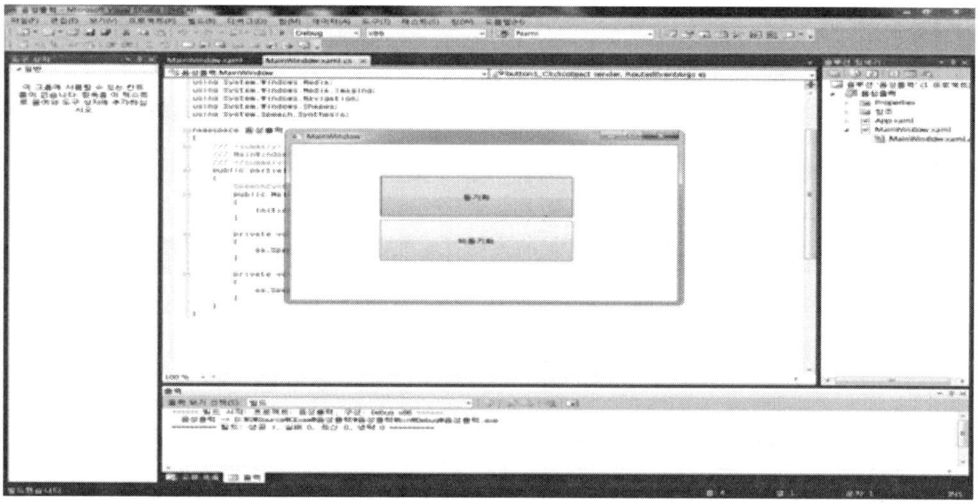

c 그 후에 디버깅을 하면 위와 같이 지정해 둔 음성이 출력되는 프로그램이 실행된다. 여기서 동기화 Button을 누르면 지정해 둔 Speech Example.Hello World.라는 말을 하면서 Button을 누를 수 없다. 그러나 아래의 비동기화 Button을 누르면 음성을 출력하면서 Button을 누를 수 있다. 동기화 Button과 비동기화 Button을 사용함으로써 스레드의 활용 여부를 정할 수 있다.

2 음성 정보

KINECT는 출력된 음성에 관한 정보를 얻고 음성 관련 정보의 제어가 가능하다. 여기서는 몇 가지 필드를 이용해 속도나 볼륨 등의 조정이 가능한 예제를 만들어 보도록 한다.

이전 장에서 해왔던 것처럼 우선 아래 그림과 같이 초기 창을 만든다.

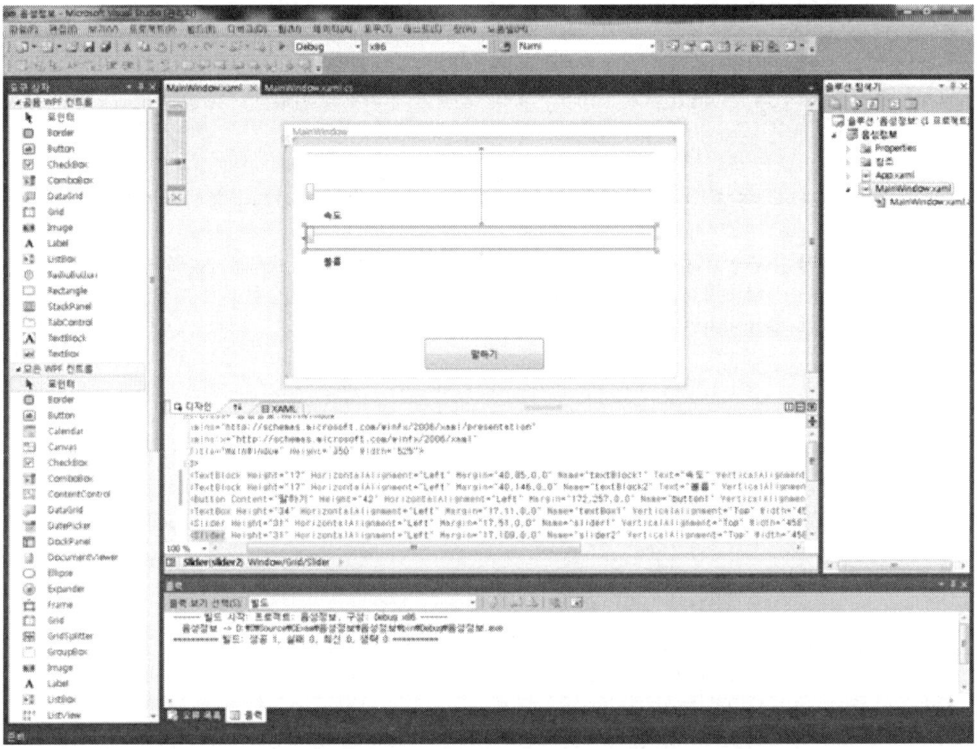

a XAML 창에서 같이 TextBlock 2개와 Button 2개 그리고 TextBox 하나와 Slider를 2개 만든다.

```
using System.Speech.Synthesis;

namespace 음성 정보
{
    /// <summary>
    /// MainWindow.xaml에 대한 상호 작용 논리
    /// </summary>
    public partial class MainWindow : Window
    {
        SpeechSynthesizer ss = new SpeechSynthesizer();
```

```
        public MainWindow()
        {
            InitializeComponent();

            textBox1.Text = "Input text here to speek.";
            slider1.Minimum = -10;
            slider1.Maximum = 10; //slider1의 최솟값과 최댓값을 -10에서 10까지로 제한한다.
            slider2.Minimum = 0; //여기서 수치는 데시벨 값이 아닌 디지털 값으로의 수치이다.
            slider2.Maximum = 100; //slider2의 최솟값과 최댓값을 0에서 100까지로 제한한다.

            slider1.Value = 0; //slider1의 초기값을 0으로 부여한다.
            slider2.Value = 100; //slider2의 초기값을 100으로 부여한다.
        }

        private void button1_Click(object sender, RoutedEventArgs e)
        {
            ss.Rate = (int)slider1.Value; //slider1은 속도에 해당된 정보를 부여한다.
            ss.Volume = (int)slider2.Value; //slider2는 볼륨에 해당된 정보를 부여한다.
            ss.SpeakAsync(textBox1.Text);
        }

        private void slider1_ValueChanged(object sender,
        RoutedPropertyChangedEventArgs<double> e)
        {
            textBlock1.Text = slider1.Value.ToString("속도 0"); //0은 숫자를 표현하는
                                                                  곳이라는 표시
        }

        private void slider2_ValueChanged(object sender,
        RoutedPropertyChangedEventArgs<double> e)
        {
            textBlock2.Text = slider2.Value.ToString("볼륨 0"); //0은 숫자를 표현하는
                                                                  곳이라는 표시
        }
    }
}
```

b 위와 같이 코드를 작성한다.

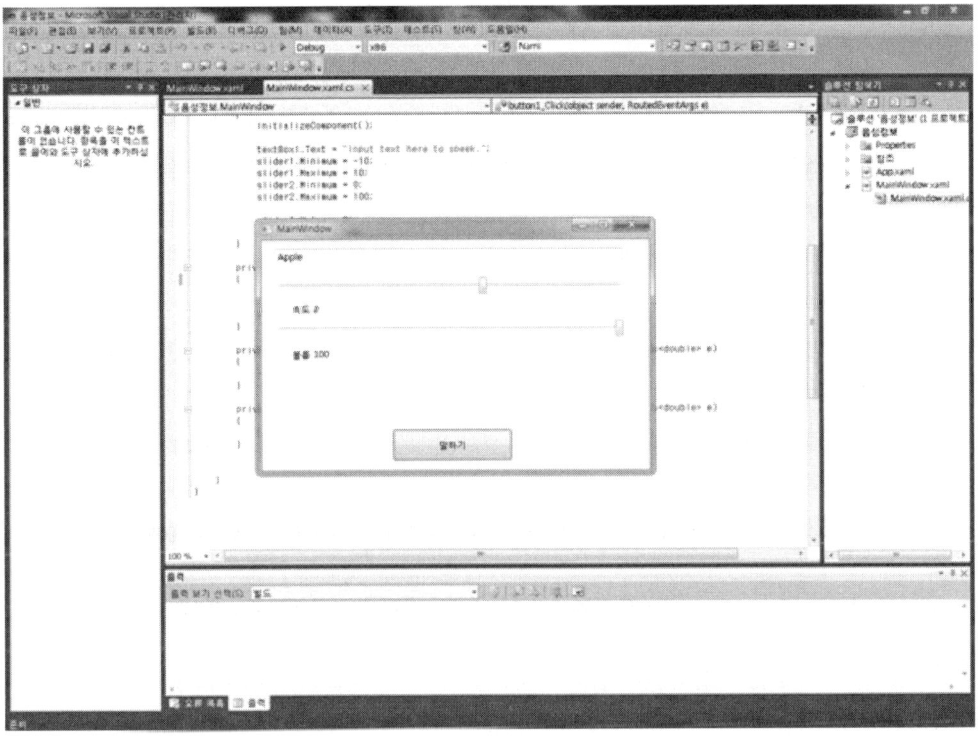

c 그 후 디버깅을 하면 위와 같이 말하기 Button을 눌렀을 때 TextBox에 있는 문자 음성을 출력하는 프로그램이 실행된다. 속도를 조절하는 Slider를 조절하면 오른쪽으로 갈수록 음성이 빠르게 출력되고 그 반대는 느리게 출력이 된다. 볼륨을 조절하는 Slider를 조절하면 오른쪽으로 갈수록 볼륨이 크게 출력되고 그 반대는 작게 출력된다.

3 음성인식과 출력

음성인식(speech recognition)은 자동적 수단에 의하여 음성으로부터 언어적 의미 내용을 식별하는 것을 말한다. 구체적으로 음성 파형을 입력하여 단어나 단어열을 식별하고 의미를 추출하는 처리과정이며, 크게 음성분석, 음소인식, 단어인식, 문장해석, 의미추출의 5가지로 분류된다. 좁은 의미로는 음성분석에서 단어 인식까지를 말하는 경우가 많다. 인간과 기계 인터페이스 개선의 하나로 음성으로 정보를 입력하는 음성인식과 음성으로 정보를 출력하는 음성 합성 기술의 연구 개발이 오랫동안 진행되어 왔다. 대형장치를 필요로 하였던 음성 인식 장치와 음성 합성장치를 대규모 집적 회로(LSI)의 발달에 따라 가로세로 수 mm 크기의 집적 회로 위에 실현할 수 있게 됨으로써 음성 입출력장치가 실용화되었다. 현재 전화에 의한 은행 잔액 조회, 증권 시세 조회, 통신 판매의 신청, 신용 카드 조회, 호텔이나 항공기 좌석 예약,

멀티미디어 기기 등에 사용된다. 그러나 이들 서비스는 제한된 수의 단어를 하나하나 떼어서 발음하는 음성을 인식하는 단어 음성인식장치를 사용한다. 음성인식의 궁극적인 목표는 자연스러운 발성에 의한 음성을 인식하여 실행 명령어로서 받아들이거나 자료로서 문서에 입력하는 완전한 음성·텍스트변환의 실현이다. 단지 단어를 인식할 뿐아니라 구문 정보, 의미 정보, 작업에 관련된 정보와 지식 등을 이용하여 연속 음성 또는 문장의 의미 내용을 정확하게 추출하는 음성 이해 시스템을 개발하는 것이다. 이러한 시스템의 연구 개발이 전 세계에서 활발하게 진행되고 있다.

앞서 배웠던 음성인식과 스피치를 응용하여 음성인식도 되며 그 음성인식에 맞는 음성이 출력되는 예제를 작성해 보도록 한다.

이전 장에서 해왔던 것처럼 우선 아래 그림과 같이 초기 창을 만든다.

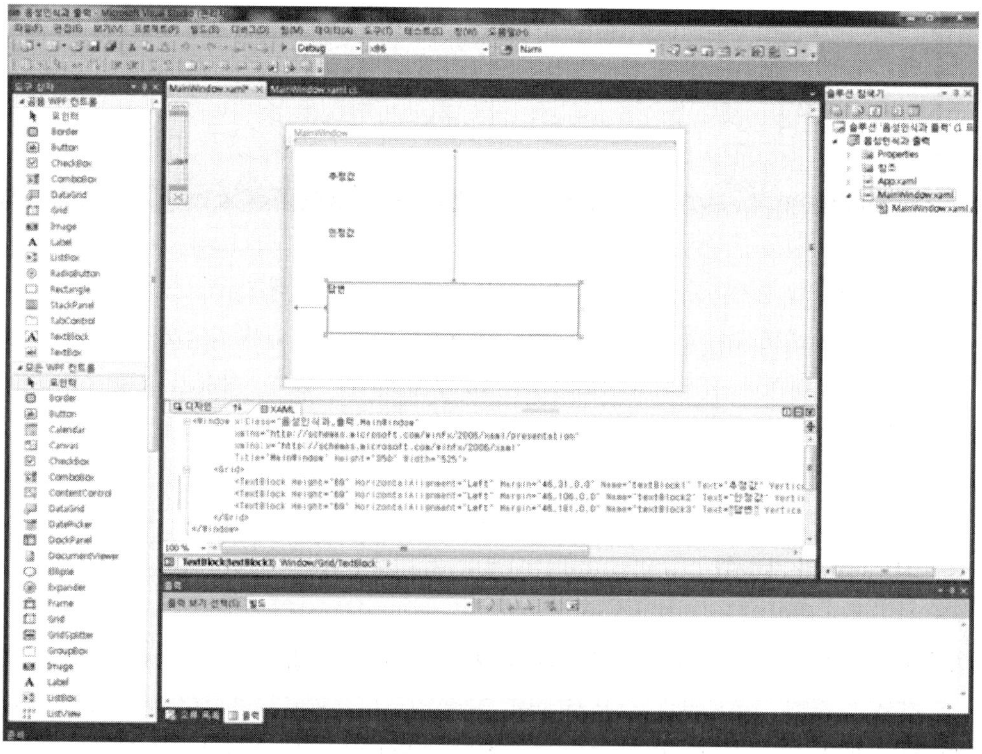

a XAML 창에서 위와 같이 TextBlock 3개를 화면에 배치한다.

```
using Microsoft.Kinect;
using Microsoft.Speech.Recognition;
using Microsoft.Speech.AudioFormat;
using System.Speech.Synthesis;
using System.IO;
using System.Threading;

namespace 음성인식과_출력
{
    /// <summary>
    /// MainWindow.xaml에 대한 상호 작용 논리
    /// </summary>
    public partial class MainWindow : Window
    {
        ThreadStart ts; //스레드를 생성하고 시작하는 지점을 만든다.
        Thread th;

        SpeechRecognitionEngine sre;
        SpeechSynthesizer ss = new SpeechSynthesizer();

        String[] m_strQ = { "Let's Join us" ,
                            "How do you do" ,
                            "Let me know" ,
                            "Who are you?" ,
                            "Program exit" }; //배열 형식으로 질문을 만든다.

        String[] m_strA = { "All right" ,
                            "i'm fine. Thank you" ,
                            "You can find your information" ,
                            "I am Microsoft Ki-nect?" ,
                            "Good-bye" }; //위의 질문에 서로 대응하는 답을 정한다.

        public MainWindow()
        {
            InitializeComponent();

            ss.Rate = 0; //음성 출력 속도의 초기값을 지정한다.
            ss.Volume = 100; //음성 출력 볼륨의 초기값을 지정한다.
            ss.Speak("Listening Start."); //프로그램이 시작하면서 Listening Start라는
                                           //음성을 출력한다.
            RecognizerInfo ri = null;

            foreach (RecognizerInfo reinfo in
            SpeechRecognitionEngine.InstalledRecognizers())
```

```
        {
            if (reinfo.Id == "SR_MS_en-US_Kinect_11.0" || reinfo.Id ==
            "SR_MS_en-US_Kinect_10.0")
            {
                ri = reinfo;
                break;
            } //스피치 엔진을 검색한다. 물론 마이크로소프트에서 제공하는 한글 버전을 받으면 한글
              //로도 음성 인식과 출력을 사용할 수 있다.
        }

        if (ri == null)
        {
            MessageBox.Show("실패"); //
            return;
        } //만약에 스피치 엔진을 찾지 못했으면 메시지 창에 실패라는 문장이 뜨게 한다.

        sre = new SpeechRecognitionEngine(ri.Id);

        var choices = new Choices();
        foreach (String strTemp in m_strQ)
        {
            choices.Add(strTemp);
        }
        foreach (String strTemp in m_strA)
        {
            choices.Add(strTemp);
        } //질문을 인식해서 그에 대응하는 대답을 출력하게 만든다.

        var gb = new GrammarBuilder();
        gb.Culture = ri.Culture;
        gb.Append(choices);
        var g = new Grammar(gb); //스피치 엔진에 포함되어 있는 문법을 불러온다.

        sre.LoadGrammar(g);
        sre.SpeechHypothesized += new
        EventHandler<SpeechHypothesizedEventArgs>(sre_SpeechHypothesized);
        sre.SpeechRecognized += new
        EventHandler<SpeechRecognizedEventArgs>(sre_SpeechRecognized);

        sre.EndSilenceTimeoutAmbiguous = TimeSpan.FromMilliseconds(50);

        ts = new ThreadStart(UserFunc);
        th = new Thread(ts);
        th.Start();
    }
    void sre_SpeechHypothesized(object sender, SpeechHypothesizedEventArgs e)
    {
```

```
            textBlock1.Text = "추정값 : " + e.Result.Text; //인식되는 소리를 그대로 인식한다.
        }

        void sre_SpeechRecognized(object sender, SpeechRecognizedEventArgs e)
        {
            if (e.Result.Confidence < 0.7) return; //인식되는 소리를 자체적으로 걸러 인식
                                                    //률을 높인다.
            textBlock2.Text = "인정값 : " + e.Result.Text;
            textBlock3.Text = "답  변 : ";
            for (int i = 0; i < m_strQ.Length; i++)
            {
                if (m_strQ[i] == e.Result.Text)
                {
                    textBlock3.Text += m_strA[i];
                    ss.SpeakAsync(m_strA[i]);

                    if (i == 4)
                    {
                        Thread.Sleep(1000);
                        Application.Current.Shutdown();
                    }
                }
            }
        }

        private void UserFunc()
        {
            KinectSensor ks = KinectSensor.KinectSensors[0];
            ks.Start();

            KinectAudioSource source = ks.AudioSource;

            Stream audioStream = source.Start();
            sre.SetInputToAudioStream(audioStream, new
            SpeechAudioFormatInfo(EncodingFormat.Pcm,
                16000, 16, 1, 32000, 2, null));
            sre.RecognizeAsync(RecognizeMode.Multiple);
        }
    }
}
```

b 위와 같이 코드를 작성한다.

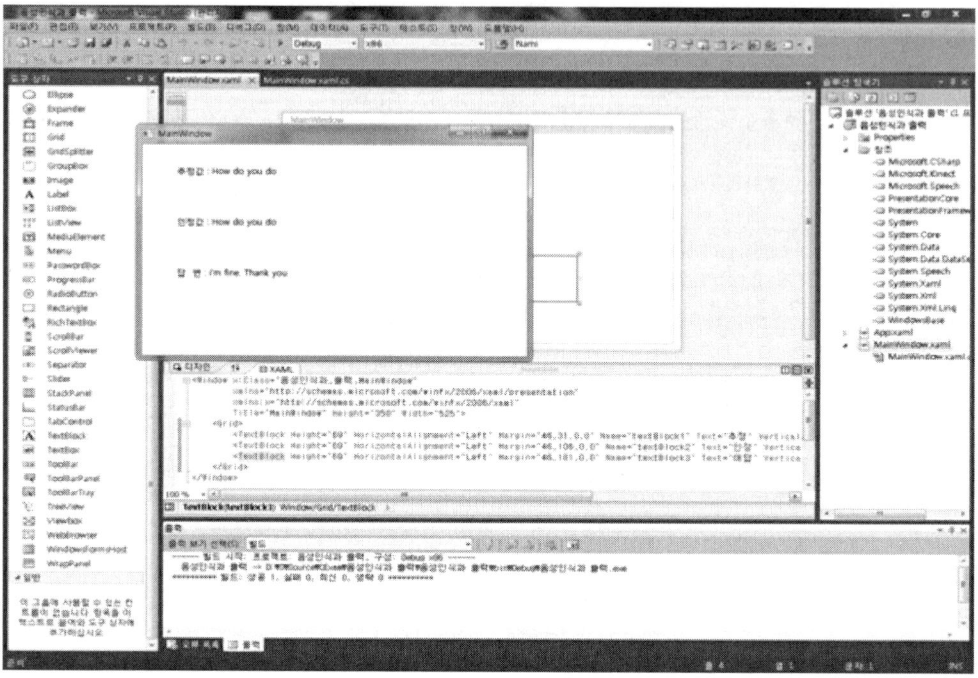

c 그 후 디버깅을 하면 위와 같이 TextBlock이 3개가 뜬다. 사용자가 말을 하면 키넥트의 마이크를 통해 추정값과 인정 값에서 각자 단어를 인식해 인정 값에 맞는 답변을 음성으로 출력하는 프로그램이 실행된다. 그리고 Program exit이라고 말을 하면 Good-bye라는 음성과 함께 프로그램이 종료된다.

Chapter 11 응용

키넥트는 다양한 방법으로 응용하고 확장이 가능하다. 통신이나 다른 라이브러리를 결합할 수도 있고, 추가 기능을 사용하여 좀 더 진보된 기능으로 발전시켜 키넥트의 사용을 극대화할 수 있다. 이 장에서는 WCF, 이미지 전송, Coding4Fun 등에 대해 알아보도록 하겠다.

1 WCF(Windows Communication Foundation)

우선 MSDN에서 정의하는 WCF에 대해 알아보도록 한다. WCF는 서비스 지향 응용 프로그램을 만드는 데 사용되는 프레임워크이다. WCF를 사용하면 데이터를 비동기 메시지로 서비스 끝점 간에 전송할 수 있다. 서비스 끝점은 IIS에서 호스팅하는 계속 사용 가능한 서비스의 일부분일 수도 있고, 응용 프로그램에서 호스팅 되는 서비스일 수도 있다. 또한 끝점은 서비스 끝점에서 데이터를 요청하는 서비스의 클라이언트일 수 있다. 메시지는 XML로 전송되는 한 문자나 단어처럼 간단할 수도 있고 이진 데이터 스트림처럼 복잡할 수도 있다. 다음은 몇 가지 샘플 시나리오이다.

- 비즈니스 트랜잭션을 처리하는 보안 서비스
- 트래픽 보고서 또는 기타 모니터링 서비스와 같은 최신 데이터를 다른 서비스에 제공하는 서비스
- 두 사람이 실시간으로 통신하거나 데이터를 교환할 수 있도록 하는 채팅 서비스
- 하나 이상의 서비스를 폴링해 데이터를 가져와서 논리적 프레젠테이션으로 표시하는 대시보드 응용 프로그램
- Windows Workflow Foundation을 사용하여 구현되는 워크플로를 WCF 서비스로 노출
- 서비스를 폴링해 최신 데이터 피드를 가져오는 Silverlight 응용 프로그램

WCF가 도입되기 전에도 이러한 응용 프로그램을 만들 수는 있었지만, WCF를 사용하면 끝점을 매우 쉽게 개발할 수 있다. 즉, WCF는 간편한 방식으로 웹 서비스와 웹 서비스 클라이언트를 만들 수 있도록 디자인되었다.

(1) WCF의 기능

WCF에는 다음과 같은 기능 집합이 포함된다.

- **서비스 지향성**

WS 표준을 사용하는 경우의 이점 중 하나는 WCF를 통해 서비스 지향 응용 프로그램을 만들 수 있다는 것이다. SOA(서비스 지향 아키텍처) 방식에서는 웹 서비스를 사용하여 데이터를 보내고 받는다. 이러한 서비스에서는 응용 프로그램이 서로 하드코드되지 않고 느슨하게 결합된다는 장점이 있다. 느슨하게 결합된 관계란 필수 계약이 충족되는 한 모든 플랫폼에서 만들어지는 모든 클라이언트가 어떤 서비스에나 연결할 수 있는 관계이다.

- **상호 운용성**

WCF는 웹 서비스 상호 운용성을 위한 최신 업계 표준을 구현한다. 지원되는 표준에 대한 자세한 내용은 상호 운용성 및 통합을 참조한다.

- **다양한 메시지 패턴**

메시지가 교환되는 패턴에는 여러 가지가 있다. 그 중에서 가장 일반적인 패턴인 요청/회신 패턴에서는 한 끝점에서 두 번째 끝점의 데이터를 요청한다. 그러면 두 번째 끝점에서 회신을 한다. 또한 단일 끝점에서 회신을 기대하지 않고 메시지를 보내는 단방향 메시지와 같은 패턴도 있다. 보다 복잡한 패턴인 이중 교환 패턴은 두 끝점이 하나의 연결을 설정하여 데이터를 주고받는 것으로, 인스턴트 메시징 프로그램과 유사하다.

- **서비스 메타데이터**

WCF에서는 WSDL, XML 스키마, WS-Policy 등 업계 표준으로 지정된 형식을 사용하여 서비스 메타데이터를 게시할 수 있다. 이 메타데이터를 사용하여 WCF 서비스에 액세스하기 위한 클라이언트를 자동으로 생성하고 구성할 수 있다. 메타데이터는 HTTP 및 HTTPS를 통해 게시하거나 웹 서비스 메타데이터 교환 표준을 사용하여 게시할 수 있다.

- **데이터 계약**

WCF는 .NET Framework를 사용하여 작성되었으므로 적용할 계약을 코드에 적합한 방식으로 제공하는 방법도 포함하고 있다. 널리 사용되는 계약 유형 중 하나는 데이터 계약이다. 기본적으로 Visual C# 또는 Visual Basic을 사용하여 서비스 코드를 작성할 때 데이터를 가장 쉽게 처리하는 방법은 data entity에 속하는 속성을 사용하여 해당 data entity를 나타내는 클래스를 만드는 것이다. WCF에는 이처럼 손쉬운 방식으로 데이터를 사용할 수 있는 포괄적인 시스템이 포함되어 있다. 데이터를 나타내는 클래스를 만들면 서비스에서 메타데이터를 자동으로 생성하며, 이 메타데이터는 클라이언트가 사용자가 디자인한 데이터 형식을 준수할 수 있도록 한다.

- **보안**

개인 정보를 보호하기 위해 메시지를 암호화할 수 있으며, 사용자가 인증을 해야 메시지를 받을 수 있도록 지정할 수 있다. SSL 또는 WS-SecureConversation 등의 널리 알려진 표준을 사용하여 보안을 구현할 수 있다.

- **다양한 전송 및 인코딩**

기본 제공되는 여러 전송 프로토콜 및 인코딩 중 원하는 항목을 사용하여 메시지를 전송할 수 있다. 가장 일반적으로 사용되는 프로토콜과 인코딩은 World Wide Web용 HTTP(Hyper Text Transfer Protocol)를 사용하여 텍스트로 인코딩된 SOAP 메시지를 보내는 것이다. WCF에서는 TCP, 명명된 파이프 또는 MSMQ를 사용하여 메시지를 보낼 수도 있다. 이러한 메시지는 텍스트로 인코딩할 수도 있고 최적화된 이진 형식을 사용하여 인코딩할 수도 있다. 이진 데이터는 MTOM 표준을 사용하여 보내는 것이 효율적이다. 제공되는 전송 또는 인코딩 중에서 요구 사항에 적합한 항목이 없는 경우에는 사용자 지정 전송 또는 인코딩을 직접 만들 수 있다.

- **신뢰할 수 있는 메시지 및 대기 중인 메시지**

WCF에서는 WS-Reliable Messaging을 통해 구현되는 신뢰할 수 있는 세션과 MSMQ를 사용하여 메시지를 신뢰할 수 있는 방식으로 교환할 수 있다.

- **지속적 메시지**

지속적 메시지는 통신이 중단되어도 손실되지 않는 메시지이다. 지속적 메시지 패턴의 메시지는 항상 데이터베이스에 저장된다. 통신이 중단되는 경우 연결이 복원되면 데이터베이스가 메시지 교환을 다시 시작할 수 있도록 해 준다. Windows WF(Workflow Foundation)를 사용하여 지속적 메시지를 만들 수도 있다.

- **트랜잭션**

WCF는 WS-AtomicTtransactions, System.Transactions 네임스페이스의 API 및 Microsoft Distributed Transaction Coordinator의 3가지 트랜잭션 모델 중 하나를 사용하는 트랜잭션도 지원한다.

- **AJAX 및 REST 지원**

REST는 최신 Web 2.0 기술의 한 예이다. WCF는 SOAP 봉투로 래핑되지 않은 "일반" XML

데이터를 처리하도록 구성될 수 있다. 또한 WCF는 ATOM(일반 RSS 표준)과 같은 특정 XML 형식뿐만 아니라 JSON(JavaScript Object Notation)과 같은 비XML 형식도 지원하도록 확장할 수 있다.

- **확장성**

WCF 아키텍처에는 다양한 확장성 지점이 있다. 추가적인 기능이 필요한 경우에는 여러 진입점을 통해 서비스 동작을 사용자 지정할 수 있다.

(2) WCF와 다른 Microsoft 기술의 통합

WCF는 유동적인 플랫폼이다. 이처럼 뛰어난 유연성으로 인해 WCF는 다른 여러 Microsoft 제품에서도 사용된다. WCF의 기본 사항을 이해하면 이러한 제품을 사용할 때 해당 기능을 즉시 활용할 수 있다. WCF와 함께 사용된 최초의 기술은 Windows WF(Workflow Foundation)이다. 워크플로에서는 단계가 "활동"으로 캡슐화되므로 응용 프로그램 개발이 간소화된다. Windows Workflow Foundation의 첫 번째 버전에서는 개발자가 워크플로를 위한 호스트를 만들어야 했다. Windows Workflow Foundation의 다음 버전은 WCF와 통합되었다. 따라서 워크플로를 WCF 서비스에서 쉽게 호스팅할 수 있게 되었다. Visual Studio 2010 및 Visual Studio 2010에서 프로젝트 형식으로 WF/WCF를 선택하면 자동으로 이렇게 할 수 있다.

Microsoft BizTalk Server R2에서도 통신 기술로 WCF를 활용한다. BizTalk는 표준화된 형식 간에 데이터를 전송 및 수신하도록 디자인되었다. 메시지는 중앙의 메시지 상자로 배달되어야 하며, 여기서 엄격한 매핑을 사용하거나 워크플로 엔진과 같은 BizTalk 기능 중 하나를 사용하여 메시지를 변환할 수 있다. BizTalk에서는 WCF LOB(기간 업무) 어댑터를 사용하여 메시지를 메시지 상자로 배달할 수 있다.

Microsoft Silverlight는 상호 운용 가능하며 다양한 기능을 제공하는 웹 응용 프로그램을 만들기 위한 플랫폼이다. 개발자는 이러한 웹 응용 프로그램을 통해 스트리밍 비디오 등의 다양한 미디어를 사용하는 웹 사이트를 만들 수 있다. Silverlight 버전 2부터 WCF가 Silverlight 응용 프로그램을 WCF 끝점에 연결하는 통신 기술로 통합되었다.

Microsoft .NET Services는 WCF를 사용하여 인터넷 사용 응용 프로그램을 작성하는 클라우드 컴퓨팅 이니셔티브이다. 여러 트러스트 경계에 걸쳐 작동하는 WCF 서비스를 만들려면 .NET Services를 사용한다.

Windows Server AppFabric의 호스팅 기능 응용 프로그램 서버는 통신에 WCF를 사용하는 응용 프로그램의 배포 및 관리를 위하여 특별히 만들어졌다. 호스팅 기능에는 WCF를 사용하는 응용 프로그램을 위하여 특별히 디자인된 다양한 도구 및 구성 옵션이 포함되어 있다.

이러한 WCF의 기능을 이용해 키넥트의 기능을 확장할 수 있다. 다음 예제를 통해 WCF를 사용하는 방법을 익히도록 한다.

a WCF는 응용 프로그램을 한 대의 컴퓨터나 네트워크에 연결된 여러 컴퓨터를 걸쳐 통신할 수 있게 만들어 주는 새로운 통신 하부 시스템이다. WCF를 사용하기 위해서는 우선 프로젝트를 작성할 때 WCF 서비스 응용 프로그램으로 만든다.

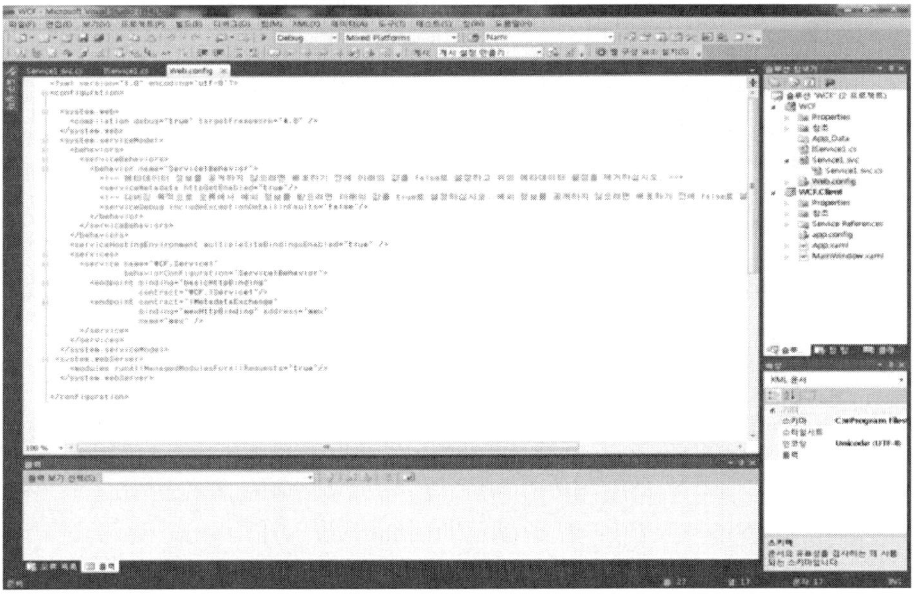

b 그리고 우선 앞에서와 같이 Web.config부터 수정한다.

• Web.config

```
<?xml version="1.0" encoding="utf-8"?>
<configuration>

  <system.web>
    <compilation debug="true" targetFramework="4.0" />
  </system.web>
  <system.serviceModel>
    <behaviors>
      <serviceBehaviors>
        <behavior name="Service1Behavior">
          <!-- 메타데이터 정보를 공개하지 않으려면 배포하기 전에 아래의 값을 false로 설정하고 위의
          메타데이터 끝점을 제거하라. -->
          <serviceMetadata httpGetEnabled="true"/>
          <!-- 디버깅 목적으로 오류에서 예외 정보를 받으려면 아래의 값을 true로 설정하라. 예외 정보
          를 공개하지 않으려면 배포하기 전에 false로 설정하라. -->
          <serviceDebug includeExceptionDetailInFaults="false"/>
        </behavior>
      </serviceBehaviors>
    </behaviors>
    <serviceHostingEnvironment multipleSiteBindingsEnabled="true" />
    <services> //외부에서 IService1과 Service1을 사용할 수 있도록 이름을 지정해준다.
      <service name="WCF.Service1"
              behaviorConfiguration="Service1Behavior">
        <endpoint binding="basicHttpBinding"
              contract="WCF.IService1"/>
        <endpoint contract="IMetadataExchange"
              binding="mexHttpBinding" address="mex"
              name="mex" />
      </service>
    </services>
  </system.serviceModel>
 <system.webServer>
    <modules runAllManagedModulesForAllRequests="true"/>
  </system.webServer>

</configuration>
```

c 여기서 Web.config에 원본값이 존재하는데 위와 같이 코드를 수정하면 IService1과 Service1 부분을 외부에서 사용할 수 있도록 만든다.

• Service1.svc.cs

```
using System;
using System.Collections.Generic;
using System.Linq;
using System.Runtime.Serialization;
using System.ServiceModel;
using System.ServiceModel.Web;
using System.Text;

namespace WCF
{
    // 참고: "리팩터링" 메뉴에서 "이름 바꾸기" 명령을 사용하여 코드, svc 및 config 파일에서 클래스
    // 이름 "Service1"을 변경할 수 있다.
    public class Service1 : IService1
    {
        public string Test(String strText)
        {
            String strRes = " Plus " + strText + " Plus "; //strText로 외부에서 유입되는
                                               파라미더 값 앞 뒤에 "Plus"를 붙여주는 소스이다.
            return strRes;
        }
    }
}
```

d 그 후에 Service1.svc.cs를 위와 같이 코드 수정한다. Service1은 실제로 이 서비스가 수행하는 작업소스가 적혀있다.

• IService1.cs

```
using System;
using System.Collections.Generic;
using System.Linq;
using System.Runtime.Serialization;
using System.ServiceModel;
using System.ServiceModel.Web;
using System.Text;

namespace WCF
{
    // 참고: "리팩터링" 메뉴에서 "이름 바꾸기" 명령을 사용하여 코드 및 config 파일에서 인터페이스
    // 이름 "IService1"을 변경할 수 있다.
```

```
    [ServiceContract]
    public interface IService1
    {

        [OperationContract]
        string Test(String strText); //외부에서 strText라는 변수로 문자열 파라미터를 받아
                                      // 오기 위한 소스이다. 이제 외부에서 파라미터를 받아올 수 있다.
                                      // 외부에서 Test라는 명령어를 사용하면 이 서비스를 사용할 수 있다.

    }
}
```

e 마지막으로 IService1.cs를 위와 같이 코드를 수정한다. IService1.cs에서는 외부에서 파라미터 값을 받아오기 위한 소스를 작성한다.

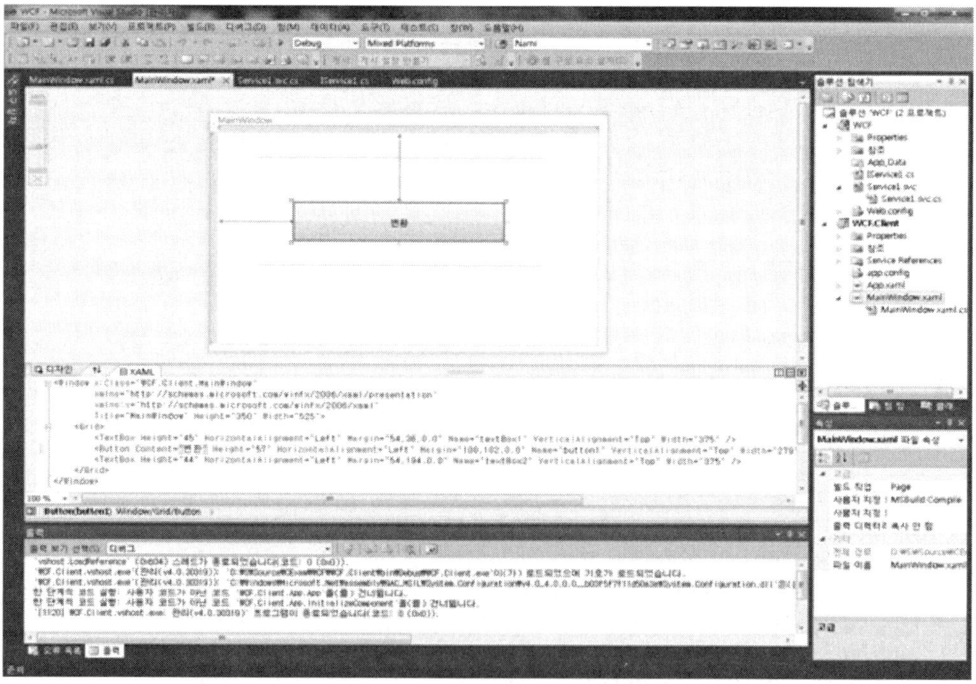

f 그리고 위에서 만든 WCF 서비스를 사용하기 위한 WPF 응용 프로그램을 같은 솔루션에 생성한다. 그 후 XAML 창에서 위와 같이 TextBox 2개와 Button을 1개를 화면에 배치한다.

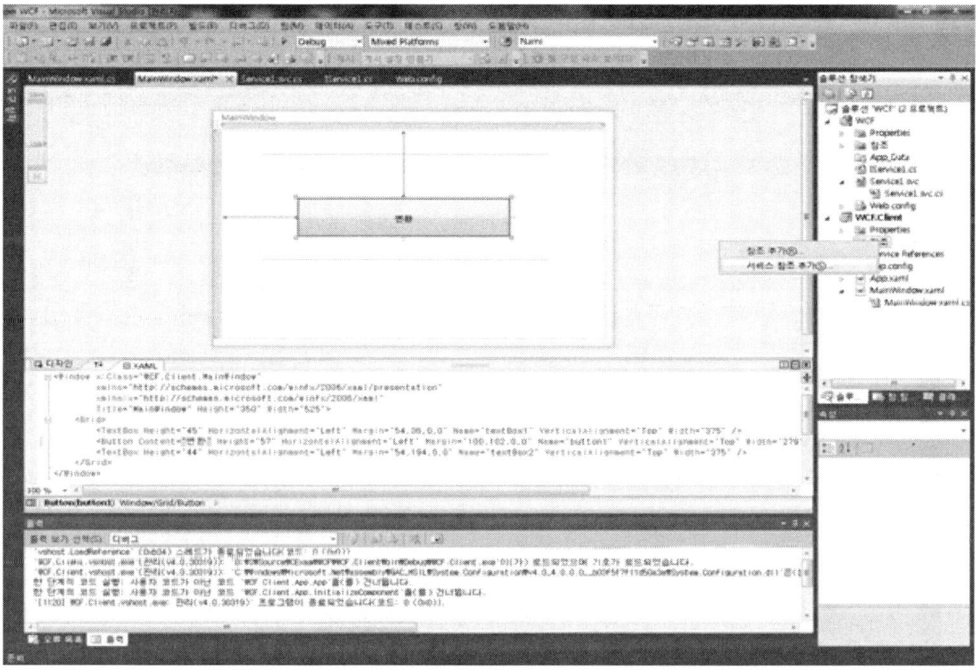

g 그리고 WCF를 사용하기 위해서 참조란에서 오른쪽 클릭을 해서 서비스 참조 추가를 선택한다.

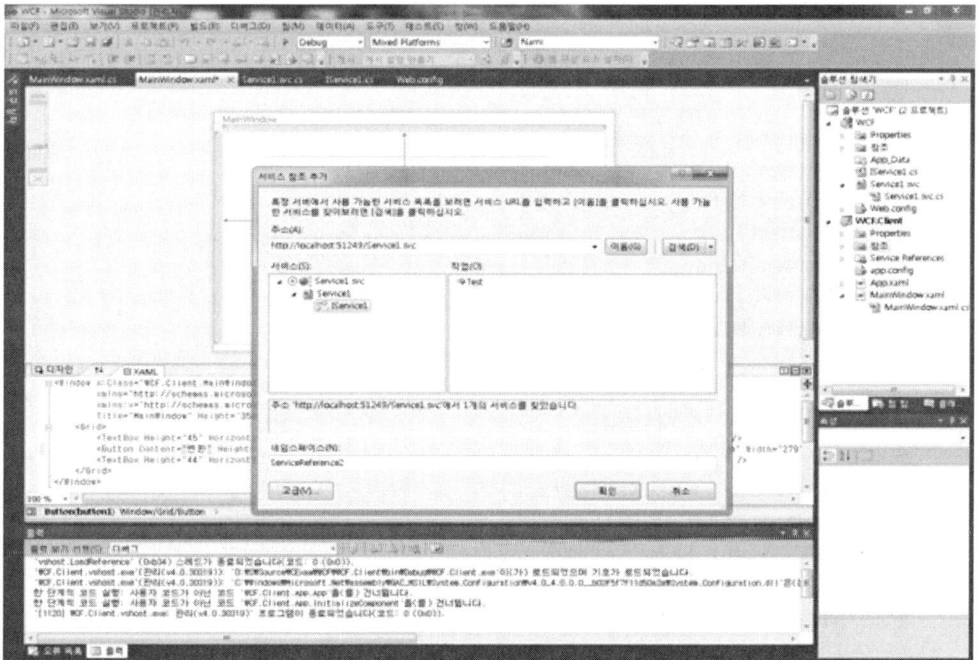

h 그리고 앞에서와 같이 검색을 누르고 아까 만든 WCF를 추가한다.

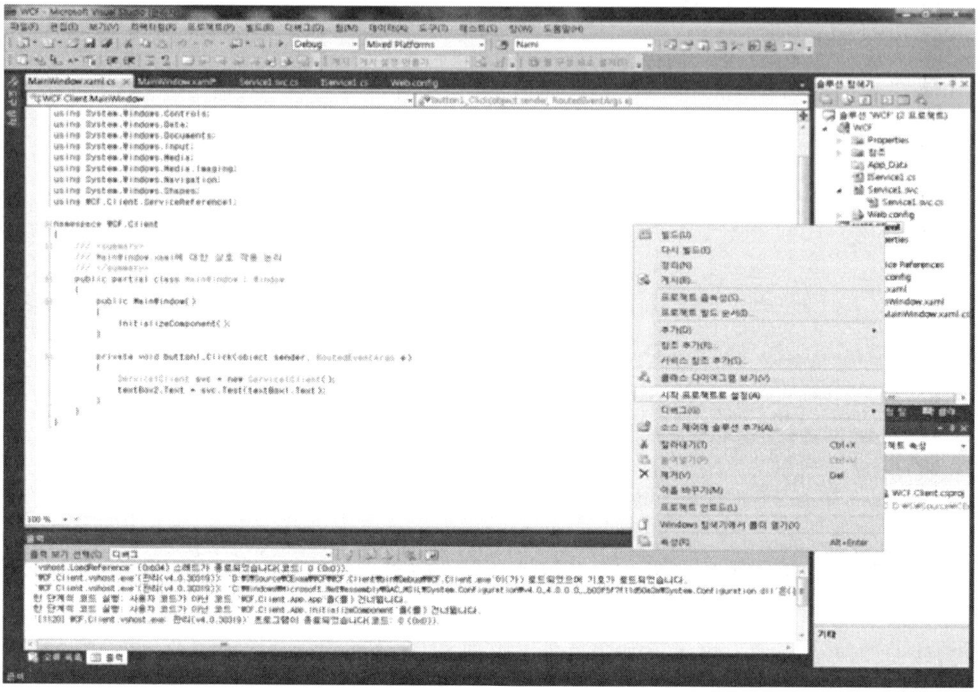

i 그리고 디버깅을 했을 때 WCF 서비스 대신 WPF 응용 프로그램이 디버깅될 수 있도록 WPF 응용 프로그램 프로젝트에서 오른쪽 클릭을 해서 시작 프로젝트로 설정을 누른다.

```
using System;
using System.Collections.Generic;
using System.Linq;
using System.Text;
using System.Windows;
using System.Windows.Controls;
using System.Windows.Data;
using System.Windows.Documents;
using System.Windows.Input;
using System.Windows.Media;
using System.Windows.Media.Imaging;
using System.Windows.Navigation;
using System.Windows.Shapes;
using WCF.Client.ServiceReference1;

namespace WCF.Client
{
    /// <summary>
```

```
    /// MainWindow.xaml에 대한 상호 작용 논리
    /// </summary>
    public partial class MainWindow : Window
    {
        public MainWindow()
        {
            InitializeComponent();
        }

        private void button1_Click(object sender, RoutedEventArgs e)
        {
            Service1Client svc = new Service1Client();//svc라는 변수로 서비스 클라이언
                                                    //트를 생성한다.
            textBox2.Text = svc.Test(textBox1.Text); //Test를 사용해서 아까 만든 서비스
                                                    //를 이용한다.
        }
    }
}
```

j 그리고 위와 같이 소스를 작성한다. 위의 소스코드에서 실제로 수행하는 작업은 아까 전에 생성한 서비스에 파라미터 값을 넘겨주고 그 서비스에서 수행된 최종값을 반환하는 것만을 수행하도록 한다.

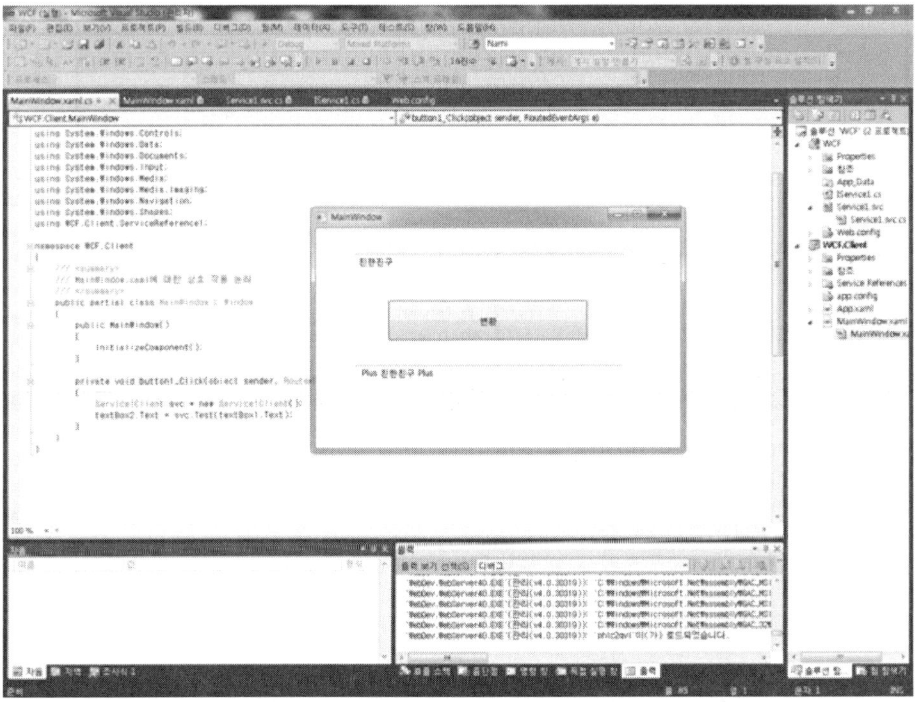

k 마지막으로 디버깅을 실시하면 앞에서와 같이 위의 TextBox에 작성한 문자에 변환 Button을 눌렀을 때 아래 TextBox에 앞뒤에 Plus가 붙어서 출력되는 프로그램이 실행된다. 여기서 작성한 문자 앞뒤에 Plus를 붙이는 것은 WPF 응용 프로그램이 붙이는 것이 아니라 WCF 서비스에서 붙이는 것이다.

2 이미지 전송

WCF와 키넥트의 기능을 사용하여 컴퓨터로 이미지를 전송하여 저장하는 예제를 다루어 보도록 한다.

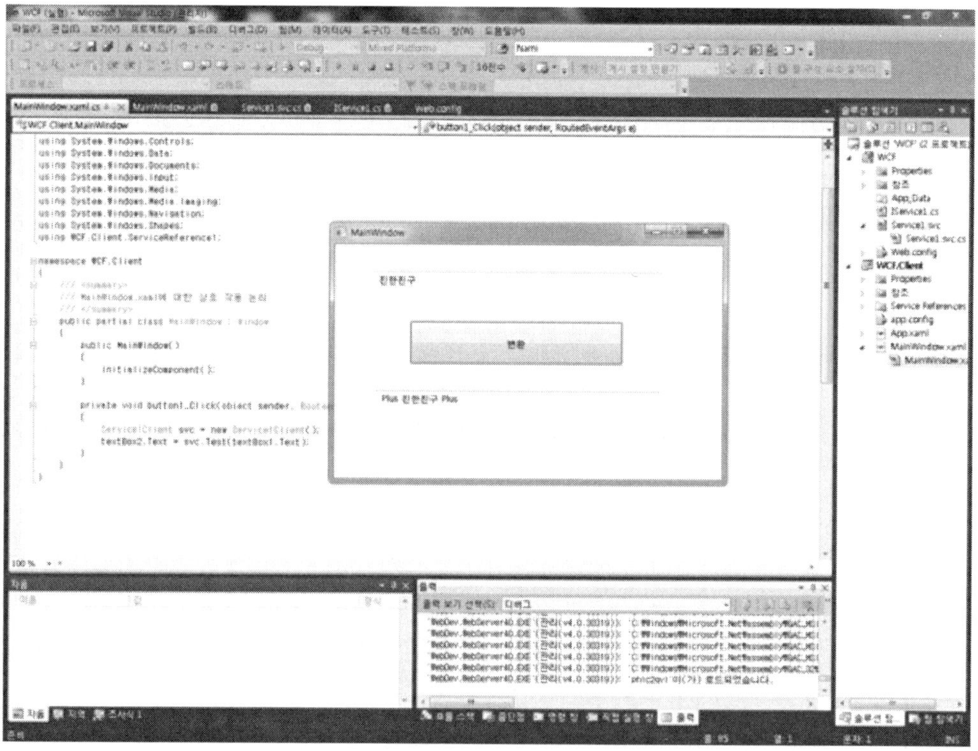

a 이미지 전송에서도 위와 같이 먼저 WCF를 작성한다.

- Web.config

```
<?xml version="1.0" encoding="utf-8"?>
<configuration>

  <system.web>
    <compilation debug="true" targetFramework="4.0" />
  </system.web>
  <system.serviceModel>
    <behaviors>
      <serviceBehaviors>
        <behavior name="Service1Behavior">
          <!-- 메타데이터 정보를 공개하지 않으려면 배포하기 전에 아래의 값을 false로 설정하고 위의
          메타데이터 끝점을 제거하라. -->
          <serviceMetadata httpGetEnabled="true"/>
          <!-- 디버깅 목적으로 오류에서 예외 정보를 받으려면 아래의 값을 true로 설정하라. 예외 정보
          를 공개하지 않으려면 배포하기 전에 false로 설정하라. -->
          <serviceDebug includeExceptionDetailInFaults="false"/>
        </behavior>
      </serviceBehaviors>
    </behaviors>
    <serviceHostingEnvironment multipleSiteBindingsEnabled="true" />
    <services> //이 services 부분에서 IService1과 Service1을 사용할 수 있도록 해준다.
      <service name="이미지 전송.Service1"
               behaviorConfiguration="Service1Behavior">
        <endpoint binding="basicHttpBinding"
                  contract="이미지전송.IService1"/>
        <endpoint contract="IMetadataExchange"
                  binding="mexHttpBinding" address="mex"
                  name="mex" />
      </service>
    </services>
  </system.serviceModel>
 <system.webServer>
    <modules runAllManagedModulesForAllRequests="true"/>
  </system.webServer>

</configuration>
```

b 여기서 Web.config에 원본값이 존재하는데 앞에서와 같이 코드를 수정하여 IService 1과 Service 1 부분을 외부에서 사용할 수 있도록 만든다.

- Service1.svc.cs

```
using System;
using System.Collections.Generic;
using System.Linq;
using System.Runtime.Serialization;
using System.ServiceModel;
using System.ServiceModel.Web;
using System.Text;
using System.IO;

namespace 이미지전송
{
    // 참고: "리팩터링" 메뉴에서 "이름 바꾸기" 명령을 사용하여 코드, svc 및 config 파일에서 클래스
       이름 "Service1"을 변경할 수 있다.
    public class Service1 : IService1
    {
        public void SaveImage(String strFileName, Byte[] data)
        {
            FileStream stream = new FileStream("C:\\temp\\" + strFileName + ".png",
                                        FileMode.OpenOrCreate,FileAccess.Write);
                                        //FileStream을 사용해서 받아오는 데이터 정보를 C드
                                        //라이버 temp폴더에 strFileName문자열로 png형식
                                        //인 이미지 파일로 저장하는 소스를 작성한다.
            stream.Seek(0, SeekOrigin.End);
            stream.Write(data, 0, data.Length);
            stream.Close();
        }
    }
}
```

c 그 후에 Service1.svc.cs를 위와 같이 코드를 수정한다. Service 1은 실제로 이 서비스가 수행하는 작업소스가 적혀있다.

- IService1.cs

```
using System;
using System.Collections.Generic;
using System.Linq;
using System.Runtime.Serialization;
using System.ServiceModel;
```

```
using System.ServiceModel.Web;
using System.Text;

namespace 이미지전송
{
    // 참고: "리팩터링" 메뉴에서 "이름 바꾸기" 명령을 사용하여 코드 및 config 파일에서 인터페이스
    // 이름 "IService1"을 변경할 수 있다.
    [ServiceContract]
    public interface IService1
    {

        [OperationContract]
        void SaveImage(String strFileName, Byte[] data); //SaveImage라는 명령어를
                        //사용해서 strFileName 변수로 문자열 파라미터 값과 data 변수로 데이터
                        //파라미터 값을 받아온다.

    }
}
```

d 그리고 IService1.cs를 위와 같이 코드를 수정한다. IService1.cs에서는 외부에서 파라미터 값을 받아오기 위한 소스를 작성한다.

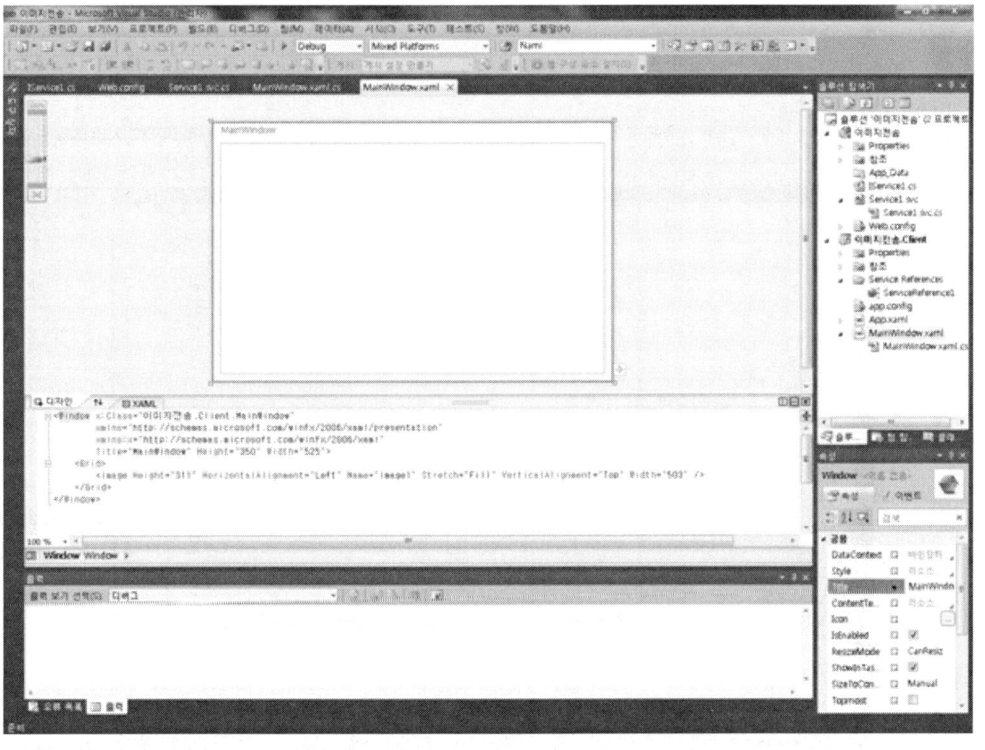

e 그리고 WPF 응용 프로그램을 같은 솔루션에 작성한다. 그리고 XAML 창에서 위와 같이 Image 창만 화면에 배치한다.

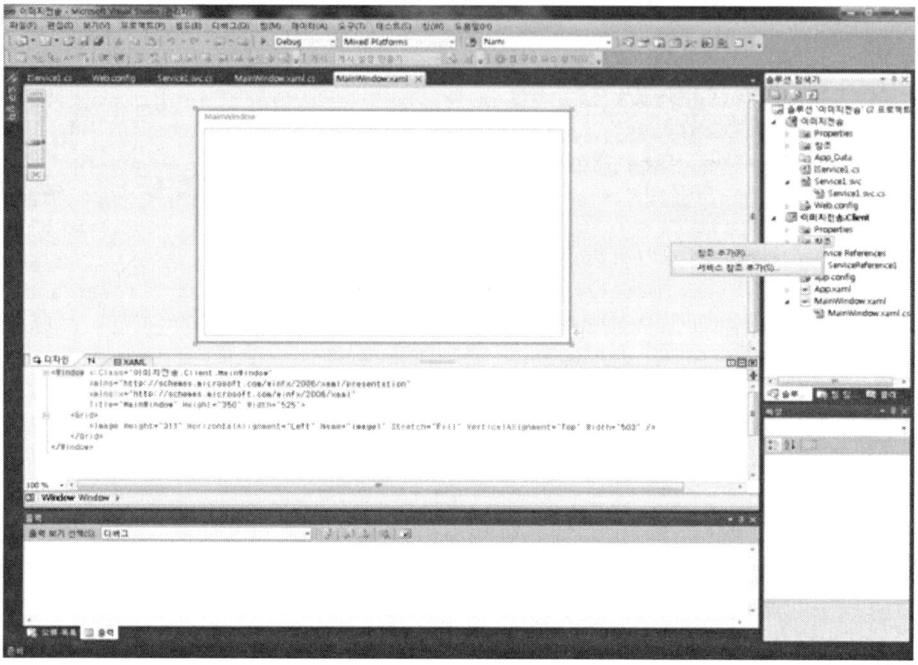

f 그리고 아까와 마찬가지로 참조에서 오른쪽 클릭을 해서 서비스 참조 추가를 누른다.

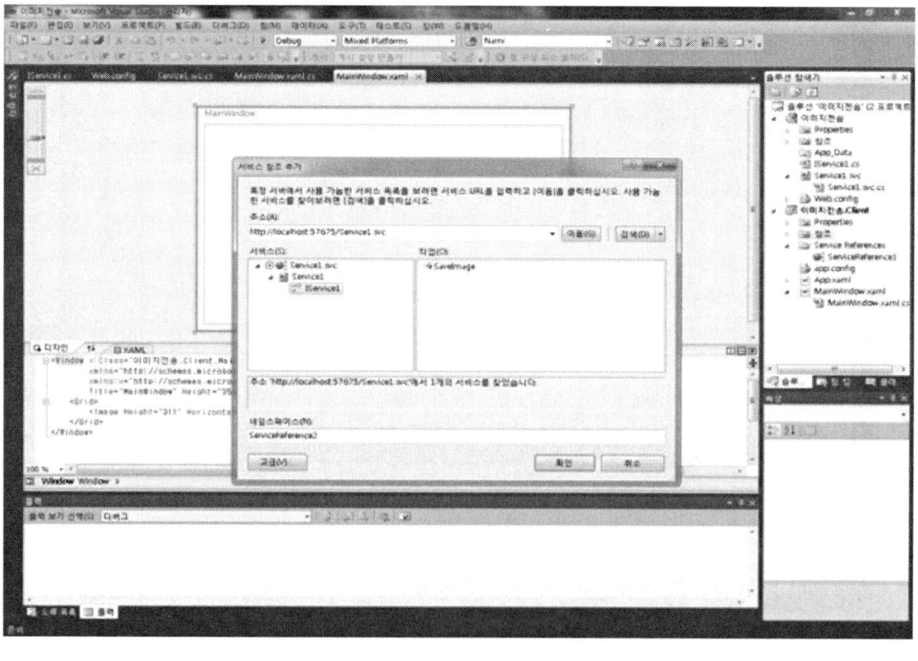

g 그리고 검색을 눌러서 WCF 서비스를 추가한다.

```
using System;
using System.Collections.Generic;
using System.Linq;
using System.Text;
using System.Windows;
using System.Windows.Controls;
using System.Windows.Data;
using System.Windows.Documents;
using System.Windows.Input;
using System.Windows.Media;
using System.Windows.Media.Imaging;
using System.Windows.Navigation;
using System.Windows.Shapes;
using Microsoft.Kinect;
using System.IO;
using 이미지 전송.Client.ServiceReference1;

namespace 이미지 전송.Client
{
    /// <summary>
    /// MainWindow.xaml에 대한 상호 작용 논리
    /// </summary>
    public partial class MainWindow : Window
    {
        public MainWindow()
        {
            InitializeComponent();
            InitializeNui();
        }
        KinectSensor nui = null;

        void InitializeNui()
        {
            nui = KinectSensor.KinectSensors[0];

            nui.ColorStream.Enable();
            nui.ColorFrameReady += new

            EventHandler<ColorImageFrameReadyEventArgs>(nui_ColorFrameReady);
            nui.Start();
        }

        void nui_ColorFrameReady(object sender, ColorImageFrameReadyEventArgs e)
        {
            using (ColorImageFrame ImageParam = e.OpenColorImageFrame())
            {
```

```
            if (ImageParam == null) return;

            byte[] ImageBits = new byte[ImageParam.PixelDataLength];
            ImageParam.CopyPixelDataTo(ImageBits);

            BitmapSource src = null;
            src = BitmapSource.Create(ImageParam.Width,
                                   ImageParam.Height,
                                   96, 96,
                                   PixelFormats.Bgr32,
                                   null,
                                   ImageBits,
                                   ImageParam.Width * ImageParam. BytesPerPixel);
            image1.Source = src;

            SaveService(src);
        }
    }

    Service1Client svc = new Service1Client();
    int m_nCount = 100;

    void SaveService(BitmapSource src)
    {
        if (m_nCount++ > 100) //초기값이 100이기 때문에 실행되면 이미지가 저장된다.
        {
            m_nCount = 0; //그 후에 바로 0으로 바꿔서 100프레임마다 수행되도록 작성한다.

            BitmapEncoder encoder = null;
            encoder = new PngBitmapEncoder();
            encoder.Frames.Add(BitmapFrame.Create(src));

            FileStream stream = new FileStream("abc.png",
                                        FileMode.Create,
                                        FileAccess.ReadWrite);
            encoder.Save(stream);

            stream.Seek(0, SeekOrigin.Begin);

            int nBuffSize = 10000;
            int nMax = (int)stream.Length / nBuffSize + 1;

            String strFileName = String.Format("{0:yyyyMMdd_/HHmmss}",Date
            Time.Now);

            for (int i = 0; i < nMax; i++) //용량이 너무 커지지 않도록 파일 사이즈를 제한한다.
```

```
                {
                    Byte[] data = new Byte[nBuffSize];
                    for (int j = 0; j < nBuffSize; j++)
                    {
                        data[j] = (Byte)stream.ReadByte();

                        if (stream.Seek(0, SeekOrigin.Current) >= stream.Length)
                        {
                            break;
                        }
                    }
                    svc.SaveImage(strFileName, data); //아까 생성한 서비스를 수행합니다.
                }

                stream.Close();
            }
        }
    }
}
```

h 그 후 위와 같이 소스를 작성한다. 여기서 C 드라이버에 temp 폴디에 지징하는 소스는 작성되어 있지 않다. 이 프로그램을 실행하면 C 드라이버 temp 폴더에 이미지 파일을 저장하는데 그 부분은 아까 전에 생성한 서비스 부분에서 수행한다.

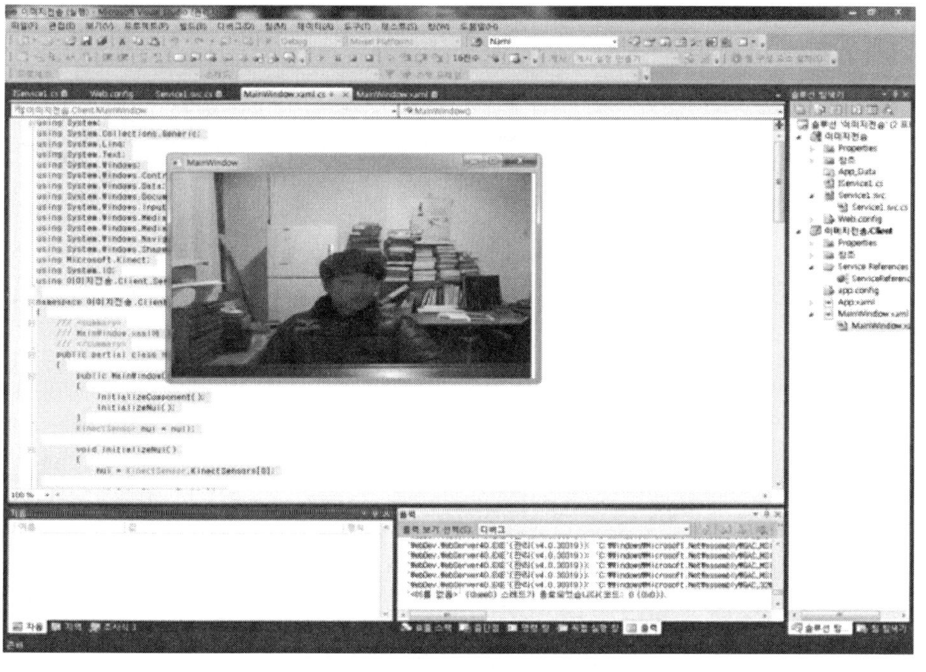

마지막으로 디버깅을 하면 앞에서와 같이 컬러 스트림을 출력하게 된다. 그리고 아래와 같이 100 Frame마다 WCF 서비스가 작동해서 WCF 서비스에서 지정해 둔 C 드라이버 Temp 폴더에 png 파일로 이미지를 저장한다.

3 Coding4Fun

Coding4Fun Kinect Toolkit은 http://c4fkinect.codeplex.com/에서 제공한다. 사이트에 가면 여러 가지 확장 라이브러리와 예제가 있다. 여기서는 Rectangle이 사용자의 얼굴을 따라가는 프로그램으로 예제를 다루어 보도록 한다.

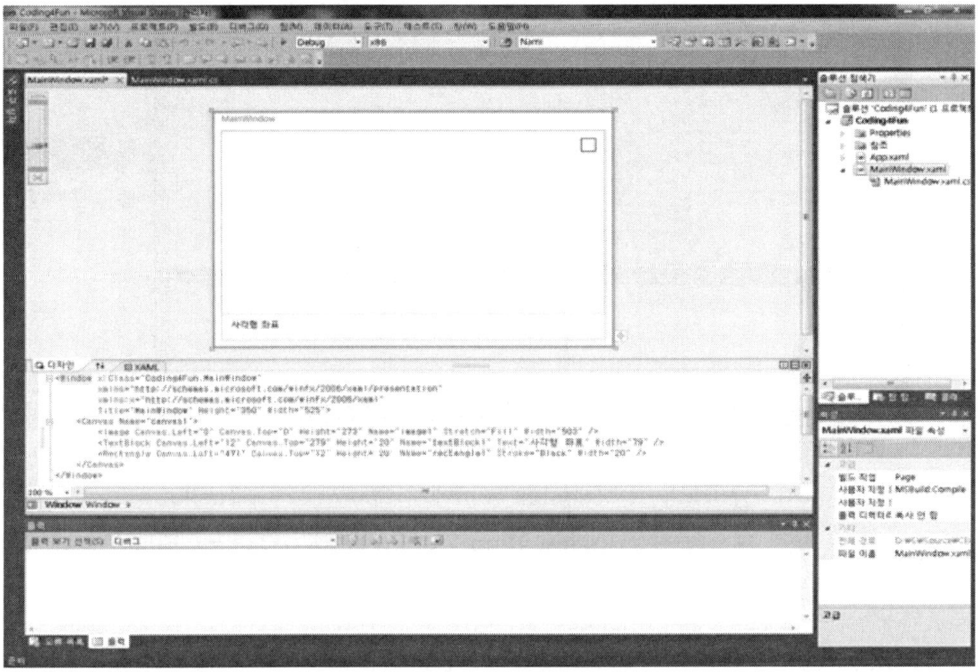

a WPF 응용 프로그램을 만든다. 그리고 XAML 창에서 Grid를 Canvas로 바꾸고 이름도 canvas1로 지정한다. 그리고 위와 같이 Image 창과 TextBlock과 Rectangle을 화면에 배치한다.

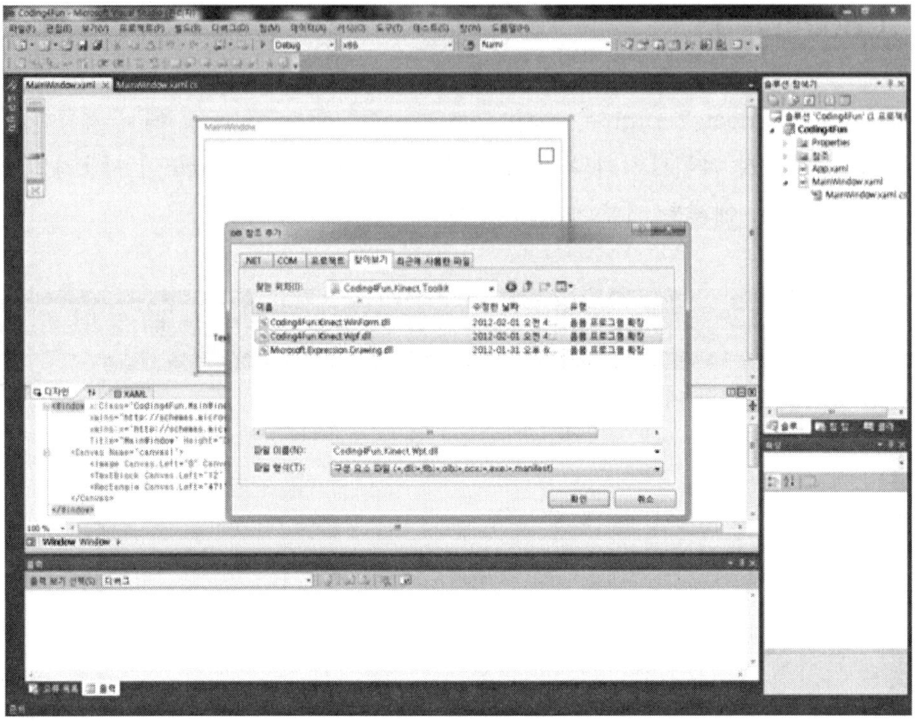

b 앞서 소개한 http://c4fkinect.codeplex.com에서 Coding4Fun Toolkit을 받아둔다. 그런 다음 참조 추가를 해서 받아둔 Coding4Fun Toolkit에 있는 Coding4Fun.Kinect.Wpf.dll 파일을 추가한다.

```
using System;
using System.Collections.Generic;
using System.Linq;
using System.Text;
using System.Windows;
using System.Windows.Controls;
using System.Windows.Data;
using System.Windows.Documents;
using System.Windows.Input;
using System.Windows.Media;
using System.Windows.Media.Imaging;
using System.Windows.Navigation;
using System.Windows.Shapes;
using Coding4Fun.Kinect.Wpf;
using Microsoft.Kinect;
namespace Coding4Fun
{
```

```
/// <summary>
/// MainWindow.xaml에 대한 상호 작용 논리
/// </summary>
public partial class MainWindow : Window
{
    public MainWindow()
    {
        InitializeComponent();
        InitializeNui();
    }
    KinectSensor nui = null;

    void InitializeNui()
    {
        nui = KinectSensor.KinectSensors[0];

        nui.ColorStream.Enable();
        nui.ColorFrameReady += new

        EventHandler<ColorImageFrameReadyEventArgs>(nui_ColorFrameReady);

        nui.DepthStream.Enable();
        nui.SkeletonStream.Enable();
        nui.AllFramesReady += new
                EventHandler<AllFramesReadyEventArgs>(nui_AllFramesReady);
        nui.Start();
    }

    void nui_ColorFrameReady(object sender, ColorImageFrameReadyEventArgs e)
    {
        using (ColorImageFrame ImageParam = e.OpenColorImageFrame())
        {

            if (ImageParam == null) return;

            byte[] ImageBits = new byte[ImageParam.PixelDataLength];
            ImageParam.CopyPixelDataTo(ImageBits);

            BitmapSource src = null;
            src = BitmapSource.Create(ImageParam.Width,
                                      ImageParam.Height,
                                      96, 96,
                                      PixelFormats.Bgr32,
                                      null,
                                      ImageBits,
                                      ImageParam.Width *
            ImageParam.BytesPerPixel);
```

```
            image1.Source = src;
        }
    }

    void nui_AllFramesReady(object sender, AllFramesReadyEventArgs e)
    {
        using (SkeletonFrame sf = e.OpenSkeletonFrame())
        {

            if (sf == null) return;

            Skeleton[] skeletonData = new Skeleton[sf.SkeletonArrayLength];

            sf.CopySkeletonDataTo(skeletonData);

            using (DepthImageFrame depthImageFrame = e.OpenDepthImageFrame())
            {
                if (depthImageFrame != null)
                {
                    foreach (Skeleton sd in skeletonData)
                    {
                        if (sd.TrackingState == SkeletonTrackingState.Tracked)
                        {
                            Joint joint;

                            joint =
            sd.Joints[JointType.Head].ScaleTo((int)(image1.Width),
            (int)(image1.Height));
            //여기서 ScaleTo는 키넥트 라이브러리에서 제공하는 클래스가 아니라 Coding4Fun에
            서 지원하는 확장된 라이브러리에 속한 클래스이다. 간단하게 좌표지정만으로 사각형이
            그 좌표로 움직이게 하는 기능을 가지고 있다.

                            textBlock1.Text = string.Format("X:{0:0.00}
Y:{1:0.00}",
                                joint.Position.X,
                                joint.Position.Y);

                            Canvas.SetLeft(rectangle1, joint.Position.X);
                            Canvas.SetTop(rectangle1, joint.Position.Y);
                        }
                    }
                }
            }
        }
    }
  }
}
```

c 앞에서와 같이 소스를 작성한다.

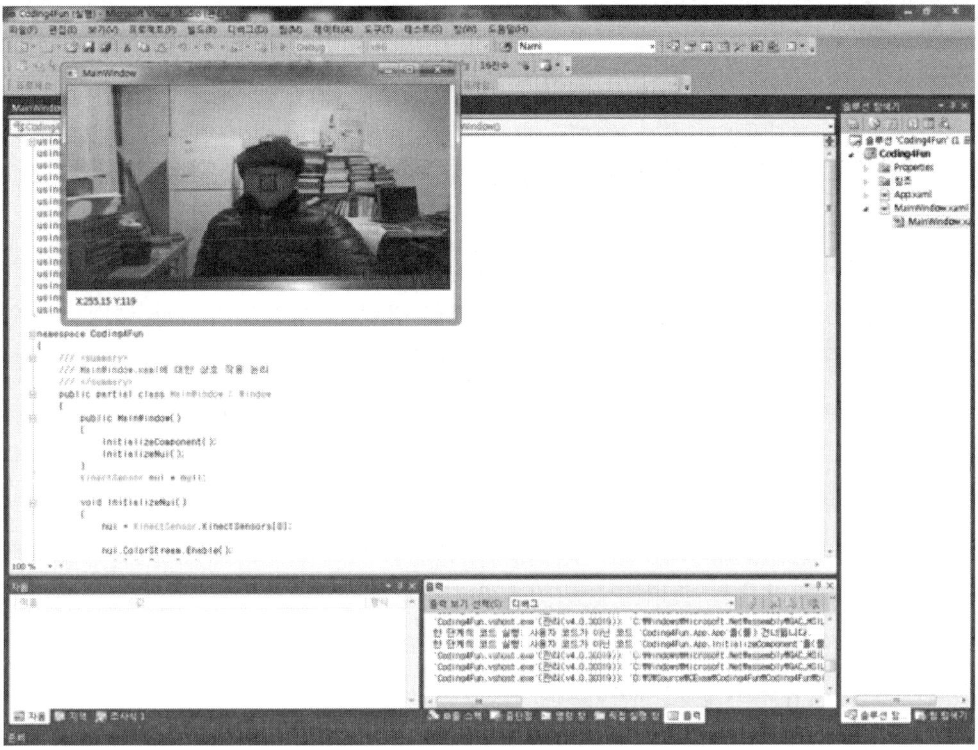

d 그 후 디버깅을 실시하면 위와 같이 사용자의 얼굴을 인식해서 Rectangle이 사용자의 얼굴을 따라가는 프로그램이 실행된다. 여기서 Rectangle이 따라가게 해주는 소스는 Coding4Fun에서 지원하는 확장된 라이브러리 속하는 소스이다.

Chapter 12 실용예제

1 키넥트 카메라 기능을 이용한 물체 색상 비교 프로그래밍

키넥트는 RGB카메라, 깊이 센서, 그리고 multi-array microphone으로 구성되어 있다. 키넥트의 깊이 센서는 11비트 깊이의 VGA(640*480 픽셀)의 해상도와 2048레벨의 깊이 민감성을 지니고 이를 종합적으로 활용해서 깊이 정보를 인식한다.

이 깊이 정보를 활용해 굴곡 있는 물체를 등고선처럼 비교할 수 있는 프로그램을 프로그래밍 했다. 대상으로는 얼굴을 이용했다. 키넥트의 특성을 이용해서 특정거리에서 특정거리까지 거리 값의 변화에 따라 화면에 출력되는 부분의 색을 변화시켜주는 것이다. 출력의 형태는 키넥트에서 일정한 거리에 얼굴을 위치하면 얼굴의 윤곽에 따라서 달라지는 거리 값을 통해 윤곽에 맞춰서 서로 다른 색들을 출력해 준다. 예제는 다음과 같다.

a 수치상 1mm차이의 색상변화

```
using System;
using System.Collections.Generic;
using System.Linq;
using System.Text;
using System.Windows;
using System.Windows.Controls;
using System.Windows.Data;
using System.Windows.Documents;
using System.Windows.Input;
using System.Windows.Media;
using System.Windows.Media.Imaging;
using System.Windows.Navigation;
using System.Windows.Shapes;
using Microsoft.Kinect;
using System.IO;

namespace 참조거리
{
    /// <summary>
    /// MainWindow.xaml에 대한 상호 작용 논리
    /// </summary>
    public partial class MainWindow : Window
```

```
{
    public MainWindow()
    {
        InitializeComponent();
        InitializeNui();
    }

    KinectSensor nui = null;

    void InitializeNui()
    {
        nui = KinectSensor.KinectSensors[0];

        nui.DepthStream.Enable();
        nui.SkeletonStream.Enable();
        nui.DepthStream.Range = DepthRange.Near;
        nui.SkeletonStream.EnableTrackingInNearRange = true;
        nui.AllFramesReady += new
        EventHandler<AllFramesReadyEventArgs>(nui_AllFramesReady);
        nui.Start();
    }

    WriteableBitmap wb = null;

    void nui_AllFramesReady(object sender, AllFramesReadyEventArgs e)
    {
        using (DepthImageFrame ImagePara = e.OpenDepthImageFrame())
        {
            if (ImagePara == null) return;

        short[] ImageBits = new short[ImagePara.PixelDataLength];
        ImagePara.CopyPixelDataTo(ImageBits);
        wb = new WriteableBitmap(ImagePara.Width, ImagePara.Height, 96, 96,
          PixelFormats.Bgr32, null);
        wb.WritePixels(new Int32Rect(0, 0, ImagePara.Width, ImagePara.Height),
                    GetRGB(ImagePara,
                            ImageBits,
                           ((KinectSensor)sender).DepthStream),
                            ImagePara.Width * 4,
                            0);
            image1.Source = wb;
        }
    }

  byte[] GetRGB(DepthImageFrame PImage, short[] depthFrame, DepthImageStream
depthStream)
    {
        byte[] rgbs = new byte[PImage.Width * PImage.Height * 4];
```

```
    for (int i16 = 0, i32 = 0; i16 < depthFrame.Length && i32 < rgbs.Length; i16++,
i32 += 4)
    {
    int player = depthFrame[i16] & DepthImageFrame.PlayerIndexBitmask;
    int nDistance = depthFrame[i16] >> DepthImageFrame.PlayerIndexBitmaskWidth;
    SetRGB(rgbs, i32, 0, 0, 0);

                if (player > 0)
                {

            if (nDistance > 1000) SetRGB(rgbs, i32, 0xFF, 0xFF, 0xFF); //흰색

                    else if (nDistance > 880) SetRGB(rgbs, i32, 0x96, 0x96, 0x96);
                    else if (nDistance > 879) SetRGB(rgbs, i32, 0x82, 0x82, 0x82);
                    else if (nDistance > 878) SetRGB(rgbs, i32, 0x00, 0x00, 0x69);
                    else if (nDistance > 877) SetRGB(rgbs, i32, 0x48, 0x3D, 0x8B);
                    else if (nDistance > 876) SetRGB(rgbs, i32, 0x00, 0x00, 0x8C);
                    else if (nDistance > 875) SetRGB(rgbs, i32, 0x00, 0x00, 0xCD);
                    else if (nDistance > 874) SetRGB(rgbs, i32, 0x6A, 0x5A, 0xCD);
                    else if (nDistance > 873) SetRGB(rgbs, i32, 0x7B, 0x68, 0xEE);
                    else if (nDistance > 872) SetRGB(rgbs, i32, 0x5A, 0x5A, 0xFF);
                    else if (nDistance > 871) SetRGB(rgbs, i32, 0x00, 0x64, 0xCD);
                    else if (nDistance > 870) SetRGB(rgbs, i32, 0x41, 0x69, 0xE1);
                    else if (nDistance > 869) SetRGB(rgbs, i32, 0x00, 0x00, 0xFF);
                    else if (nDistance > 868) SetRGB(rgbs, i32, 0x00, 0x64, 0xFF);
                    else if (nDistance > 867) SetRGB(rgbs, i32, 0x00, 0x78, 0xFF);
                    else if (nDistance > 866) SetRGB(rgbs, i32, 0x64, 0x95, 0xED);
                    else if (nDistance > 865) SetRGB(rgbs, i32, 0x86, 0xA5, 0xFF);
                    else if (nDistance > 864) SetRGB(rgbs, i32, 0x96, 0xA5, 0xFF);
                    else if (nDistance > 863) SetRGB(rgbs, i32, 0x1E, 0x90, 0xFF);
                    else if (nDistance > 862) SetRGB(rgbs, i32, 0x1E, 0xA4, 0xFF);
                    else if (nDistance > 861) SetRGB(rgbs, i32, 0x00, 0xA5, 0xFF);
                    else if (nDistance > 860) SetRGB(rgbs, i32, 0x00, 0xBF, 0xFF);
                    else if (nDistance > 859) SetRGB(rgbs, i32, 0x87, 0xCE, 0xFA);
                    else if (nDistance > 858) SetRGB(rgbs, i32, 0x93, 0xDA, 0xFF);
                    else if (nDistance > 857) SetRGB(rgbs, i32, 0x00, 0x80, 0x80);
                    else if (nDistance > 856) SetRGB(rgbs, i32, 0x00, 0x8C, 0x8C);
                    else if (nDistance > 855) SetRGB(rgbs, i32, 0x00, 0x64, 0x00);
                    else if (nDistance > 854) SetRGB(rgbs, i32, 0x49, 0x76, 0x49);
                    else if (nDistance > 853) SetRGB(rgbs, i32, 0x22, 0x8B, 0x22);
                    else if (nDistance > 852) SetRGB(rgbs, i32, 0x2E, 0x8B, 0x57);
                    else if (nDistance > 851) SetRGB(rgbs, i32, 0x3C, 0xB3, 0x71);
                    else if (nDistance > 850) SetRGB(rgbs, i32, 0x5F, 0x9E, 0xA0);
                    else if (nDistance > 849) SetRGB(rgbs, i32, 0x20, 0xBE, 0xAA);
                    else if (nDistance > 848) SetRGB(rgbs, i32, 0x46, 0xB4, 0xB4);
                    else if (nDistance > 847) SetRGB(rgbs, i32, 0x13, 0xC7, 0xA3);
                    else if (nDistance > 846) SetRGB(rgbs, i32, 0x64, 0xCD, 0x3C);
                    else if (nDistance > 845) SetRGB(rgbs, i32, 0x52, 0xE2, 0x52);
```

```
            else if (nDistance > 844) SetRGB(rgbs, i32, 0x80, 0xE1, 0x2A);
            else if (nDistance > 843) SetRGB(rgbs, i32, 0xAA, 0xEB, 0xAA);
            else if (nDistance > 842) SetRGB(rgbs, i32, 0x66, 0xCD, 0xAA);
            else if (nDistance > 841) SetRGB(rgbs, i32, 0x55, 0xEE, 0x94);
            else if (nDistance > 840) SetRGB(rgbs, i32, 0x3D, 0xFF, 0x92);
            else if (nDistance > 839) SetRGB(rgbs, i32, 0xCD, 0x85, 0x3F);
            else if (nDistance > 838) SetRGB(rgbs, i32, 0xDB, 0x63, 0x1F);
            else if (nDistance > 837) SetRGB(rgbs, i32, 0xD2, 0x69, 0x1E);
            else if (nDistance > 836) SetRGB(rgbs, i32, 0xA0, 0x52, 0x2D);
            else if (nDistance > 835) SetRGB(rgbs, i32, 0x8B, 0x45, 0x13);
            else if (nDistance > 834) SetRGB(rgbs, i32, 0x83, 0x46, 0x83);
            else if (nDistance > 833) SetRGB(rgbs, i32, 0x80, 0x00, 0x80);
            else if (nDistance > 832) SetRGB(rgbs, i32, 0x8C, 0x00, 0x8C);
            else if (nDistance > 831) SetRGB(rgbs, i32, 0x94, 0x28, 0x94);
            else if (nDistance > 830) SetRGB(rgbs, i32, 0x94, 0x00, 0xD3);
            else if (nDistance > 829) SetRGB(rgbs, i32, 0x99, 0x32, 0xCC);
            else if (nDistance > 828) SetRGB(rgbs, i32, 0xBA, 0x55, 0xD3);
            else if (nDistance > 827) SetRGB(rgbs, i32, 0xDA, 0x70, 0xD6);
            else if (nDistance > 826) SetRGB(rgbs, i32, 0xB9, 0x06, 0x2F);
            else if (nDistance > 825) SetRGB(rgbs, i32, 0xCD, 0x10, 0x39);
            else if (nDistance > 824) SetRGB(rgbs, i32, 0xC7, 0x15, 0x85);
            else if (nDistance > 823) SetRGB(rgbs, i32, 0xD7, 0x56, 0x7F);
            else if (nDistance > 822) SetRGB(rgbs, i32, 0xDB, 0x70, 0x93);
            else if (nDistance > 821) SetRGB(rgbs, i32, 0xFF, 0x14, 0x93);
            else if (nDistance > 820) SetRGB(rgbs, i32, 0xFF, 0x69, 0xB4);
            else if (nDistance > 819) SetRGB(rgbs, i32, 0xFF, 0x7D, 0xB4);
            else if (nDistance > 818) SetRGB(rgbs, i32, 0xFF, 0x82, 0xFF);
            else if (nDistance > 817) SetRGB(rgbs, i32, 0xFF, 0x56, 0x75);
            else if (nDistance > 816) SetRGB(rgbs, i32, 0xFF, 0x7A, 0x85);
            else if (nDistance > 815) SetRGB(rgbs, i32, 0xFF, 0x9E, 0x9B);
            else if (nDistance > 814) SetRGB(rgbs, i32, 0xFF, 0xAA, 0xAF);
            else if (nDistance > 813) SetRGB(rgbs, i32, 0xFF, 0xB6, 0xC1);
            else if (nDistance > 812) SetRGB(rgbs, i32, 0xFF, 0x7F, 0x50);
            else if (nDistance > 811) SetRGB(rgbs, i32, 0xFF, 0x94, 0x73);
            else if (nDistance > 810) SetRGB(rgbs, i32, 0xFF, 0xA3, 0x73);
            else if (nDistance > 809) SetRGB(rgbs, i32, 0xFF, 0xA9, 0x8F);
            else if (nDistance > 808) SetRGB(rgbs, i32, 0xFA, 0xC8, 0x7D);
            else if (nDistance > 807) SetRGB(rgbs, i32, 0xFD, 0xCD, 0x8C);
            else if (nDistance > 806) SetRGB(rgbs, i32, 0xFF, 0x82, 0x00);
            else if (nDistance > 805) SetRGB(rgbs, i32, 0xFF, 0x91, 0x00);
            else if (nDistance > 804) SetRGB(rgbs, i32, 0xFF, 0xA5, 0x00);
            else if (nDistance > 803) SetRGB(rgbs, i32, 0xFF, 0xB4, 0x00);
            else if (nDistance > 802) SetRGB(rgbs, i32, 0xFF, 0xC8, 0x1E);
            else if (nDistance > 801) SetRGB(rgbs, i32, 0xFA, 0xEB, 0x78);
            else if (nDistance > 0) SetRGB(rgbs, i32, 0x7F, 0x00, 0x00);
        }

    }
```

```
            return rgbs;
        }

        void SetRGB(byte[] nPlayers, int nPos, byte r, byte g, byte b)
        {
            nPlayers[nPos + 2] = r;
            nPlayers[nPos + 1] = g;
            nPlayers[nPos + 0] = b;
        }

        private void button1_Click(object sender, RoutedEventArgs e)
        {
            if (wb != null)
            {
                JpegBitmapEncoder encoder = null;
                encoder = new JpegBitmapEncoder();
/*BitmapEncoder클래스는 코덱에서 인코딩된 이미지에 대한 특수화된 압축루틴 또는
* 인터레이스를 지원할 수 있다. 비트맵 형식에서 프레임을 하나만 지원하는 경우에도 모든
* 파생된 인코더에 다중 프레임을 지정할 수 있다. 이경우 첫 번째 프레임만 저장된다.
* BitmapEncoder를 통해 사용할 수 있는 클래스는 다음의 표와 같다.
* 클래스 기능
* BmpBitmapEncoder    비트맵 원형의 이미지 인코딩
* GifBitmapEncoder    그래픽 인터체인지 포맷의 이미지 인코딩
* JpegBitmapEncoder   정지영상 압축 표준 형태의 이미지 인코딩
* PngBitmapEncoder    비손실 그래픽 파일 포맷의 이미지 인코딩
* TiffBitmapEncoder   화상 파일 표준 포맷의 이미지 인코딩
* WmpBitmapEncoder    윈도우 미디어 사진 포맷의 이미지 인코딩*/

                encoder.Frames.Add(BitmapFrame.Create(wb));

                FileStream stream = new FileStream("사진찍기.jpeg",
                                                   FileMode.Create,
                                                   FileAccess.Write);
                encoder.Save(stream);
                stream.Close();

                System.Diagnostics.Process exe = new System.Diagnostics.Process();
                exe.StartInfo.FileName = "사진찍기.jpeg";
                exe.Start();
            }
        }
    }
}
```

b 마지막으로 코딩을 할 때 소스상에서 1mm단위로 색상변화를 줌으로 아래와 같이 윤곽을 표시한다.

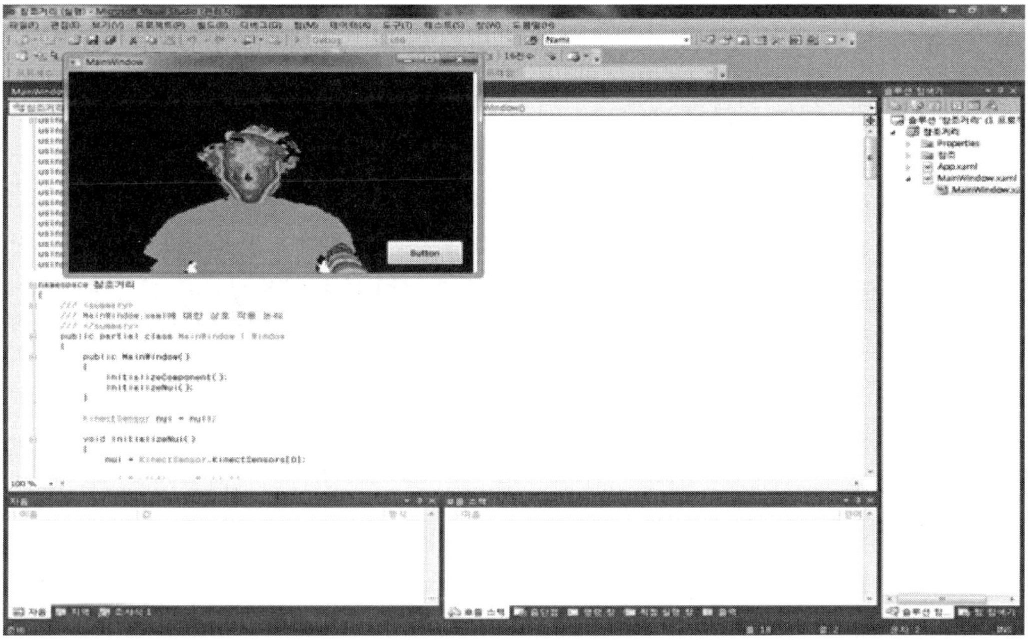

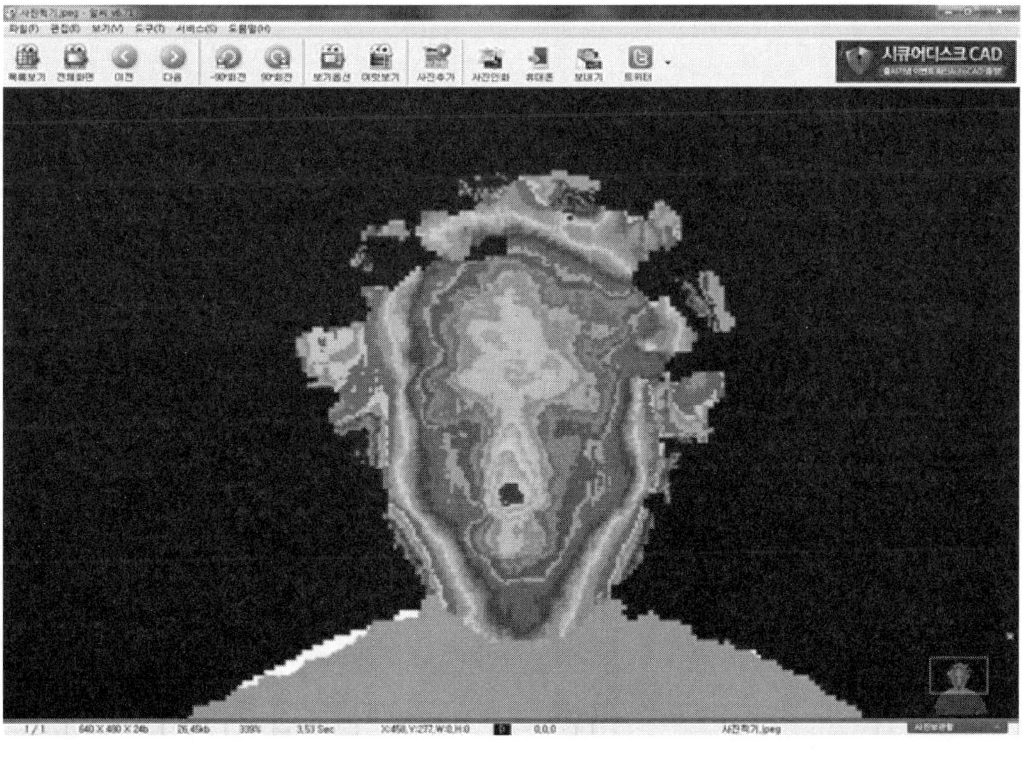

Chapter 13 OpenNI

앞서 배운 내용으로 키넥트 SDK의 기초를 비롯하여 향후 응용까지 가능하게 되었다. 이번 장에서는 OpenNI SDK를 이용한 프로그래밍에 대해서 알아보도록 한다. OpenNI는 앞서 간단히 키넥트 SDK와 비교로 알아본 바 있다. OpenNI는 키넥트 SDK와 달리 여러 언어를 지원한다는 점, 좀 더 세밀한 활용이 가능한 것이 장점이지만 그에 따라 프로그래밍이 더 복잡해지는 단점도 가지고 있다. 프로그래밍에 대해 세밀하게 알아본다면 좋겠지만 학습의 기본 취지는 키넥트 SDK를 활용하는 입문이므로 OpenNI에 대해서는 프로그래밍의 기본 틀과 주요 메소드들에 대해 알아본다.

1 OpenNI 설치

OpenNI는 http://www.openni.org의 다운로드 페이지에서 SDK와 NITE 미들웨어를 다운받을 수 있다.

드라이버를 설치하기 위해 http://github.com/avin2/SensorKinect에서 SensorKinect 라는 드라이버를 다운받아 설치해야 한다. OpenNI는 현재 2.0 버전으로 업데이트되었으나 SensorKinect 드라이버는 아직 지원 버전이 1.5.4.0까지라 사용하기 위해 OpenNI의 이전 버전을 다운받아야 한다. 아래의 사진은 openni 홈페이지에서 다운받는 방법에 대해서 스크린샷으로 촬영한 것이다.

앞의 그림과 같이 홈페이지에서 위쪽 혹은 오른쪽의 다운로드 링크를 눌러 다운로드 페이지로 간 후, 아래의 과거 버전을 받는 링크를 누른다.

위의 그림은 과거 버전을 받는 링크를 클릭한 것으로 중간의 OpenNI가 만든 드라이버는 다운받지 않고 위와 아래의 SDK와 NITE 미들웨어만 받는다.

앞의 그림은 SensorKinect 드라이버를 다운받는 곳으로 ZIP 을 클릭하여 압축된 파일을 받는다. 그 후 bin 폴더내부의 32비트 버전을 다운받도록 한다.

설치 순서는 SDK, NITE, Driver 순으로 설치하며 설치가 완료되기 전까진 키넥트를 컴퓨터에 연결하지 않는다.

2 OpenNI 설정

OpenNI는 과거 버전에선 라이선스 키를 입력받도록 했으나 1.5버전 이후로는 입력받지 않게끔 바뀌었다. 대신 라이선스 키를 사용자가 직접 입력해야 하는데 이는 인터넷의 커뮤니티에 많이 배포되어 있다.

"설치드라이브:₩Program Files (x86)₩OpenNI₩Data₩SamplesConfig.xml" 파일에서 수정하는데 아래의 표와 같이 그 내용을 바꿔주면 된다.

〈수정 전〉

```
<OpenNI>
<Licenses>
        <!-- Add application-specific licenses here
        <License vendor="vendor" key="key"/>
        -->
        </Licenses>
        <Log writeToConsole="false" writeToFile="false">
                <!-- 0 - Verbose, 1 - Info, 2 - Warning, 3 - Error (default) -->
                <LogLevel value="3"/>
                <Masks>
                        <Mask name="ALL" on="true"/>
                </Masks>
                <Dumps>
                </Dumps>
        </Log>
        <ProductionNodes>
                <!-- Uncomment following line, in order to run from a recording
                <Recording file="sampleRec.oni" />
                -->

                <!-- Set global mirror -->
                <GlobalMirror on="true"/>

                <!-- Create a depth node and give it a name alias (useful if
referenced ahead in this script) -->
```

```
            <Node type="Depth" name="MyDepth">
                    <Query>
            <!-- Uncomment to filter by vendor name, product name, etc.
            <Vendor>MyVendor inc.</Vendor>
                            <Name>MyProduct</Name>
                            <MinVersion>1.2.3.4</MinVersion>
            <Capabilities>
                                    <Capability>Cropping</Capability>
            </Capabilities>
            -->
             </Query>
            <Configuration>
      <!-- Uncomment to set requested mode
      <MapOutputMode xRes="640" yRes="480" FPS="30"/>
                            -->

      <!-- Uncomment to override global mirror
                    <Mirror on="false" />
                            -->
                    </Configuration>
            </Node>

<!-- Create an image node. If it fails, continue anyway. -->
        <Node type="Image" stopOnError="false" />

        <!-- Uncomment nodes from here if you need them.
                <Node type="Audio" />
                <Node type="User" />
                <Node type="Hands" />
                <Node type="Gesture" />
                <Node type="Scene" />
                -->
        </ProductionNodes>
</OpenNI>
```

〈수정 후〉

```
<OpenNI>
	<Licenses>
		<License vendor="vendor" key="0KOIk2JeIBYClPWVnMoRKn5cdY4="/>
	</Licenses>
	<Log writeToConsole="true" writeToFile="false">
		<!-- 0 - Verbose, 1 - Info, 2 - Warning, 3 - Error (default) -->
		<LogLevel value="3"/>
		<Masks>
		<Mask name="ALL" on="false"/>
		</Masks>
		<Dumps>
		</Dumps>
	</Log>
	<ProductionNodes>
		<!-- Normal Image -->
		<Node type="Image" name="Image1">
			<Configuration>
				<MapOutputMode xRes="640" yRes="480" FPS="30"/>
				<Mirror on="true"/>
			</Configuration>
		</Node>

		<!-- HighRes Image -->
		<!--
		<Node type="Image" name="Image1">
			<Configuration>
				<MapOutputMode xRes="1280" yRes="1024" FPS="15"/>
				<Mirror on="true"/>
			</Configuration>
		</Node>
		-->

		<!-- Normal IR -->
		<!--
		<Node type="IR" name="IR1">
			<Configuration>
				<MapOutputMode xRes="640" yRes="480" FPS="30"/>
				<Mirror on="true"/>
			</Configuration>
		</Node>
		-->

		<!-- HighRes IR -->
		<!--
		<Node type="IR" name="IR1">
```

```
                <Configuration>
                        <MapOutputMode xRes="1280" yRes="1024" FPS="15"/>
                        <Mirror on="true"/>
                </Configuration>
        </Node>
        -->

        <Node type="Depth" name="Depth1">
                <Configuration>
                        <MapOutputMode xRes="640" yRes="480" FPS="30"/>
                        <Mirror on="true"/>
                </Configuration>
        </Node>
        <!--
        <Node type="Audio" name="Audio1">
        </Node>
        -->
    </ProductionNodes>
</OpenNI>
```

수정 전과 후의 차이점은 음성, 카메라의 각 모드에 대한 설정이 추가되었고 맨 위의 key 부분에 라이선스 키가 추가된 것이다. 라이선스 키는 해외 사이트에서도 입력된 키를 쓰도록 말하고 있으며 그 이유에 대해선 달리 주석으로 설명한 곳이 없어 알 수 없는 것 같다. 이 파일은 OpenNI로 프로그래밍할 때마다 해당 프로젝트 폴더에 넣어야 제대로 작동한다.

3 OpenNI 컬러 스트림

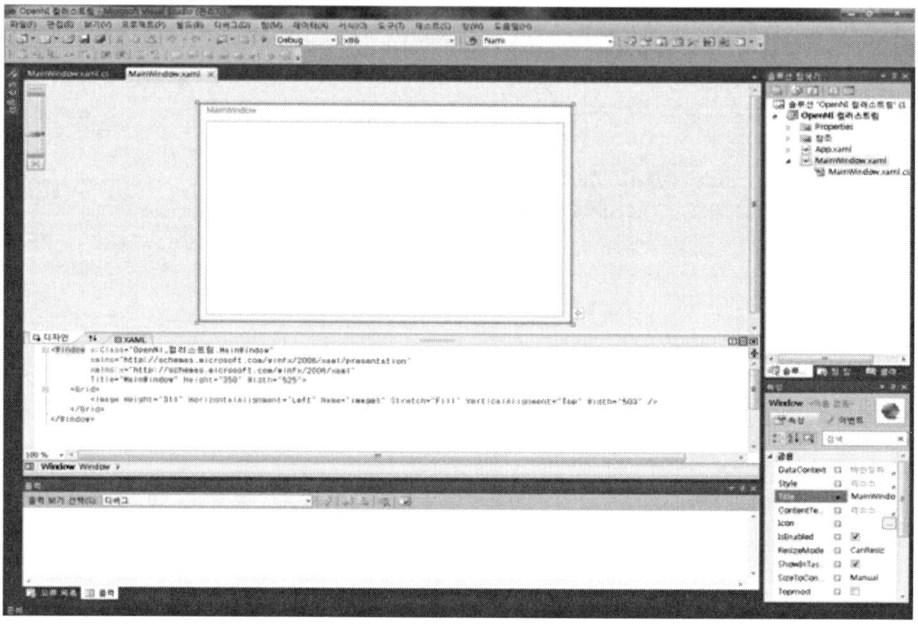

a WPF 응용 프로그램 프로젝트를 작성한다. 전제는 앞서 설명한 기본적인 OpenNI 사용 준비가 모두 완료되었다는 전제이다. 위와 같이 XAML 창에서 Image 창만 화면에 배치한다.

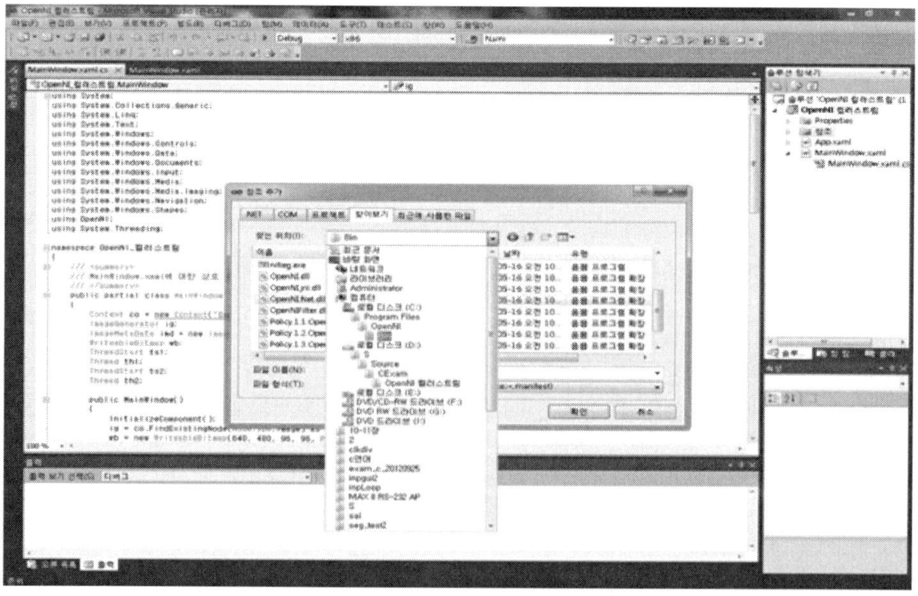

b 그리고 C 드라이브에서 OpenNI가 설치되어 있는 폴더 안 Bin 폴더에서 OpenNI.Net.dll 파일을 참조 추가한다.

```
using System;
using System.Collections.Generic;
using System.Linq;
using System.Text;
using System.Windows;
using System.Windows.Controls;
using System.Windows.Data;
using System.Windows.Documents;
using System.Windows.Input;
using System.Windows.Media;
using System.Windows.Media.Imaging;
using System.Windows.Navigation;
using System.Windows.Shapes;
using OpenNI;
using System.Threading;

namespace OpenNI_컬러 스트림
{
    /// <summary>
    /// MainWindow.xaml에 대한 상호 작용 논리
    /// </summary>
    public partial class MainWindow : Window
    {
        Context co = new Context("SamplesConfig.xml"); //Context는 입력받은 경로 xml
                    파일의 설정대로 Kinect에서 영상 데이터를 받는 역할을 한다.
        ImageGenerator ig; //ImageGenerator는 Context에서 특정 형태의 영상을 받아
                              ImageMetaData의 형식으로 변화한다.
        ImageMetaData imd = new ImageMetaData();//ImageMetaData의 정보를 스레드 내에
                       서 갱신하여 WriteableBitmap으로 내보내는 것으로 영상이 출력된다.
        WriteableBitmap wb;
        ThreadStart ts1; //이미지처리를 하기 위해서 스레드를 활성화 시켜준다.
        Thread th1;
        ThreadStart ts2;
        Thread th2; //OpenNI에서는 기본적으로 Video Frame 생성 시의 이벤트 핸들러가 없기 때문
                      에 이미지 데이터를 받아와서 스레드를 이용해서 영상을 출력해야 한다.

        public MainWindow()
        {
            InitializeComponent();
            ig = co.FindExistingNode(NodeType.Image) as ImageGenerator; //여기서
                  NodeType은 영상 형태 옵션을 지정할 수 있는 명령어이다.
            // Image 이미지 출력 Depth 깊이 영상 출력 Gesture 제스처 인식 User 사용자 인덱스
            wb = new WriteableBitmap(640, 480, 96, 96, PixelFormats.Rgb24, null);
```

```
            ts1 = new ThreadStart(UserFunc1);
            th1 = new Thread(ts1);
            th1.Start();

            ts2 = new ThreadStart(UserFunc2);
            th2 = new Thread(ts2);
            th2.Start();
        }

        public void UserFunc1()
        {
            while (true)
            {
                this.Dispatcher.Invoke(new Action(() => //첫 번째 스레드 작업으로
                OpenNI에는 이벤트 핸들러가 없기 때문에 영상을 갱신하고 출력해 주는 부분에 해당한다.
                    {
                        co.WaitAndUpdateAll();//WaitAndUpdateAll은 Context에서 받는
                                              //영상 정보를 갱신한다.
                        ig.GetMetaData(imd); //ImageGenerator의 영상을 GetMetaData
                                             //를 통해 ImageMetaData로 변환한다.
                    }
                ));
                Thread.Sleep(10); //매번의 처리 사이에 Sleep을 통해서 간격을 줌으로써 과다
                                  //프로세스를 막는다.
            }
        }

        public void UserFunc2()
        {
            while (true)
            {
                this.Dispatcher.Invoke(new Action(() =>
                    {
                        wb.WritePixels(new Int32Rect(0, 0, imd.XRes, imd.YRes),
                                      imd.ImageMapPtr,
                                      (int)imd.DataSize,
                                      wb.BackBufferStride);
//void WriteableBitmap.WritePixels(
                                Int32Rect sourceRect,
                                IntPtr buffer,
                                Int bufferSize,
                                Int stride)
//WritePixels 파라미터 구조는 다음과 같다.
 [sourceRect 복사할 대상의 사각형 범위 지정]  [buffer 복사할 대상에 사용되는 입력 버퍼]
 [bufferSize 입력 버퍼의 크기]  [stride 복사 영역의 행 픽셀 바이트 수]
                        if (wb != null)
                        {
                            image1.Source = wb;
```

```
                    }
                }
            }));
            Thread.Sleep(10);
        }
    }
  }
}
```

c 위와 같이 소스를 작성한다.

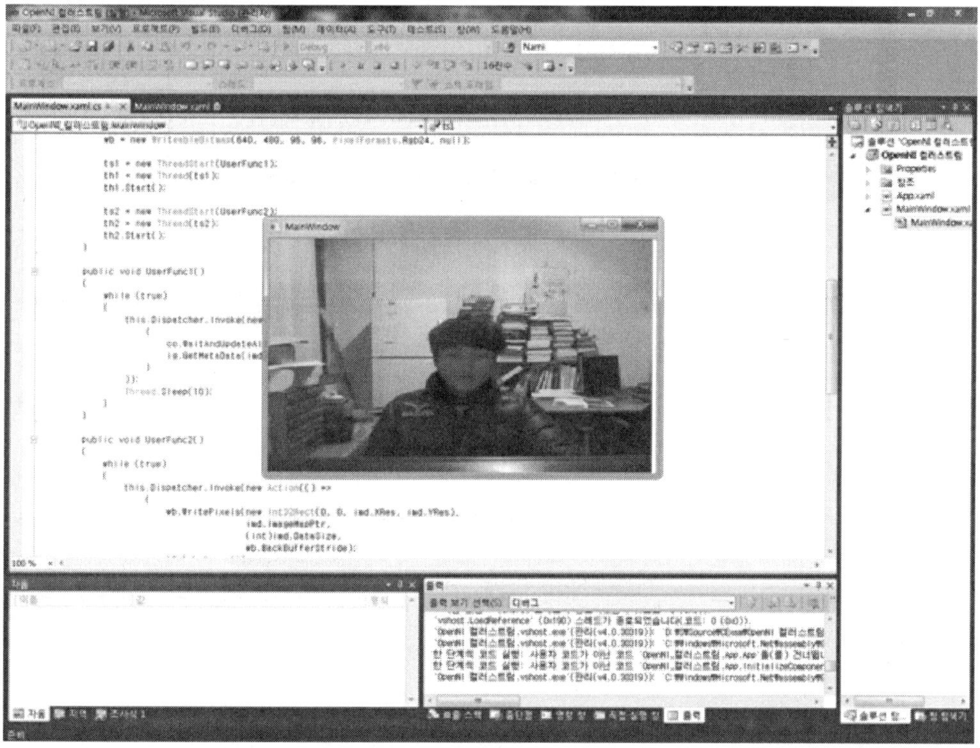

d 디버깅을 하면 위와 같이 OpenNI로 컬러 스트림을 출력하는 프로그램이 실행된다. 마이크로소프트에서 제공하는 키넥트 라이브러리를 사용한 것과 같게 컬러 스트림을 출력하는 것을 보여준다.

4 OpenNI 뎁스 스트림

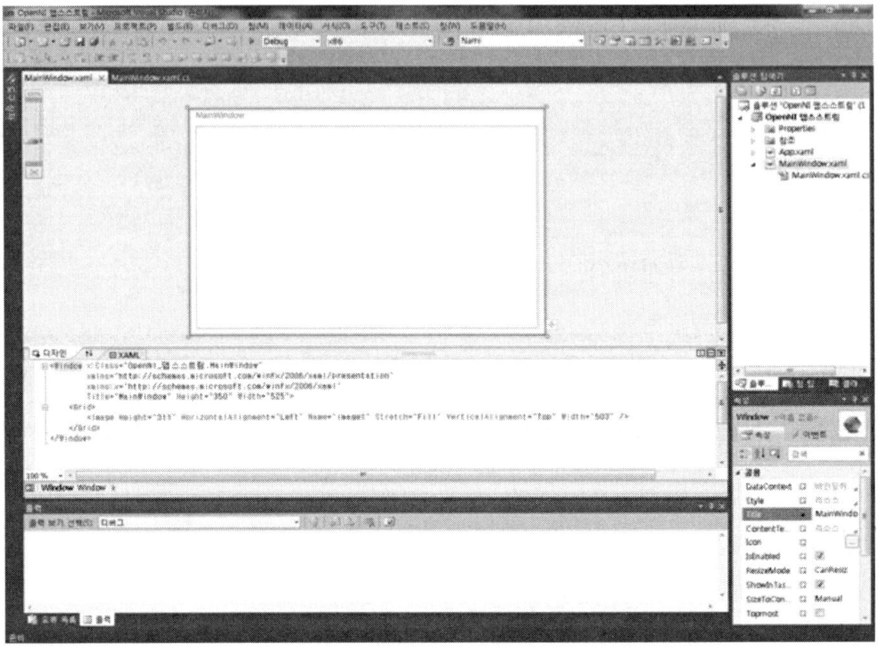

a WPF 응용 프로그램을 작성해서 XAML 창에서 위와 같이 Image 창만 화면에 배치한다. 그리고 OpenNI.Net.dll을 이전과 같이 참조 추가한다.

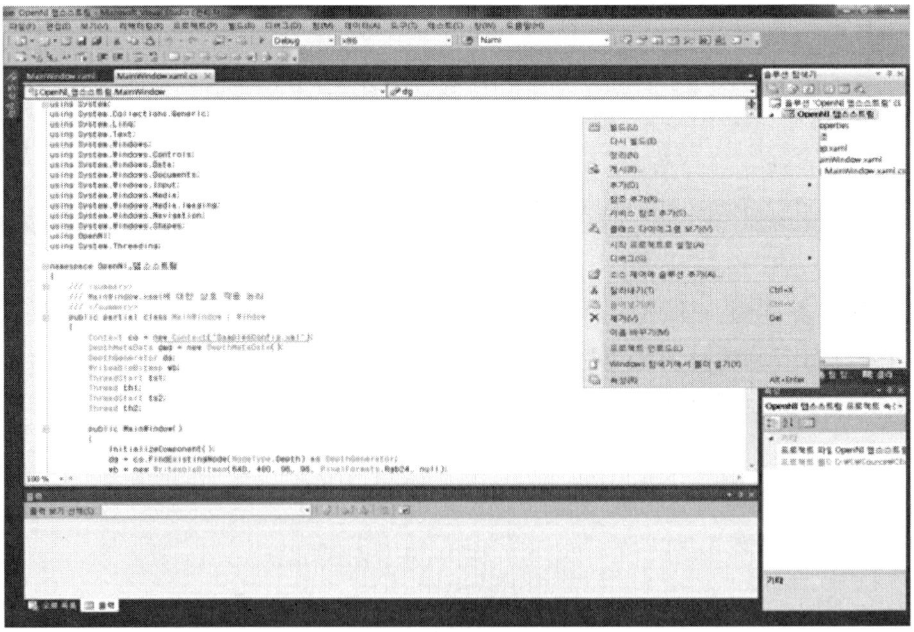

b 우선 C#에서는 C와 C++에서 사용하던 포인터를 공식적으로 사용하지 못한다는 것을 인지해야 한다. 그러나 C#에서도 unsafe 키워드를 사용하면 포인터를 사용할 수 있다. 우선 소스코드에 unsafe를 사용하기 이전에 프로젝트에서도 unsafe가 사용될 수 있도록 허용해주어야 한다. 그것을 위해 앞의 프로젝트에서 오른쪽을 클릭해서 속성을 누른다.

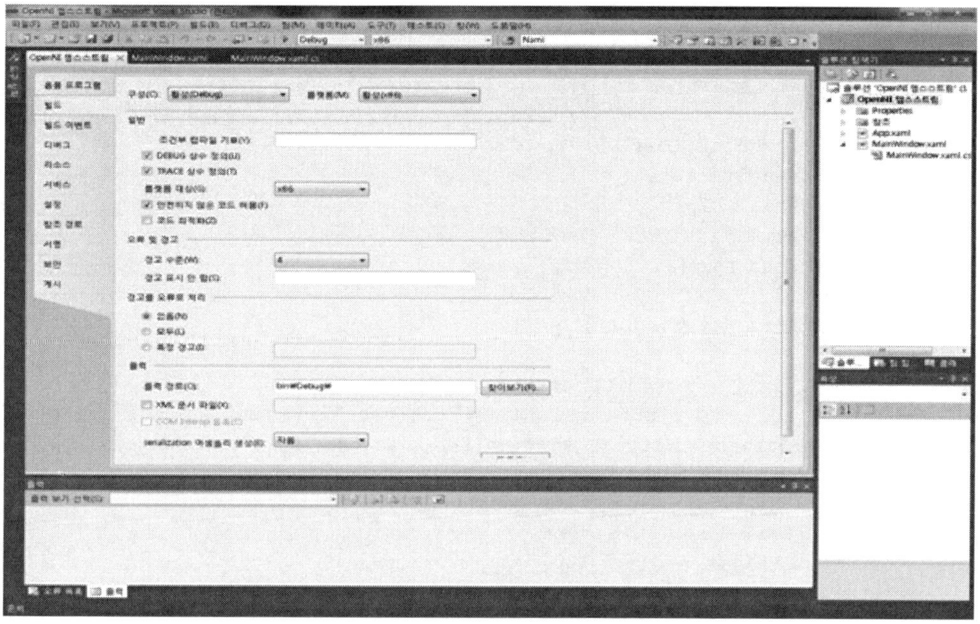

c 위와 같이 속성 창에서 안전하지 않은 코드 허용을 체크한다. 이제 unsafe 키워드를 사용할 수 있다.

```
using System;
using System.Collections.Generic;
using System.Linq;
using System.Text;
using System.Windows;
using System.Windows.Controls;
using System.Windows.Data;
using System.Windows.Documents;
using System.Windows.Input;
using System.Windows.Media;
using System.Windows.Media.Imaging;
using System.Windows.Navigation;
using System.Windows.Shapes;
using OpenNI;
using System.Threading;
```

```
namespace OpenNI_뎁스 스트림
{
    /// <summary>
    /// MainWindow.xaml에 대한 상호 작용 논리
    /// </summary>
    public partial class MainWindow : Window
    {
        Context co = new Context("SamplesConfig.xml");
        DepthMetaData dmd = new DepthMetaData();
        DepthGenerator dg; //DepthGenerator를 사용해서 Context에서 특정 형태의 영상을 받
                           //아 DepthMetaData의 형식으로 변환한다.
        WriteableBitmap wb;
        ThreadStart ts1;
        Thread th1;
        ThreadStart ts2;
        Thread th2;

        public MainWindow()
        {
            InitializeComponent();
            dg = co.FindExistingNode(NodeType.Depth) as DepthGenerator;
            wb = new WriteableBitmap(640, 480, 96, 96, PixelFormats.Rgb24, null);

            ts1 = new ThreadStart(UserFunc1);
            th1 = new Thread(ts1);
            th1.Start();

            ts2 = new ThreadStart(UserFunc2);
            th2 = new Thread(ts2);
            th2.Start();
        }

        public void UserFunc1()
        {
            while (true)
            {
                this.Dispatcher.Invoke(new Action(() =>
                {
                    co.WaitAndUpdateAll();
                    dg.GetMetaData(dmd);
                }
                ));
                Thread.Sleep(20);
            }
        }

        public unsafe void UserFunc2()//unsafe 키워드를 사용해서 포인터를 사용할 수 있게
                                      //한다.
        {
            while (true)
            {
```

```
            this.Dispatcher.Invoke(new Action(() => //직접 포인터 연산을 통해 깊이
                                                     //데이터 값을 계산한다.
            {
                int[] graph = new int[dg.DeviceMaxDepth];
                ushort* p1 = (ushort*)dmd.DepthMapPtr.ToPointer();
                ushort* p2 = (ushort*)dg.DepthMapPtr.ToPointer();

                for (int i = 0; i < graph.Length; ++i)
                {
                    graph[i] = 0;
                }

                int points = 0;
                for (int y = 0; y < dmd.YRes; ++y)
                {
                    for (int x = 0; x < dmd.XRes; ++x, ++p1)
                    {
                        if (*p1 != 0)
                        {
                            graph[*p1]++;
                            points++;
                        }
                    }
                }

                for (int i = 1; i < graph.Length; i++)
                {
                    graph[i] += graph[i - 1];
                }

                if (points > 0)
                {
                    for (int i = 1; i < graph.Length; i++)
                    {
                        graph[i] = (int)(256 * (1.0f - (graph[i] / (float)points)));
                    }
                }

                for (int y = 0; y < dmd.YRes; ++y)
                {
                    byte* b = (byte*)wb.BackBuffer.ToPointer() + y * wb.BackBuffer
Stride;
                    for (int x = 0; x < dmd.XRes; ++x, ++p2, b += 3)
                    {
                        byte pixel = (byte)graph[*p2];
                        b[0] = pixel;
                        b[1] = pixel;
                        b[2] = pixel;
                    }
```

```
                    }

                    wb.Lock();
                    wb.AddDirtyRect(new Int32Rect(0, 0, dmd.XRes, dmd.YRes));
                    wb.Unlock();

                    if (wb != null)
                    {
                        image1.Source = wb;
                    }
                }
                ));
                Thread.Sleep(20);
            }
        }
    }
}
```

d 위와 같이 소스를 작성한다. 여기서 unsafe 키워드를 사용하지 않고 포인터를 사용하면 실행이 불가능하다. 여기서 Unsafe 키워드를 사용하면 정상적으로 프로그램은 실행되지만 CLR(=.NET에서 제공하는 런타임 컴파일)은 안정성을 책임지지 못한다고 뜨고 불완전한 코드가 된다.

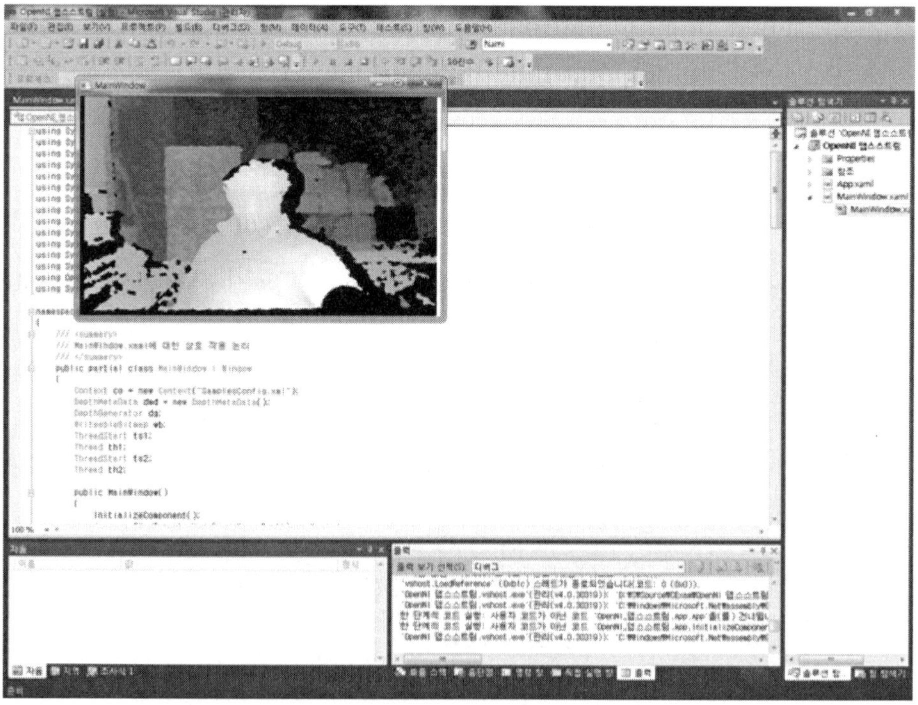

e 그 후 디버깅을 하면 앞에서와 같이 OpenNI로 뎁스 스트림이 출력되는 프로그램이 실행된다.

5 OpenNI 사용자 인식

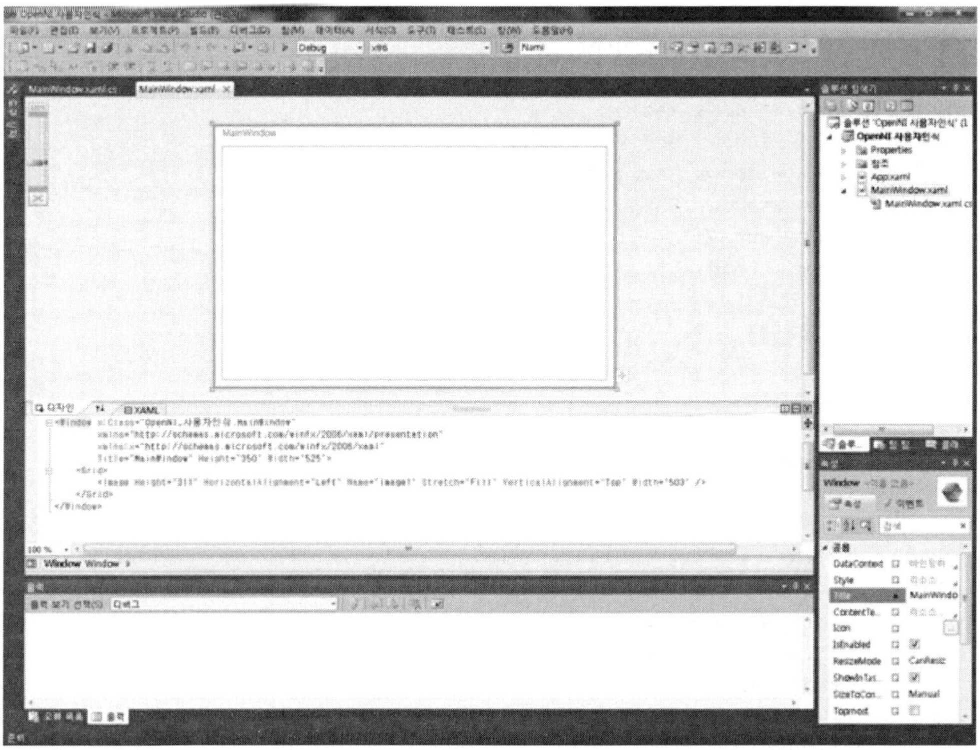

a WPF 응용 프로그램을 작성해서 XAML 창에서 위와 같이 Image 창만 화면에 배치해준다. 그리고 OpenNI.Net.dll은 이전과 같이 참조 추가한다.

```
using System;
using System.Collections.Generic;
using System.Linq;
using System.Text;
using System.Windows;
using System.Windows.Controls;
using System.Windows.Data;
using System.Windows.Documents;
using System.Windows.Input;
using System.Windows.Media;
using System.Windows.Media.Imaging;
using System.Windows.Navigation;
using System.Windows.Shapes;
using OpenNI;
using System.Threading;

namespace OpenNI_사용자 인식
{
    /// <summary>
    /// MainWindow.xaml에 대한 상호 작용 논리
    /// </summary>
    public partial class MainWindow : Window
    {
        Context co = new Context("SamplesConfig.xml");
        ImageMetaData imd = new ImageMetaData();
        ImageGenerator ig;
        WriteableBitmap wb;
        ThreadStart ts1;
        Thread th1;
        ThreadStart ts2;
        Thread th2;

        UserGenerator ug;

        public MainWindow()
        {
            InitializeComponent();

            ug = new UserGenerator(co); //UserGenerator는 Context를 통해 사용자 인식
                                        //데이터를 받는다.

            ig = co.FindExistingNode(NodeType.Image) as ImageGenerator;
            co.StartGeneratingAll();
```

```
        wb = new WriteableBitmap(640, 480, 96, 96, PixelFormats.Rgb24, null);

        ts1 = new ThreadStart(UserFunc1);
        th1 = new Thread(ts1);
        th1.Start();

        ts2 = new ThreadStart(UserFunc2);
        th2 = new Thread(ts2);
        th2.Start();
    }

    public void UserFunc1()
    {
        while (true)
        {
            this.Dispatcher.Invoke(new Action(() =>
            {
                co.WaitAndUpdateAll();
                ig.GetMetaData(imd);
            }
            ));
            Thread.Sleep(10);
        }
    }

    public void UserFunc2()
    {
        Color[] userColor = new Color[] {
            Color.FromRgb(0, 0, 0),
            Color.FromRgb(1, 0, 0),
            Color.FromRgb(0, 1, 0),
            Color.FromRgb(0, 0, 1),
            Color.FromRgb(1, 1, 0),
            Color.FromRgb(1, 0, 1),
            Color.FromRgb(0, 1, 1)
        }; //인식 데이터를 색상으로 표현하기 위한 배열을 선언한다.
           //OpenNI는 최대 8명의 사용자를 인식할 수 있다.

        while (true)
        {
            this.Dispatcher.Invoke(new Action(() =>
            {
                byte[] rgb = new byte[imd.DataSize];

                for (int i = 0; i < rgb.Length; i++)
                {
                    rgb[i] = 200;
                }
                var users = ug.GetUserPixels(0);
```

```
                    for (int i = 0; i < imd.XRes * imd.YRes; i++)
                    {
                        if (users[i] != 0)
                        {
                            int rgbIndex = i * imd.BytesPerPixel;
                            rgb[rgbIndex] = (byte)(rgb[rgbIndex] *
                            userColor[users[i]].R);
                            rgb[rgbIndex + 1] = (byte)(rgb[rgbIndex + 1] *
                            userColor[users[i]].G);
                            rgb[rgbIndex + 2] = (byte)(rgb[rgbIndex + 2] *
                            userColor[users[i]].B);
                        }
                    }
                    wb.WritePixels(new Int32Rect(0, 0, imd.XRes, imd.YRes), rgb,
                                      imd.XRes * imd.BytesPerPixel, 0);

                    image1.Source = wb;
                }
                ));
                Thread.Sleep(10);
            }
        }
    }
}
```

b 다음 위와 같이 소스를 작성한다.

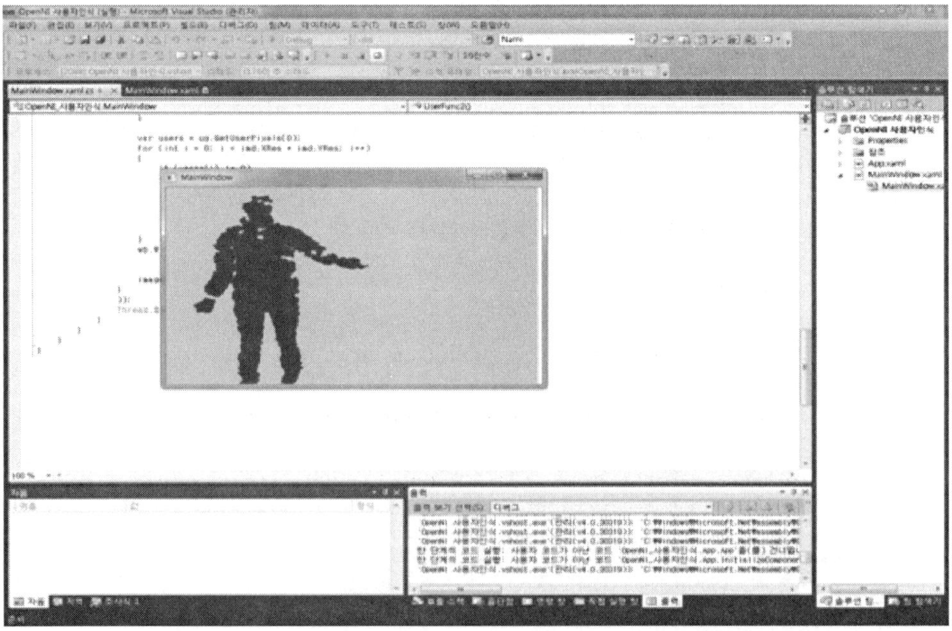

c 디버깅을 실시하면 앞에서와 같이 OpenNI로 사용자를 인식해서 표시하는 프로그램이 실행된다.

6 OpenNI 제스처

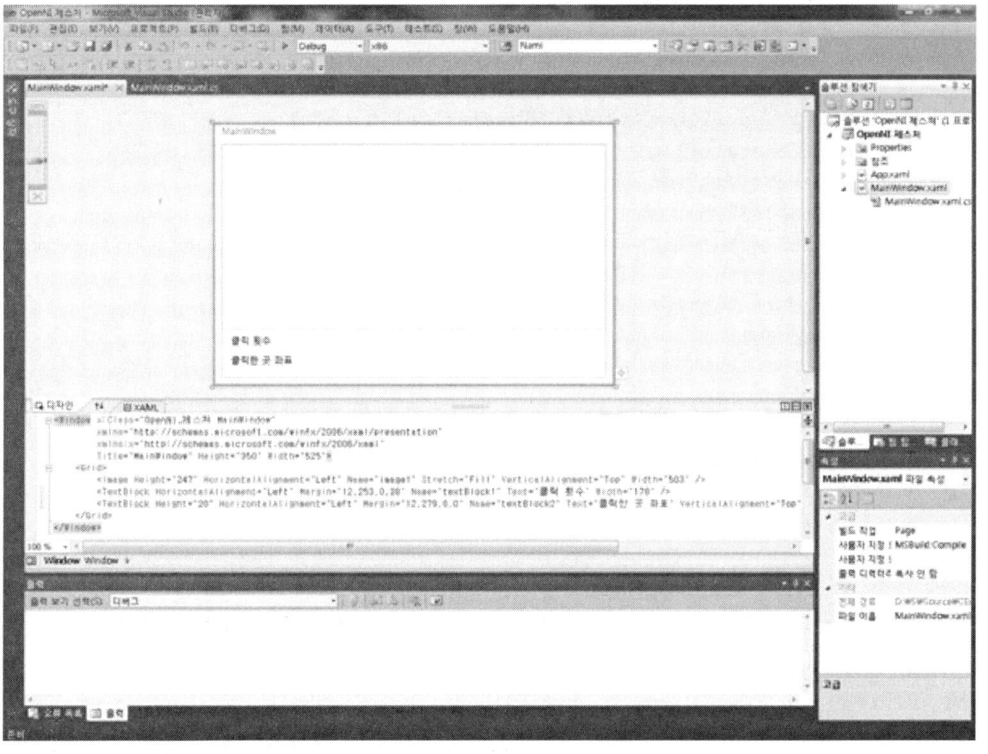

a WPF 응용 프로그램을 작성해서 XAML 창에서 위와 같이 Image 창과 TextBlock 두 개를 화면에 배치한다. 그리고 OpenNI.Net.dll은 이전과 같이 참조 추가한다.

```
using System;
using System.Collections.Generic;
using System.Linq;
using System.Text;
using System.Windows;
using System.Windows.Controls;
using System.Windows.Data;
using System.Windows.Documents;
using System.Windows.Input;
using System.Windows.Media;
```

```
using System.Windows.Media.Imaging;
using System.Windows.Navigation;
using System.Windows.Shapes;
using OpenNI;
using System.Threading;

namespace OpenNI_제스처
{
    /// <summary>
    /// MainWindow.xaml에 대한 상호 작용 논리
    /// </summary>
    public partial class MainWindow : Window
    {
        Context co = new Context("SamplesConfig.xml");
        ImageGenerator ig;
        ImageMetaData imd = new ImageMetaData();
        WriteableBitmap wb;
        ThreadStart ts1;
        Thread th1;
        ThreadStart ts2;
        Thread th2;

        GestureGenerator gg; //GestureGenerator는 사용자의 동작을 분석하여 지정된 제스처
                              //가 사용되는지를 탐지한다.
        int count = 0; //제스처 횟수를 카운팅할 변수를 선언한다.

        public MainWindow()
        {
            InitializeComponent();
            ig = co.FindExistingNode(NodeType.Image) as ImageGenerator;

            gg = new GestureGenerator(co);
            gg.AddGesture("Click"); //AddGesture는 탐지할 제스처를 지정한다.
                                    //가능한 제스처의 목록은 다음과 같다.
[Clik 손을 사용하여 공중을 콕 찍는 제스처]  [RaiseHand 손이 들려진 제스처]
[Wave 손을 좌우로 움직이는 제스처]
            gg.GestureRecognized += new
EventHandler<GestureRecognizedEventArgs>

(gg_GestureRecognized);
//GestureGenerator는 제스처가 탐지되었을 경우의 이벤트 핸들러를 제공한다. 이를 통해서 제스처의
//유형과 해당 위치의 좌표를 알 수 있다.
            gg.StartGenerating();

            wb = new WriteableBitmap(640, 480, 96, 96, PixelFormats.Rgb24, null);

            ts1 = new ThreadStart(UserFunc1);
            th1 = new Thread(ts1);
            th1.Start();
```

```
        ts2 = new ThreadStart(UserFunc2);
        th2 = new Thread(ts2);
        th2.Start();
    }

    public void gg_GestureRecognized(object sender, GestureRecognizedEventArgs e)
    {
        if (e.Gesture == "Click") //Click했을 때의 제스처가 인식되면 수행하는 명령을 만든다.
        {
            count = count + 1;
            textBlock1.Text = String.Format("Click {0:0} Times",
                                        count);
            textBlock2.Text = String.Format("At X {0:0} Y{1:0} Z{2:0}",
                                        e.IdentifiedPosition.X,
                                        e.IdentifiedPosition.Y,
                                        e.IdentifiedPosition.Z);
//IdentifiedPosition 제스처가 발생한 좌표의 X,Y,Z 값
        }
    }

    public void UserFunc1()
    {
        while (true)
        {
            this.Dispatcher.Invoke(new Action(() =>
            {
                co.WaitAndUpdateAll();
                ig.GetMetaData(imd);
            }
            ));
            Thread.Sleep(10);
        }
    }

    public void UserFunc2()
    {
        while (true)
        {
            this.Dispatcher.Invoke(new Action(() =>
            {
                wb.WritePixels(new Int32Rect(0, 0, imd.XRes, imd.YRes),
                            imd.ImageMapPtr,
                            (int)imd.DataSize,
                            wb.BackBufferStride);
//void WriteableBitmap.WritePixels(
                              Int32Rect sourceRect,
                              IntPtr buffer,
```

```
                                Int bufferSize,
                                Int stride)
//WritePixels 파라미터 구조는 다음과 같습니다.
 [sourceRect 복사할 대상의 사각형 범위 지정]  [buffer 복사할 대상에 사용되는 입력 버퍼]
 [bufferSize 입력 버퍼의 크기]  [stride 복사 영역의 행 픽셀 바이트 수]
                    if (wb != null)
                    {
                        image1.Source = wb;
                    }
                }
                ));
                Thread.Sleep(10);
            }
        }
    }
}
```

b 다음 위와 같이 소스를 작성한다.

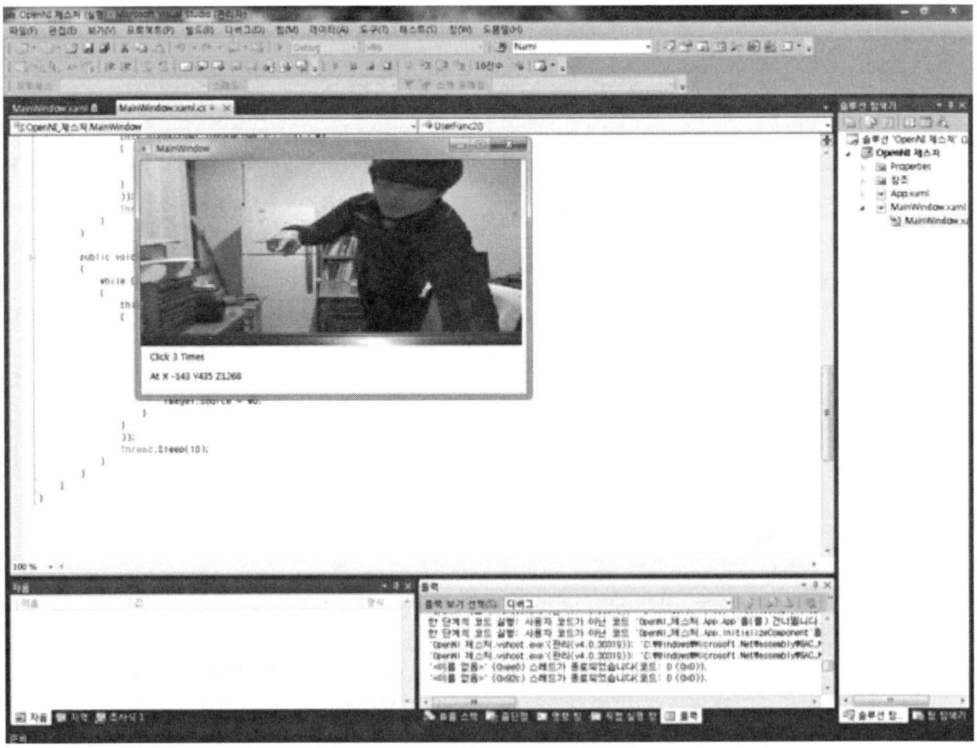

c 디버깅을 실시하면 위와 같이 손을 인식해서 손으로 어떤 지점을 터치하는 제스처를 취하면 터치한 횟수와 터치로 인식된 지점의 좌표가 출력되는 프로그램이 실행된다.

7 OpenNI 공 튀기기

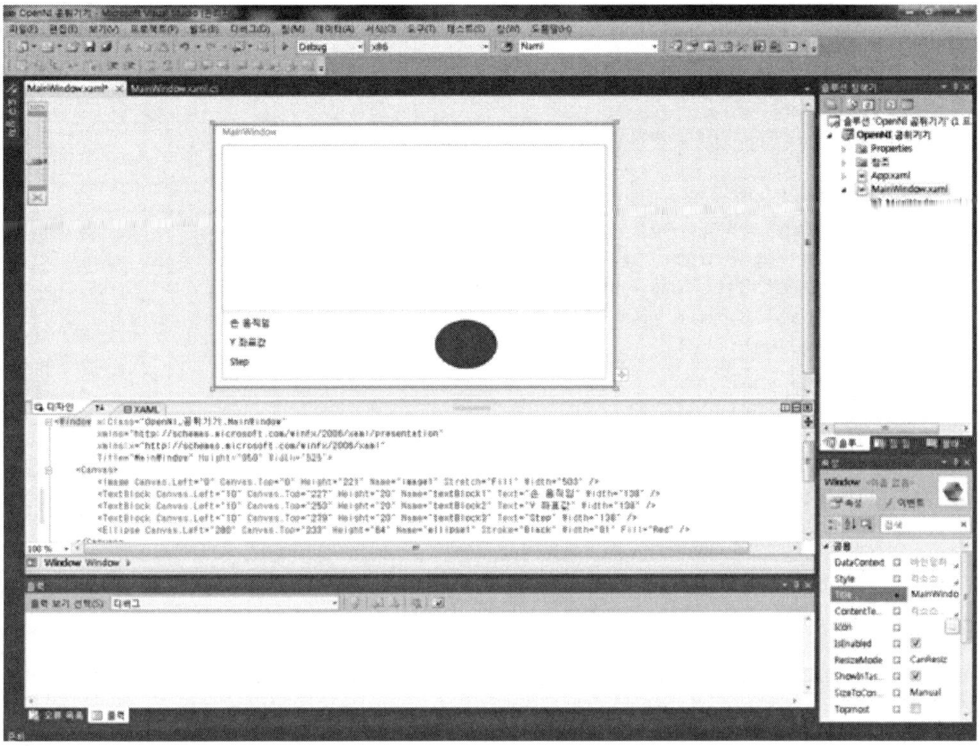

a WPF 응용 프로그램을 작성해서 XAML 창에서 위와 같이 Grid를 Canvas로 바꾼다. 그리고 Image 창과 TextBlock 3개 그리고 Elipse 1개를 화면에 배치한다. 그리고 OpenNI.Net.dll은 이전과 같이 참조 추가한다.

```
using System;
using System.Collections.Generic;
using System.Linq;
using System.Text;
using System.Windows;
using System.Windows.Controls;
using System.Windows.Data;
using System.Windows.Documents;
using System.Windows.Input;
using System.Windows.Media;
using System.Windows.Media.Imaging;
using System.Windows.Navigation;
using System.Windows.Shapes;
using OpenNI;
```

```
using System.Threading;

namespace OpenNI_공 튀기기
{
    /// <summary>
    /// MainWindow.xaml에 대한 상호 작용 논리
    /// </summary>
    public partial class MainWindow : Window
    {
        Context co = new Context("SamplesConfig.xml");
        ImageGenerator ig;
        GestureGenerator gg;
        ImageMetaData imd = new ImageMetaData();
        WriteableBitmap wb;
        ThreadStart ts1;
        Thread th1;
        ThreadStart ts2;
        Thread th2;
        ThreadStart ts3; //공을 튀기는 부분을 처리하기 위해 3번 스레드도 생성해준다.
        Thread th3;

        int pos = 320; //pos는 공의 위치이다. 초기값은 320이다.
        double speed = 0; //speed는 공의 속력입니다. 올라갈 때는 양수, 떨어질 때는 음수이다.
        int step = 0; //step은 화면을 손으로 찍어 공 튀기기를 시작하는 것과 공을 튀길 때 손동작의
                      //단계를 저장한다.
        float hand_Y; //hand_Y는 손을 움직이는 제스처 시에 손의 Y좌표를 저장하여 공을 튀기는지의
                      //여부를 파악한다.

        public MainWindow()
        {
            InitializeComponent();
            ig = co.FindExistingNode(NodeType.Image) as ImageGenerator;
            gg = new GestureGenerator(co);

            gg.AddGesture("Click");
            gg.AddGesture("RaiseHand"); //손이 들려져 있을 때, 손의 움직임을 계속하여 이벤트
                                        //로 전송한다.

            gg.GestureRecognized += new 
EventHandler<GestureRecognizedEventArgs>
           (gg_GestureRecognized);
            gg.StartGenerating();

            wb = new WriteableBitmap(640, 480, 96, 96, PixelFormats.Rgb24, null);

            ts1 = new ThreadStart(UserFunc1);
            th1 = new Thread(ts1);
            th1.Start();
            ts2 = new ThreadStart(UserFunc2);
            th2 = new Thread(ts2);
            th2.Start();
```

```
        ts3 = new ThreadStart(UserFunc3);
        th3 = new Thread(ts3);
        th3.Start();
    }

    public void UserFunc1()
    {
        while (true)
        {
            this.Dispatcher.Invoke(new Action(() =>
            {
                co.WaitAndUpdateAll();
                ig.GetMetaData(imd);
            }
            ));
            Thread.Sleep(10);
        }
    }

    public void UserFunc2()
    {
        while (true)
        {
            this.Dispatcher.Invoke(new Action(() =>
            {
                wb.WritePixels(new Int32Rect(0, 0, imd.XRes, imd.YRes),
                               imd.ImageMapPtr,
                               (int)imd.DataSize,
                               wb.BackBufferStride);
                if (wb != null)
                {
                    image1.Source = wb;
                }
            }
            ));
        }
    }

    public void UserFunc3()
    {
        while(true)
        {
            this.Dispatcher.Invoke(new Action(()=>
                {
                    Canvas.SetTop(ellipse1, pos);
                    if (pos < 248)
                    {
                        speed = speed + 1.2;
                    }
```

```
                    Else //바닥에 닿으면 속도가 줄어든다.
                    {
                        pos = 248;
                        speed = speed * (-0.9);
                    }
                    pos = pos + (int)speed;
                }
            ));
            Thread.Sleep(10);
        }
    }

    public void gg_GestureRecognized(object sender,
GestureRecognizedEventArgs e)
    {
        switch (e.Gesture)
        {
            case "Click": //손으로 화면을 찍었을 때 공 튀기기를 시작하는 내용이다.

                pos = 70;
                step = 1;
                hand_Y = e.IdentifiedPosition.Y;
                textBlock1.Text = string.Format("Reset");
                textBlock2.Text = string.Format("At Y{0:0}",
e.IdentifiedPosition.Y);

                break;
            case "RaiseHand": //손을 움직여 공을 튀기는 내용이다.

                switch(step)
                {
                    case 1: //1단계는 손을 내리는 부분이다.
                        textBlock1.Text = string.Format("Hands Moving");
                        textBlock2.Text = string.Format("At Y{0:0}",
                                                e.IdentifiedPosition.Y);
                        textBlock3.Text = string.Format("Step 1");
                        if(hand_Y > e.IdentifiedPosition.Y + 120)
                        {
                            step = 2;
                            hand_Y = e.IdentifiedPosition.Y;
                        }
                        break;
                    case 2: //2단계는 손을 올리는 부분이다.
                        textBlock1.Text = string.Format("Hands Moving");
                        textBlock2.Text = string.Format("At Y{0:0}",
                                                e.IdentifiedPosition.Y);
                        textBlock3.Text = string.Format("Step 2");
                        if(hand_Y < e.IdentifiedPosition.Y - 120)
                        {
                            step = 3;
                            hand_Y = e.IdentifiedPosition.Y;
```

```
                    }
                    break;
                case 3: //3단계에서 공을 튀기는 연산을 해 주고 다시 1단계로 돌아간다.
                    textBlock1.Text = string.Format("Bounce");
                    textBlock2.Text = string.Format("At Y{0:0}",
                                                e.IdentifiedPosition.Y);
                    step = 1;
                    if(speed < 0)
                    {
                        speed = speed * (-1);
                    }
                    speed = speed + 15;
                    break;
            }

            break;
        }
    }
  }
}
```

b 다음 위와 같이 소스를 작성한다.

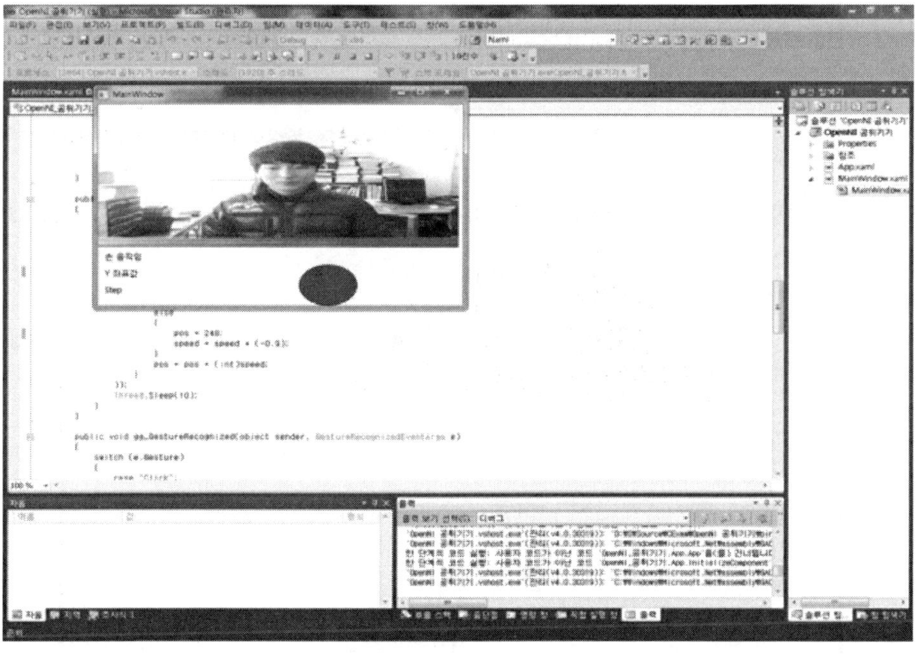

c 그 다음 디버깅을 실시하면 앞에서와 같이 아무 지점이나 터치하면 Ellipse가 생성되고 그 후에 아래와 같이 2단계로 넘어가서 손을 위아래로 흔들면 Ellipse가 튀어 오르는 프로그램이 실행된다. 여기서 아무 지점이나 터치하면 다시 초기화된다.

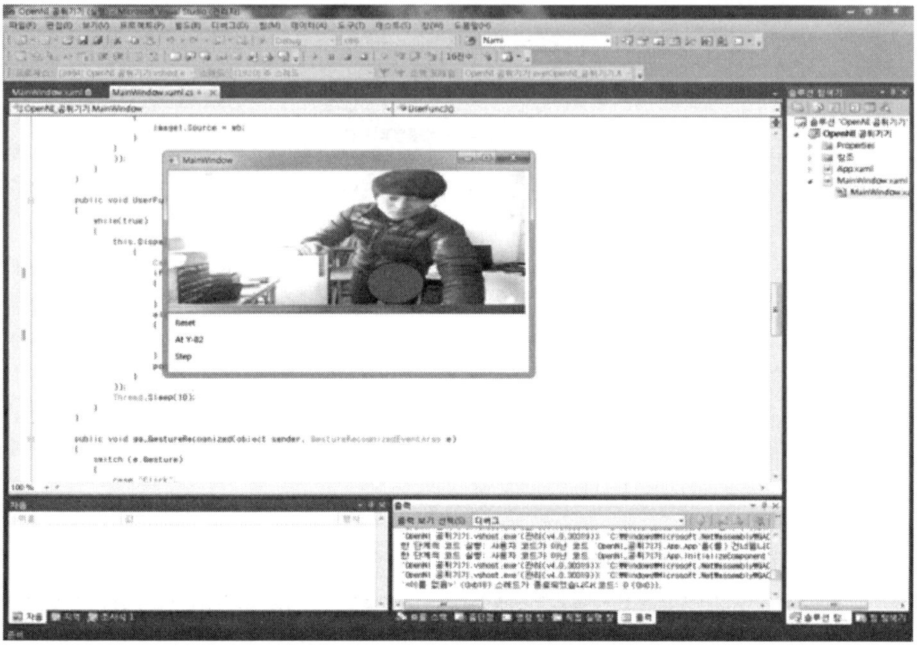

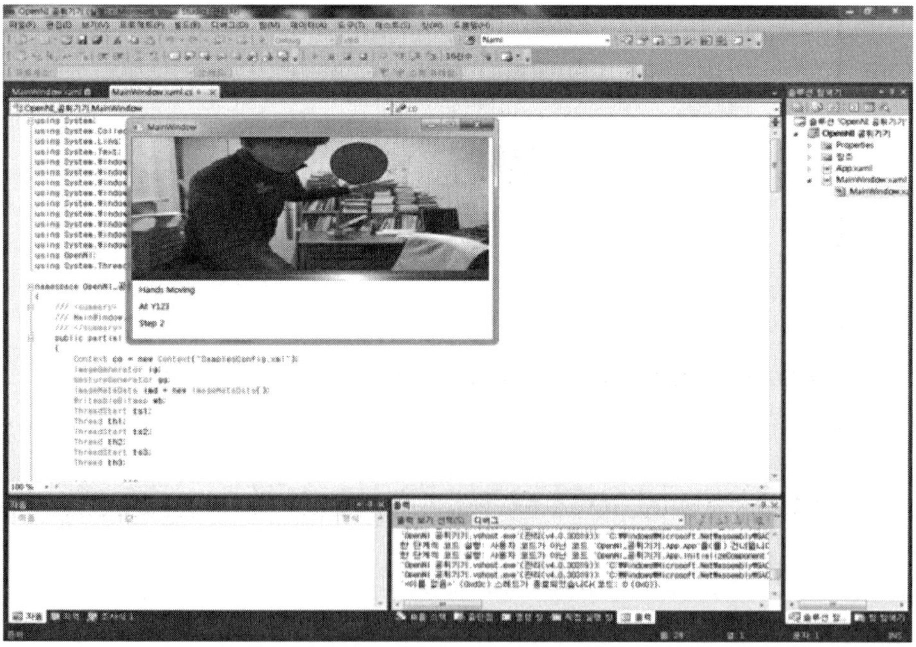

찾아보기

저자 약력

이혁수

국립안동대학교 전자공학교육과

Hello! 키넥트(개정판)의 부록 CD는 유클라우드 오피스(http://office.ucloud.com)에서 더 많은 자료를 다운받을 수 있습니다.

제공자료 : 소스파일

❶ http://office.ucloud.com 접속
❷ ID: pptsm@ucloud.com / PW: hp2274 입력
❸ [My ucloud]-[게스트 폴더]-[Hello! 키넥트 개정판] 찾아가기
❹ 폴더 패스워드: 도서 ISBN 뒷 8자리 입력
→ 도서 ISBN 979-11-5600-412-7이므로 패스워드는 '56004127'입니다.
❺ 필요한 자료를 선택하여 내려받기

정가 16,000원

Hello! 키넥트 – 예제 중심 프로그래밍 – (개정판)

2013년 7월 20일 초 판 인쇄
2015년 12월 22일 개정판 발행
저 자 : 이혁수
발행자 : 우명찬 . 송 준
발행처 : 홍릉과학출판사
주 소 : 서울시 강북구 인수봉로 50길 10
01093
등 록 : 1976년 10월 21일 제5-66호
전 화 : (02) 999-2274~5, 903-7037
팩 스 : (02) 905-6729
e-mail: hongpub@hongpub.co.kr
http://www.hongpub.co.kr
ISBN: 979-11-5600-412-7

저자와의 협의하에 인지생략